厦门市卓越教师培育项目成果
西南大学教育学"双一流"学科建设实践成果

教学主张丛书　总主编　陈　珍　朱德全

音合教育

——中学音乐教育新思维

赖景琼 著

西南大学出版社
国家一级出版社　全国百佳图书出版单位

· 重庆 ·

图书在版编目(CIP)数据

音合教育：中学音乐教育新思维 / 赖景琼著. 重庆：西南大学出版社, 2024.12. -- (卓越教师教学主张丛书). -- ISBN 978-7-5697-2611-4

Ⅰ.G633.951.2

中国国家版本馆CIP数据核字第2024Z328C2号

音合教育——中学音乐教育新思维
YIN HE JIAOYU —— ZHONGXUE YINYUE JIAOYU XIN SIWEI

赖景琼　著

责任编辑	陈铎夫
责任校对	曹园妹
封面设计	闰江文化
版式设计	散点设计
排　　版	陈智慧
出版发行	西南大学出版社（原西南师范大学出版社）
	地址：重庆市北碚区天生路2号
	邮编：400715
	市场营销部电话：023-68868624
印　　刷	重庆亘鑫印务有限公司
成品尺寸	170 mm × 240 mm
印　　张	17.75
字　　数	309千字
版　　次	2024年12月　第1版
印　　次	2024年12月　第1次印刷
书　　号	ISBN 978-7-5697-2611-4
定　　价	56.00元

编委会

总主编

陈 珍 朱德全

副总主编

洪 军 刘伟玲 庄小荣 潘世锋 罗生全 周文全

执行主编

范涌峰 魏登尖

编委（以姓氏笔画为序）

王天平 王正青 牛卫红 艾 兴 叶小波 朱德全

庄小荣 刘伟玲 陈 珍 陈 婷 范涌峰 罗生全

周文全 郑 鑫 赵 斌 侯玉娜 洪 军 唐华玲

韩仁友 潘世锋 魏登尖

总序

习近平总书记在2024年全国教育大会上指出,要实施教育家精神铸魂强师行动,加强师德师风建设,提高教师培养培训质量,培养造就新时代高水平教师队伍。《中共中央 国务院关于弘扬教育家精神加强新时代高素质专业化教师队伍建设的意见》指出,要加强中小学学科领军教师培训,培育一批引领基础教育学科教学改革的骨干。强化中小学名师名校长培养。

厦门市历来重视名师队伍的培育培养工作,根据教师专业成长规律,经二十年探索,逐步形成了"骨干教师—学科带头人—专家型教师—卓越教师"的金字塔式名师阶梯成长体系。自2021年起,厦门市教育局与西南大学开展战略合作,共同推进厦门教育高质量发展和教师队伍建设。"厦门市首期卓越教师培育项目"是由厦门市教育局与西南大学教育学部联合倾力打造的精品培训项目,也是厦门市迄今为止最高层次的教师培训项目。该项目旨在打造一支具有教育情怀、高尚师德,富有创新精神,具有鲜明教育教学思想和教学主张,在教育教学和教育科研上发挥领军作用的高层次教育人才队伍。项目以产出导向为理念,坚持任务驱动,通过个人自学、高端访学、课题研究、讲学辐射、挂钩帮扶、发表论文、出版专著、提炼教育思想、推广教学主张等方式优化培育过程。

三年琢磨,美玉渐成。通过三年的探索,围绕成为"有实践的思想者"这一核心目标,每一位卓越教师培育对象形成了特色鲜明、理念前沿的教学主张,并以教学主张为中心形成了一本专著,从而汇集成目前呈现在大家面前的"卓越教师教学主张丛书"。本丛书,既是"厦门市首期卓越教师培育项目"三年实施成果的沉淀,是每一位卓越教师培育对象思想的结晶,也是西南大学教育学"双一流"学科建设的实践成果。

仔细阅读本丛书,可以欣喜地看到,卓越教师培育对象们不仅能敏锐地捕捉到教育教学领域的难点、热点问题,揭示其中的本质规律,还能结合本地教学实际智慧地提出解决方案。总体来说,本丛书有以下三个方面的特点。

一是有较浓厚的学术气息。29位培育对象中有获得国家、省级基础教育教学成果奖的教师,有正高级教师,有省特级教师,但他们还在不断突破,追寻对教育教学本质的理解,追寻从实践到思想的蝶变,追寻高水平的专业表达。他们从实践中提炼出主张,再用主张引领实践,他们在书稿中融入了理论的阐释,学会了建构模型,并借助模型简洁地表述自己的教育教学思想,读起来不生涩也不单调。

二是有较强的系列探索味道。《义务教育课程方案(2022年版)》提出,应做好学段间的教育教学衔接。29位培育对象中,既有教育科研专职人员和学校的管理者,也有班主任、一线教师等,研究成果覆盖了小学、初中和高中的大部分学科,最终形成了29本培育对象教学主张的专著和1本全景式呈现卓越教师培育的经验和初步成效的论著。因此,本丛书既有基于教育者几十年教学实践的思想提炼,又有深入课堂的案例剖析,可以"用眼睛来读",作为教师专业发展的自读文选;也可以"用行动去做",作为教学范例直接进入课堂实践,在行动研究中孵化、创生;也适合专门研究者或管理人员参阅,从中窥探从小学到高中的教育教学重点与发展脉络。

三是有鲜明的课程育人特色。本丛书的撰写以学科课程为载体,以学科课程核心素养为目标,积极探索新时代背景下的育人方式变革,寻求育人最佳路径,以德施教,立德树人。因此,单看每本专著,已能感受到其中鲜明的课程育人特色,综合丛书来看,这一特色更加明显。

期盼厦门市首批卓越教师培育对象大力弘扬践行教育家精神,追求卓越的步伐永不停留,不断完善、应用和推广自己的教学主张和教学成果,为厦门教育做出更多更大的贡献。也期盼本丛书能为广大中小学教师深化教学改革提供参考,为教育学"双一流"学科服务教育实践提供借鉴。

是为序。

陈 珍

(中共厦门市委教育工委书记、厦门市教育局局长)

朱德全

(西南大学教育学部部长、西南大学教育学一流学科建设"首席责任专家"、国家重大人才工程特聘教授、国务院学位委员会学科评议组成员)

序言

艺术是人类文化宝库中的一颗璀璨明珠。在人类历史发展的长河中,艺术以其特有的方式在社会发展和民族振兴中发挥着重要作用。一个没有艺术的社会和民族是不可想象的,没有艺术的教育和没有艺术的人生同样也是不可想象的。2007年,《教育部关于加强和改进中小学艺术教育活动的意见》中明确指出了中小学艺术教育活动在校园文化建设、素质教育以及学生全面发展中的重要作用。2008年,教育部再次强调艺术教育的重要性,并提出要切实把艺术教育摆在应有的位置。这一决策进一步凸显了艺术教育在学校教育中不可或缺的地位。2014年,《教育部关于推进学校艺术教育发展的若干意见》中明确指出艺术教育在落实立德树人根本任务中的重要价值,特别强调了艺术教育在学生审美和人文素养培养中的关键作用,并要求充分发挥艺术教育的功能。近年来,随着《关于全面加强和改进新时代学校美育工作的意见》和《教育部关于全面实施学校美育浸润行动的通知》等文件的出台,艺术教育的价值得到了进一步的彰显。

音乐教育作为艺术教育的重要构成,如何发挥音乐教育在促进学生审美感知、艺术表现、创意实践和文化理解方面的重要价值,进而构建高质量的音乐教育体系成为艺术教育研究工作者不可回避的重要议题。在这样一种追求卓越音乐教育的理性叩问与反思精神的驱动下,音乐正高级教师、特级教师赖景琼老师结合她二十余年的教育经验,提炼出独特的"音合教育"理念,让我们眼前一亮!这一理念不仅响应了新课程改革的精神,而且在实际操作中也引领了一场关于"合作式艺术实践"的风潮,为音乐教育的发展指明了方向。这本著作就是这一理念的具体化成果。作者从理念的产生、理论基础到音合教育的课程特色、资源利用、教学模式、作业设计等进行了全面而深入的剖析,提出了许多新颖的观点和思考。更为难得的是,作者还通过具体的教学案例,展现了如何在实践中实施"音合教育",为教育工作者提供了宝贵的参考和启示。

  在音合教育的理论阐释中,作者详细阐释了"音合教育"理念的起源,并进一步从哲学基础、学科统整理念和价值旨趣等方面构建了音合教育理论体系的基本框架。通过深入解读"音"与"合"的内涵,以及其在教育领域的意义,明确了音合教育的概念、要素和基本思想。在此基础上,作者进一步探讨了如何将音合教育理念有效融入中学音乐课程的各个方面。在课程建构方面,作者深入剖析了音合教育的课程价值、特征和结构,并探讨了如何将这些宏观理念转化为具体的课堂实践目标,为音乐教学的实施提供了明确的指导。在教学范式方面,作者围绕教学理念和结构,详细论述了实用的教学策略和方法。这些策略充分体现了音乐学科的独特性和音合教育理念的内在要求,有助于提高音乐教学的效果和质量。此外,作者还对教学评价体系进行了深入探讨,详细阐述了评价理念、工具、方法和应用体系。这一部分的探讨强调了学业评价的重要性,并提倡采用多维度、多元化的评价方式,以全面反映学生的学习成果和发展状况。值得一提的是,作者还关注到音乐作业设计这一重要环节,并基于促进学生学会学习、学会思考和学会创造的理念提出了相应的作业设计策略。可以说,作者系统化探讨音合教育理念在中学音乐教学中的多元应用表现,不仅有助于推动音乐教学的创新与发展,也为培养学生的音乐素养和综合能力奠定了坚实基础。

  最后,在本书即将付梓出版之际,衷心祝愿作者能够继续努力,再创佳作。

罗生全
2024年3月于西南大学师元楼

前言

《礼记·乐记》有云"凡音之起,由人心生也","乐者,音之所由生也,其本在人心之感于物也"。就"音"发于人心,"乐"源于对事物的感受而言,音乐的教学也应该"唤醒心灵,融于体验"。2007年起,我开始进行音乐剧教学研究,以音乐教学为主,协同语文、美术、舞蹈、英语、历史等学科,开发了"走进音乐剧"校本课程,组建了音乐剧兴趣小组。学生在学习中了解了国内外经典音乐剧的相关文化及知识,欣赏了耳熟能详的音乐剧作品,最有意义的是,他们以小组或班级为单位,自己编创音乐剧剧本,并和同伴们一起表演原创音乐剧作品,真正体现了跨学科融合教学所带来的不一样的学习效果。2012年起,我组建了另一支艺术团队——学校高中部的男声合唱团,由于可选学生人数少,大多数学生毫无声乐基础,其间几经周折,困难重重,但终究是坚持下来亦取得一定的成效。十二年来,男声合唱团获得了八项国际大奖,也受邀参加中央电视台《经典咏流传》《合唱先锋》等栏目表演,在这个过程中我深刻体会到合作式艺术实践活动带给学生的成长蜕变是如此之大。基于对这两项教学实践的思考:它们都是属于合作式艺术实践活动,都是注重融合情感表达的教学,尤其是音乐剧教学更需要多学科协同完成,结合学生的生活经验再现艺术化的生活。经过反复推敲、思考、总结,我提出了"音合教育"这一教学主张。

音即音乐,合即"融合、合作、结合",强调由多元融合的教育理念达至有意义的深度教学。

提出音合教育的主张,与当下的新课程改革理念及政策依据是相一致的:《义务教育课程方案和课程标准(2022年版)》强调跨学科融合教学,尤其是艺术课程设置,以音乐、美术为主线,融入舞蹈、戏剧、影视等内容,体现课程融合育人理念,强调素养导向;在中共中央办公厅、国务院办公厅印发的《关于全面加强和改进新时代学校美育工作的意见》中亦提到融合理念,具体到学校美育课程上强调学科融合、学段衔接、目标整合、教材贯通;在《关于深化教育教学改革全面提高义务教育质量的意见》中强调构建德智体美劳全面培养的教育体系,增强美育熏陶,培养德智体美劳全面发展的社会主义建设者和接班人。这也让我坚持对音合教育这一教学主张的知识属性、表征方式、产生机制及生成路径等进行深入探索,结合自己对教学的理解与实践,在自我经验的总结及案例分析的基础上,揭示教学主张的本质与生成过程。

本书从教学实践及中学生全面发展的角度出发,主要论述音合教育理论与实践两大部分内容,分别从它的产生、核心理念、基础理论,以及音合教育的课程特征、资源开发、教学模式及具体案例等方面进行阐述,并通过教学案例分析具体教学中是如何落实音合教育这一主张的,供同行们在具体教学实践中借鉴参考。当然,每位老师的教学思想、理念也各不相同,愿本书能起到抛砖引玉的作用,引发老师们对教学的深度思考。

由于时间仓促、水平有限,书中难免存在疏漏、不足之处,敬请各位专家、同行、读者批评指正。

目录

第一章　音合教育的理论阐释

第一节　音合教育的缘起……………………………………003

第二节　音合教育的理论向度………………………………010

第三节　音合教育的核心理念………………………………016

第二章　音合教育理念下中学音乐课程建构

第一节　音合教育理念下中学音乐课程价值及其特征………027

第二节　音合教育理念下中学音乐课程体系构建……………040

第三节　音合教育理念下中学音乐课程资源开发……………055

第三章　音合教育理念下中学音乐教学范式

第一节　音合教育理念下中学音乐教学理念…………………067

第二节　音合教育理念下中学音乐教学结构…………………071

第三节　音合教育理念下中学音乐教学策略…………………076

第四章　音合教育理念下中学音乐教学评价体系

第一节　音合教育理念下中学音乐教学评价理念……091
第二节　音合教育理念下中学音乐教学评价工具与方法……094
第三节　音合教育理念下中学音乐教学评价应用体系………100

第五章　音合教育理念下中学音乐作业设计

第一节　音合教育理念下中学音乐作业内涵……121
第二节　音合教育理念下中学音乐作业特征……123
第三节　音合教育理念下中学音乐作业种类……125
第四节　音合教育理念下中学音乐单元作业设计实践………156

第六章　音合教育理念下中学音乐教学案例及评析

第一节　音合教育理念下中学音乐课堂教学设计及评析……173
第二节　音合教育理念下合作式艺术实践的具体应用………226

结语……263

参考文献……265

后记……270

第一章

音合教育的理论阐释

音乐作为一种跨越文化和时代的艺术形式,以其独特的魅力影响着人们的心灵。音合教育作为一种通过多种融合方式体现音乐教育价值的教学主张,为核心素养时代的学科实践方式提供了新范式。本章将从音合教育的缘起、音合教育的理论向度、音合教育的核心理念三个方面阐述音合教育的概况,力求在音合教育理念下,以培养德智体美劳全面发展的社会主义建设者和接班人为主线,以提升学生的核心素养和感性素质为目标,以发展学生合作能力和审美能力为着眼点,探讨音合教育的核心内涵和理论基础,以期为教育工作者提供新的思路和有益的参考。

第一节 音合教育的缘起

在人类社会的发展历程中,各种思想、文化、理念不断碰撞、融合,形成了一个多元的世界。音合教育正是在这样的背景下,结合教学实践应运而生,它与不同文化、观念、教育方式之间相互借鉴、吸收、融合,以达到和谐共生的目的。本节将阐述音合教育理念的缘起,研究它与相关教育教学理念、学科实践、传统文化等的关联,探寻它对现代音乐教育的启示和影响。

一 理论诉求:从三维目标走向核心素养

2001年新课程改革的重要标志就是从"双基"走向"三维目标",从教学角度讲,"所谓的三维目标,应该是一个目标的三个方面,而不是三个互相孤立的目标,对其理解,可以准确表述为'在过程中掌握方法,获取知识,形成能力,培养情感态度和价值观'"[1]。三维目标基于双基,又有超越,强调三维目标的有效整合、统一,从而使素质教育在课堂教学中得到充分落实。

20世纪90年代,在经济合作与发展组织(简称OECD)的项目中提出的核心素养(Key Competencies)概念,至今已普遍为世界各国所认同。党的十八大以来,我国先后启动高中及义务教育课程的修订工作,强调对学生核心素养的培育。所谓"核心素养"即指学生适应未来发展的正确价值观、关键能力和必备品格。随着人类社会的进步,教育中核心素养的概念界定也逐渐从单一走向多维,通过不同时期的演变,核心素养的发展不仅要重视受教育者的知识与能力,还要注重其积极主动性的培养,同时强调在情感、态度、内涵等方面的培养。

核心素养是三维目标的进一步提炼与整合,即把知识、技能和过程、方法提炼为关键能力,把情感、态度、价值观提炼为必备品格,并从人的视角来界定课程与教学的内容和要求。其中,情感、态度与价值观要聚焦于学科的精神、意义、文化,反映学科之情、之趣、之美、之韵、之神,从而使其与"学科知识""学科

---

[1] 张聪慧.三维目标该如何统一[J].语文建设,2005(8):34-35.

活动"融为一体。同时,要在"内化"上下功夫。只有把情感、态度与价值观内化为学生的品格,转化为学生的精神世界,使学生成为一个精神丰富的人、有品位的人,才能真正彰显核心素养培育的意义。素养是人内在的秉性,素养让我们真正从人的角度来思考教育、定位教育,素养导向的教育更能体现以人为本的思想[1]。

以核心素养为纲的义务教育新课标对教学提出了新要求和新挑战,因此要在整体育人方式和人才培养体系上进行创新和变革。无论是基于核心素养的教学目标设置,还是构建以学为主的学习中心课堂,或是强调学科实践的学习方式与路径[2],我们都需要强化新型教育教学理念,创新教与学的关系,为培育全面发展的人才探索新的有效路径。

音乐学科是一门融贯中西、强调实践、追寻真善美的学科,为核心素养的培育提供了丰富的知识载体。《义务教育艺术课程标准(2022年版)》《普通高中音乐课程标准(2017年版2020年修订)》中提出,艺术课程的构建和运用始终将发展学生核心素养的任务贯穿其中,并强调多学科协同教学促进学生多方面能力的提升,让学生在课程学习中提高终身发展所需的智商和情商,成为全面发展的人。与2001年颁布实施的义务教育课程方案相比,修订后的艺术课程设置,更加注重课程内容组织形式的优化,不落窠臼,跳出学科知识原有的框架,将艺术课程分为音乐、美术、舞蹈、戏剧、影视五个学科内容,充分体现课程融合育人理念,强调素养导向。其中,"融合"是本次艺术课程改革的最大亮点,也成为学校美育工作建设的新的着力点,具体来说就是强化各个艺术学科与其他学科的关联性及综合性,创新美育的育人方式,凸显课程的综合性、关联性及实践性,在艺术课程融合意识的引领下,推动学生综合素养的形成与提升[3]。

二 实践需要:从学科实践走向音合教育

学科实践为核心素养时代如何育人的问题提供了新范式,学科在实践中得

---

[1] 余文森.核心素养导向的课堂教学[M].上海:上海教育出版社,2017:50-54.
[2] 余文森.以核心素养为导向:建立与义务教育新课标相适应的新型教学[J].中国教育学刊,2022(5):17-22.
[3] 刘晓荷,张铭凯.基于大概念的课程融合:内涵、误区与进路[J].教育科学研究,2022(2):72-77.

到发展,同时也需要经受实践的检验。在中华优秀传统文化中有"知行合一""学以致用""读万卷书,行万里路"这样的内容,在教学实践中,有体验活动、做中学等学习方式,倡导学生主动参与、亲身体验、勤于动手、乐于探索,培养学生搜集、汇总信息资源的能力,引导学生与他人进行交流和协作,从而获取新知识,并通过分析解决问题。

将学科与实践融合在一起,是学习方式的一大突破,是理论与实践的和谐统一。一方面,只有通过亲自参与实践,在实践中亲身经历知识产生的历程,"学了"才能变成"学会了";另一方面,学习知识又是为了更好地参与实践,通过参与实践又可以进一步反思、重构学科知识。究其本质,学科实践是知行合一的学习[①]。学科实践要以一定的学科知识储备为基础,没有知识基础的学科实践是浅层狭隘的。在学生理解和运用知识中,要鼓励他们在实践中巩固、创新学科知识,进而真正掌握知识技能,实现求知和育人的统一。

音合教育就是在学科实践的基础上强调"融合"的属性,它既是理论与实践的融合,又是多学科素养的相互融合,亦是知识与生活实际的融合、多种教学法的融合运用,以及情感价值观的融合教学、合作式实践的学习方式。它注重实践,重视培养学生的合作能力以及沟通、表达的能力,使学生在生活情境中学会面对问题、解决问题,增强社会责任感。音合教育重视知识体系的连贯性、完整性、系统性,全面提升学生整体的知识认知能力和知识体系的构建能力,它不只是进行艺术人文教育,更是在艺术元素的基础上逐渐加入科学、文化、技术、创新、思维、表现等多种元素并使之结合起来,为培养适应社会发展的新型人才提供新思路。

音合教育也是核心素养形成的路径之一,它将学科实践与认知活动融合运用,在动手与动脑、感性与理性的结合中使学生形成经验,促进学生认知和能力的发展。同时注重学生的大脑与身体同外部世界的互动,通过具身认知,在游戏中学习,在生活中学习,在体验中学习,在探究中学习,在创造中学习,充分调动每一个器官,让学生用自己的方式与同学、与世界、与大自然交流,打通多种感官的屏障,达成视觉、听觉、嗅觉的联合运用。音合教育引导学生不仅用脑子思考,还要用眼睛观察、耳朵聆听、嘴巴述说、动手操作,让他们通过亲身经历,

---

① 崔允漷,张紫红,郭洪瑞.溯源与解读:学科实践即学习方式变革的新方向[J].教育研究,2021,42(12):55-63.

用心灵去感悟,用兴趣激发学习活力,促进生命成长。

音乐是一门感性的艺术,因此,音合教育亦强调基于学科实践的知识学习应在理性的基础上均衡与感性的汇通,二者不可或缺,这也是人性丰富圆满的需求。感性的作用是培养人的感知、想象力、情感表达、直觉等功能,大多时候,人们往往重视理性,认为理性是精确、严谨、靠谱的,保持理性更易于把握事物的本质。事实上,学生掌握知识是一个感性认识和理性认识相结合的过程,我们的音乐课堂实践更是需要一种情感的交融与感染,因此,感性认识与理性认识应相互渗透,彼此交融,统一在相应的认识水平之上。

三 政策导向:从融合理念走向音合教育

"'融合'在物理上的意义是指把一个整体像熔成或如熔化那样结合在一起;或是从心理学的角度理解,是指个体或者群体在接触后于认知、态度或者情绪上的融合。"[1]在现代教育领域,融合理念主要是运用于跨学科融合教学中,目的是使这种教学有利于每一位学生的综合发展。在《教育部关于深化基础教育课程改革 进一步推进素质教育的意见》中,指出了当今社会发展中对综合型人才的需要;2020年11月3日,教育部新文科建设工作组主办的新文科建设工作会上发布了《新文科建设宣言》,对新文科建设作出全面部署,"新文科"是基于现有传统文科的基础进行学科中各个专业课程重组,形成文理交叉,为学生提供综合性跨学科学习,达到知识扩展和创新思维的培养[2]。

课程教学的综合性是一个日益引起人们关注的话题,就音乐教学而言,《义务教育艺术课程标准(2022年版)》与原音乐、美术、艺术(综合)三门学科的课程标准相比较,有了明显的变化。其中最大的变化就是,艺术课程涵盖了音乐、美术、舞蹈、戏曲、电影五门学科,并以此来引领艺术课程的综合性教学实践,明确了对学生综合能力(如情感体验能力、文化理解能力、艺术表现能力、综合实践能力、鉴赏评价能力、感知创造能力等)的要求,真正体现艺术课程的育人价值。

---

[1] 曹琰.学科融合理念下的初中数学拓展课程教学设计与研究[D].上海:上海师范大学,2022:5.
[2] 杨雯玉.基于多学科融合下中学音乐教学探究——以中学音乐教学与历史、地理两科融合为例[D].海口:海南师范大学,2021:1.

除此之外,音乐教育与其他学科融合教学也是可行、必要的,学科融合的教学方法,可以使音乐课堂变得丰富多样、综合立体,比如通过音乐学科与语文学科、历史学科、政治学科、地理学科、英语学科等的融合可以了解音乐背后的文化背景,使音乐学科综合化走进学生的生活,给学生的音乐学习带来更好的全方位体验,同时能提升学生的音乐技能和综合文化知识,实现综合育人的价值。

音合教育的关键词"合"字具有融合的意思,因此,在音合教育中,音乐教学要融合本学科的音乐要素教学,融合多样教学法,融合多学科教学,融合情感教学,融合德智体劳的教育,融合同学之间的情谊进行团结协作等等。从教学方式和范围来讲,"合"字是它的核心,它在融合上的要求更广、更具体。音合教育的课堂,强调培养学生的合作意识,提倡主动参与和协同配合,让学生可以在情境式音乐感受和体验中掌握更多的音乐知识。通过音乐与各个学科之间的关联,落实学生的核心素养,提高审美能力,陶冶高尚情操,在融合教学理念中,使学生更全面、更深入地学习音乐。

音乐是一种能够培养学生发现美、欣赏美、创造美的审美教育。美无处不在,音乐可以与其他所有的学科进行融合。比如,语文课堂中,古诗词用吟唱或者弹唱的方式来表现,深受学生的欢迎;在历史和地理课中介绍民歌或者某个时代歌曲的历史背景及艺术特征,可以加深学生对相关文化理念和地域特征的理解;在思政课中进行红歌教学,可以潜移默化激发学生的爱国情怀。因此,音乐教学和其他学科的相互融合,可以拓宽学生的眼界,使他们有清晰的思维和开阔的胸怀,能够善于从多门学科的综合学习中吸收和运用知识。

音合教育的核心就是融合,其注重音乐学科与其他学科之间的联系,打破学科界限,实现多学科交叉融合、相互渗透的教学,开阔学科视野,拓宽文化教育的途径,用新的授课方式进行教学,以提升学生的音乐素养和文化综合素养。可以说,学科融合教学既是学科发展的趋势,也是创新教学成果的途径。融合教学不仅是一种教学模式,也是一种新的教学方法,通过音乐学科与其他学科的融合,充分发挥音乐的灵活性、开放性和包容性特质,为培养综合型人才发挥重要作用。音乐学科作为学科融合的重要媒介,通过生动、悦耳的音乐将知识融会贯通,激发学生的学习兴趣,厘清各学科之间的内在联系,让学生学会触类旁通、举一反三、高效学习。

四 文化汇通：从和合文化走向音合教育

中华优秀传统文化中的"和合"所蕴含的"尚和合、求大同"的和谐社会思想，以及"和而不同、与人为善"的价值导向等内容，为我们提供了充足的思想资源。"和合"强调不同事物之间的矛盾与融合关系，注重融通之后产生新的方式、新的结构、新的事物，多元共生，不同事物之间相互交融、彼此共存、共同发展，并相互取长补短、汲取优质成分，追求共同的目标，最终呈现出事物共同发展的整体性。

"和合"思想是中国传统文化思想的重要范畴，它的实质是一种"关系"的重构，它认为不同范畴的客体皆可和合，这些客体可以是以物的形式存在的具体事物，也可以是以理念、思想、心灵、价值观等形式存在的抽象事物。和合思想引领下的学校课程建设更加注重课程要素之间关系的建立，关注课程的传统与当下、现实与未来、东方与西方、主体与客体的和合统一。和合思想强调世间万物的差异性与多样性，认为万物皆有自身相对独立的存在和发展方式，万物因自身的差异而表现出不同的属性，具有不同的价值[1]。和合之物就是在差异的基础上，统一、整合、融合，促使新事物诞生，并表现出新的结构和功能，具备新的价值意义。教育领域中，和合思想的运用不再是以某一个学科为主，而是在多种学科相互融通的背景下，进一步整合课程内容，进而达成了知识的联结性和课程的完整性。

2020年10月15日，中共中央办公厅、国务院办公厅印发《关于全面加强和改进新时代学校美育工作的意见》（以下简称《意见》），这是全面推进学校美育改革发展的纲领性文件和行动指南，其中提到"树立学科融合理念"，具体到学校美育课程上是强调学科融合、学段衔接、目标整合、教材贯通，强调理念先行，用理念来引导教学实践。当今社会强调培养复合型人才，因此，学科融合是培养全面发展的社会主义建设者和接班人的必然要求，同时也是当前教育教学改革中十分重要的理念。《意见》明确强调了学科融合，要求有机整合相关学科的美育内容，推进课程教学、社会实践和校园文化建设深度融合，大力开展以美育为主题的跨学科教育教学和课外、校外实践活动[2]。跨学科融合教育，还有助于

---

[1] 李红恩.和合思想下的学校课程建设[J].教育研究,2018,39(11):50-55.
[2] 郭声健.《关于全面加强和改进新时代学校美育工作的意见》：一部新时代学校美育改革发展的纲领性文件[J].美育学刊,2021,12(1):1-7.

解决学生偏科的问题。跨学科的学习内容丰富多彩,涉及的知识面十分广阔,在学习实践中,学生能综合运用不同学科的知识,同时结合自己的生活经验,运用多学科的学习方法进行美的探索、体验、实践、创造,这一过程对提升学生综合素养及综合能力有着不可替代的作用。

在深化教学改革方面,《意见》提出要构建以学生发展为中心的教学模式,强调在学生掌握必要基础知识和基本技能的基础上,着力提升核心素养,帮助学生形成艺术专项特长。《意见》阐明了美与德育的内在关联,明确了美育在立德树人任务中的应有地位,强调要加强美育与德育、智育、体育、劳动教育的融合,推进课内外教学与实践的深度融合,促进学生想象力与创新意识的培养。

音合教育正是在贯彻政策精神、传承传统文化思想、践行教育教学理念的基础上相互会通而提出的,它是培育全面发展的人的新路径,也是一种课程化、实践化的教育类型,它是需要进行理论构建和实践创新的全新概念。音合教育有着鲜明的时代背景,呼应了德智体美劳"五育"融合的教育方针,其教育目标可追溯到全人教育学说,可延伸到课堂融合理念,强调个体全面发展及完整的人的培育。在课程整合趋势日益凸显的当今,提出音合教育,意在真正打破学科界限,突破学科之间的壁垒,增加学科之间的交流,通过多种融合途径,推动实践问题的解决,并突出关联性、融合性、跨领域性等特征,促进各类资源的深度融合。音合教育通过组建跨学科教学团队,实现多学科融通教育,缩小理论与实践之间的鸿沟,常态化融合育人,构建起具有扎实理论依据的创新型教学模式。

第二节
音合教育的理论向度

在当今信息化社会,学科交叉、知识融合的趋势愈发明显。传统意义上的学科界限逐渐模糊,跨学科、跨领域的合作式学习和研究成为一种常态。在这样的背景下,音合教育作为一种新的教学主张和模式,可以成为教育改革的一条新路径。本节将从多元视野出发,探讨音合教育的哲学基础、实践理念、价值皈依,为音合教育的实践提供有益的理论支撑,并通过理论对学生个人发展方向和教育体系改革路径进行探索。

一 音合教育的哲学基础:回归艺术本真

艺术教育是能激发人类创造力的教育,也是有助于改革创新的教育。现代社会中,创新是驱动经济发展的重要元素,而艺术在培养创新所需的能力和态度意识上的效果也越来越被大众所认可。在创新型社会中,艺术能对我们的思维习惯、生活态度产生积极影响。

在当今社会,创新和知识就是人类生生不息和安居乐业的要素,各个国家都努力通过相关教育和培训来锻炼和提升人的创新能力。尽管人们对于哪一条途径最能培养创新能力有不同的见解,但艺术教育无疑是被多数人认可的一条。为了使教育更能激发孩子的创造力,基于艺术教育的相关政策和措施正一步步取得进展,这些举措试图在教学方面给学生营造一种创新的文化氛围,借以改善学生的学习成绩,塑造其良好的性格品质,增强他们的社交能力和情绪控制力,当然最重要的还是提升他们的创新能力[1]。

音合教育是以音乐教学为载体的,同样有着艺术教育中最本真的创新能力的培养,加之音合教育提倡跨学科学习、五育融合,因此可以在多学科的协同教学中,将这种创新能力的培养转移到其他学科的教学里去。在具体的实践中可

---

[1] 艾伦·维纳,塔利亚·R.戈德斯坦,斯蒂芬·文森特-兰克林.回归艺术本身:艺术教育的影响力[M].郑艳,译.上海:华东师范大学出版社,2016:1-5.

以用下列的方式来呈现。

(一) 培养技能

音乐技能有助于培养学生在非艺术背景下的特定技能。音乐强调聆听,听音乐可以很好地提升人的听力、听辨能力,而聆听能力的提升对其他听力有较高要求的领域,如英语学科的听力学习、语文学科的语言交流等等,可以起到相当大的作用。这样一来,音合教育的跨学科协同教学就可以通过由艺术领域启发的技能来辅助提升其他学科领域所需的能力。

(二) 激发兴趣

几乎每个孩子都会喜欢音乐,表现在乐于聆听音乐或是表现音乐上,音乐可以作为他们进入其他领域的切入点。例如,通过学习歌曲的拍号教学生学习分数;可以让学生把一段历史故事编创为一部小型音乐剧或者课本剧,加深他们对历史事件的了解;或者让学生参加一次艺术表现活动,让他们根据这个项目写感受,提升写作能力。

(三) 树立自信

参加音乐表演可以提升学生的自信心,大多数学生在合作式艺术实践活动中,通过与同伴的合作学习、协同表现,可以发现自己的多种可能性,从而树立自信。而这种自信可以迁移到其他的学习生活中去,让他们以更好的精神面貌参与学习。

(四) 养成习惯

音合教育提倡合作式艺术实践活动的开展,因此,当学生参与到合唱、合奏、戏剧表演、群舞中的时候,这个学习过程会潜移默化地培养他们的自制力、毅力、合作能力和创造力,使其养成细心、严谨的习惯,这些能力和习惯可以再投射到其他的学科领域中。进一步讲,老师可以在艺术活动中直接强调毅力与坚持的重要性,让学生在学习艺术的过程中学会持之以恒,并从中获得成功的乐趣,那么他们就会自然地将这份坚持和自律运用到其他学科的学习当中去。

(五)减轻压力

音乐可以愉悦心灵、陶冶情操、放松心情,参与艺术活动可以使人的心情变好。因此,情绪的改善可以让学生以更好的状态投入到学习当中去,学生保持一个积极兴奋的状态也可以更好地完成任务。同时,对某种音乐形式的耳濡目染会帮助他们在其他学科中也获得有益的影响,这样就不仅仅是他们的艺术才能会有所长进,而且可能会连带在某些学科领域一起进步,成功的满足感就会带给学生更大的乐趣,开心、满足会让人忘记一切压力。

综上所述,音合教育中不同形式的音乐教育不仅能在艺术领域给予学生帮助,而且它对学生的其他学科学习乃至现实生活也非常有益。它可以增强学生的自信心,即使不能直接作用于其他学科的成绩提升,但在一定程度上提高学生的自信心,这也是对教育有利的影响。学生以艺术形式当众展示自己,可以帮助学生在公众场合更好地调节自己的焦虑情绪,锻炼自己的心理素质;在合作式艺术实践活动中,可以培养和提升团队协作能力。在艺术中得到的能力发展,可以在日常生活及学习中派上用场。

二 音合教育的实践理念:走向学科统整

广义的课程统整指两个或两个以上的学习内容或经验,如课程中的概念、事物、现象等,组合成一个有意义的整体课程。课程统整由教师和学生一起商定主题,同时不受限于学科的界限,紧紧围绕着主题开展实践活动,它在课程构建中综合运用多学科知识、生活经验、社会热点等素材,采取多样化的学习模式进行教学。课程统整强调学科间的相互关联性,充分发挥学习者的潜能,促进其全面发展。

课程统整是课程改革的实践,在核心素养的指导下,以"加强各学段、各学科课程的纵向衔接与横向配合"为理论基础,将主题教学作为课程统整的有效方式,以"全面发展的人"为培养目标[1],通过对课程资源的提取、重组、优化,确定主题、制定目标、整合教材、诠释主题、综合评价,丰富了主题教学的方法,加

---

[1] 王慧.课程统整理念下初中美术主题教学设计研究:以"空间"主题为例[D].黄冈:黄冈师范学院,2020:1.

强了学科间的有机融合,提高了学生的探索、创造和协作的能力。[①]

"课程统整"最初来源于英文术语"integrated curriculum"和"curriculum integration",前者指的是经过统整后形成的课程,后者指的是对课程进行统整的过程或行为。有学者认为,"integrated curriculum"是一种课程形态(或课程组织形式),可以用"综合课程"或"整合课程"表达[②];也有学者将"curriculum integration"表达为"课程整合"[③]或"课程综合化"[④]。对于课程统整的分类,不少研究者依循不同的价值立场和分类标准构建不同的课程统整框架。比较典型的包括乔克布斯为代表的跨学科统整框架,霍普金斯为代表的儿童参与式课程统整框架以及瓦尔斯为代表的社会统整框架。此外,科内统整、科际统整、主题驱动的跨学科统整也是一种常见的划分方式。科内统整是指同个学科的教学内容和结构进行重组、优化;科际统整指的是将有着相近知识体系、研究方法的学科进行整合,如将物理、化学、生物整合为科学;主题驱动的跨学科统整则是指通过设置主题或者解决一定问题,来带动多个学科的知识习得。国内有一种普遍的观点,认为学科本位综合课程(综合学科课程)是以学科或文化知识作为课程整合的基点的,根据学科课程综合的程度不同,可以把学科本位综合课程划分为"相关课程""融合课程""广域课程"三种形态。所谓"相关课程",是指两种或两种以上学科既在一些主题或观点上相互联系起来,又保持各学科原来的相对独立;所谓"融合课程",是将有关学科融合为一门新的学科,融合之后原来学科之间的界限不复存在,如音乐、美术、影视、戏曲、舞蹈等融合为艺术课程;所谓"广域课程",是指能够涵盖整个知识领域的课程整体,不仅包含与学科有关的领域,而且人类的所有知识与认知的领域都可以被整合起来[⑤]。

跨学科统整强调通过打破学科界限,以统一的主题、问题或者学习内容,联结不同的学科,使相关的课程形成一个有机的整体,在这个过程中可以促进学生建立起知识间的联系,解决问题完成主题学习,能很好地帮助学生形成多学科多角度的思维方式。音合教育的重要特征就是"融合",最典型的方式就是融

---

① 王慧.课程统整理念下初中美术主题教学设计研究:以"空间"主题为例[D].黄冈:黄冈师范学院,2020:2.
② 郝琦蕾.国内综合课程研究述评[J].西北师大学报(社会科学版),2008,45(2):55.
③ 韩雪.课程整合的理论基础与模式述评[J].比较教育研究,2002(4):33.
④ 杨小微.综合课程及其动态生成[J].学科教育,2002(12):8.
⑤ 张华.关于综合课程的若干理论问题[J].教育理论与实践,2001(6):37.

合多学科教学,因此,音合教育的实践基础就是以音乐学科为载体,践行跨学科统整的理念,打破学科独立教学的局面,融合不同领域的知识内容,最终直指人的发展,凸显人的整体性特征。

音合教育的实践基于学科统整理念,可以提升审美感知、加强艺术表现、践行创意实践、增进文化理解,有利于全面发展学生的核心素养;可以在相互的融合性学习中,实现学生的学科长短板互补,增强学生的学习信心,提升学习关注度。音合教育中的跨学科主题学习是基于学生的兴趣、基础和体验,围绕某一研究主题,以研究内容为主线,打破学科、知识领域界限,将多门学科整合起来,把新的知识同已有的知识、信息与体验链接起来,从而使学生理解学科之间的关联及跨学科的真实内涵。其遵循"确立学习主题—明晰学习目标—提出评价要求—安排学习任务—展开学习过程—促进学习小结"的技术路线。基于学科统整的跨学科协同教学方式能为培养兼具知识、技能、创新能力为一体的复合型人才开拓新的渠道,同时跨学科协同的方式可以削弱美育等于艺术教育的观念,提升每个学科落实美育任务的意识,真正将美育落实到学校教育的方方面面。

三 音合教育的价值皈依:追求完满和谐

音合教育在音乐教学中融通多学科,注重合作式实践活动,运用融合教学的方式帮助学生形成全方位多角度的思维方式,提升多种能力,全面发展核心素养,让学生可以发挥各自所长,在合作式学习中相互帮助,共同进步。跨学科融合的教学方式基于生活,在团队协作、多角度思维培育中,有利于培养学生健全的人格,提升其抗挫折能力,舒展其心理压力,还能迅速增强其对学科知识的理解和记忆,提高学习的兴趣,更为重要的是能很好地激发学生想象力和创造力。

音合教育中的融合育人音乐课程体系以人的完整生命价值实现为导向,以课程融合的创新方式,注重将人的全面发展贯穿学校教育的全过程。在"立德树人"和"五育融合"的政策环境下,学校音乐教育教学的根本路向应注意知识结构的完整性和综合性,实现学科育人价值与教学价值的有机整合。在未来社会中,培养富有创新力、学习力并能实现人生价值的人是教育的发展趋势,这种趋势促使人全面发展,善于创造,拥有多种可能性,获得更多的发展空间。教育的工作中心不再只是放在"升学率"上,而且还要促进学生身心协调发展、品德养成、公民意识培养等,未来社会一定是实现人的全面发展的社会,因此,音合教育的价值追求,就是培养完满人性的教育。

音合教育追求和谐完满,和谐教育应该是人的生命的教育,促进人和谐发展的教育。以人为本,即指人是教育的目的,教育的出发点,也是教育的归宿。因此,教学中要创设和谐宽松的情境,营造良好的人文环境,多一些关心,多一份尊重,多一点信任,重视人、理解人、尊重人,要用温暖激励学生,使其充分发挥自己的潜能,激活创造力,为团队作出贡献,并获得个人成就感。

从更大的角度说,世间万物各有不同,但同时又是一个和合体,生生不息、不断成长,这一和合体的成长过程亦是由有关联的有机个体在追求完满中逐步走向整体的过程。音合教育以"合"为根本的价值取向,通过培养学生内在的自我和谐,让他们与音乐、与世界和谐相处,从而提升创造和谐世界的能力,扩大创造和谐世界的范围。音合教育从教育的现实、生活的现实与文化的现实出发,它的融合不仅仅是事物之间的关联,而且还是以发展为目标,让音乐与一切和谐共存的关联。

儒家教育经典《大学》以"修身、齐家、治国、平天下"为君子为学的目的。"平天下"可以理解为让天下安定和平,可见"和"是教化的根本追求所在。音合教育的定位同样也在培养学生养成自我内在的和谐,通过学习与世界的相依之道,扩大这种和谐,促进人类文化的和谐发展。同时音合教育强调从生命整体的变化来考虑道德教育,从生活现实出发,将品格教育与各领域、各学科知识学习整合起来,让学生个体充分参与互动,促进个体生命的丰富与转变,让生命成为一个完满和谐的有机体。

第三节 音合教育的核心理念

音合教育强调"融合"二字,充分利用多种融合手段,在艺术表现形式、教学方法、情感教育、跨学科教学、生活情境设置等方面无一不充分体现多样、合作、集合的特性。本节通过深入探讨音合教育的核心理念,分析其在教学实践中的运用方式和价值。

一 音合教育的内涵界定

(一)音合教育的核心概念

"音"字本义为音乐,中国古人对音乐的要求是让不同的艺术形式要素相互统一,在对立中达到一种和谐的状态,又要在内容上载以道德。音乐本身则要求在时间长短、速度快慢、音量大小、情感风格、进行与休止等方面进行交融,在相互对立、融合中产生听觉的审美感应。唐代孔颖达疏曰:"初发口单者谓之声,众声和合成章谓之音。"这也是声音与音乐最大的区别:"声"仅仅是单一的响声,而"音"却是不同音高、声调等按照一定规律交融在一起的艺术样式。同时音乐不仅满足了耳朵感官的舒适与和谐,使人获得悦耳层次的审美愉悦,还可以深入人心,使人获得道德情感上的审美愉悦。因此,能够使人心志和谐的音乐才是好的音乐。可以看出,音乐的属性及其功能充分体现出融合的特点,教学主张"音合教育"由此而提出。

当然,音亦是指事字,意为声音。《说文解字》中"音,声也。生于心,有节于外,谓之音。"因此,延伸至教育领域,音字也可指每一个主体皆可发声,表达自己的见解和感受,作为教育者应该尊重与理解每一个学习个体的声音。

合是会意字,《说文解字·亼部》中记录,"合口也。从亼从口","亼"有人认为就是"集"字,有集合、融合之意,而将"口"视作一个范围或区域,即来自不同地方、不同方向的事物聚集在一起为"合",此为聚集之意。在历史长河中,"合"和"和"这两个汉字有着相近的含义。唐代学者孔颖达在解释《礼记·郊特性》时说,"和,犹合也。""和合"理念是我们中国传统文化的精粹,它强调世界是人与万物的一体性存在,世界构成是多元的,这么多的构成要素之间相互矛盾又彼此融合,它们在矛盾与融合的关系中共同发展演变,产生新生命、新要素、新事物,客观世界因此不断发展变化。

延伸至教育领域,"音合教育"中的"合"为融合、合作、结合的意思。意指音乐学科应采用学科实践与跨学科实践相结合的教育理念,通过合作式艺术实践的形式、多元融合体验的方法、生活情境融入教学的路径进行教学。

"音合"还具有"众声"与"纵深"之意,"音"一字除了表达音乐的美感及德育功能外,更是强调教育中的主体可以各抒己见、畅所欲言,"合"一字则强调由多元融合的教育理念达至有意义的深度教学。

"音合教育"的核心概念,即指以音乐学科为载体,以学生的认知发展为基础,充分挖掘学生的素质和潜能,尊重与理解学生的个体差异,结合音乐各要素体验,协同跨学科教学,在合作式艺术实践活动中,融合多样教学法,设置生活情境,注重情感融合教育,强调五育融合,拓展教育教学的广度与深度,为学生的个性化发展与全面发展奠定基础。

"音合教育"基于大教育观,不局限于学科教学,一切以有利于学生的发展为重。它亦能传递人与自然的和谐共生理念,塑造学生美好心灵,发展其音乐素养、艺术素养、核心素养,树立文化自信,促进学生全面发展。

(二)音合教育的基本要素

1.跨学科融合

音合教育以音乐学科为主体,融通其他学科,强调课程综合性,提炼共同的育人价值,在不同的学段中,加强不同艺术门类的综合学习与交叉使用,整合相近或相关学科知识,培养学生综合运用多学科知识和技能解决问题的能力。强调课程综合性,通过跨学科协同育人、综合实践育人、项目式学习、大单元教学、主题式学习等不同方式,充分发挥艺术在促进学生全面发展中的积极作用。

2.五育融合

新时代学校教育的根本宗旨是促进学生德智体美劳全面发展,以整体的教育培养整体的人。基于五育融合的观念,在音乐教育中,开展全方位的有益的整体教育实践,探索、创造出能将学生德智体美劳五个方面学习活动有效融合的教育方式,注重教育实效,实现知行合一,有助于学生形成正确的人生观、价值观。

3.音乐与生活融合

音乐来源于生活,且高于生活。音乐教学中要积极创设与生活实践息息相关的教学情境,重视音乐学科内容与社会生活、学生生活经验的联系。学生可以通过现代技术手段及网络媒体,结合自身的阅历,改变学习方式,在实践中体验音乐的美好,同时感悟生活的美好,提升生活品质。

4.合作式艺术实践

合作式艺术实践强调的是多个参与者在团队实践中协同合作、共同表现一个艺术作品,所有成员之间是相互交织、互相配合的关系。在音乐教育领域中,这种合作式实践可以是课堂教学中的小组合作、师生合作,通过戏剧、演唱、演奏或是舞蹈等形式,共同体验音乐的美、理解音乐特征、掌握音乐知识。也可以是课外各种艺术团队的合作式训练。无论哪种形式,学生都能在其中互相学习,共同进步,学会彼此包容和相互理解、尊重,凝聚起集体观念,享受合作的欢乐。

5.多样教学法融合

融合国内外优秀教学法,结合实际,促进音乐教育多元化、本土化发展。根据具体的教学任务、内容和目标,遵循学生身心发展规律、现有水平,合理选择相应的教学法运用于音乐教学中,是保证有效课堂教学的重要前提。正所谓教学有法,教无定法,贵在得法。任何教学法的使用,都应以促进学生发展为首要目的。音乐教学还要关注学生内心世界,让学生用心聆听音乐,在美的熏陶中陶冶情操。

6.情感融合教育

教育中有"知情意行"的概念,其中"情"即指情绪、情感。音乐是一门情感艺术,《义务教育艺术课程标准(2022年版)》指出:"重视学生在学习过程中的艺术感知和情感体验,激发学生参与艺术活动的兴趣和热情。"音乐课堂可以通过以境生情、以趣激情、以美育情、以知促情、以情生情、以行养情等途径,培养学生形成健康、丰富的审美情趣,并通过构建适合中学生的音乐情感教学模式,促进学生积极情感的形成,从而使其树立正确的价值观。

二 道德的价值引领

善作为一种利他的良好品行,是由真诚而引发的对别人有益的行为,它定义在人与人之间的关系上。在艺术中,善是一个相对严肃的道德范畴,对艺术作品中所宣扬的道德观有着不可小视的影响力。因此,音合教育追求一种和谐、融合之"善",不仅要在融洽的学习环境中提升人审美的愉悦性,还要对表现题材的选择、处理以及表现过程力求"善"的表现。

学校的艺术课程要重视与道德教育的相互结合,二者的融合教育能提高学生的综合素质,促进学生身心的全面发展,使他们心智成熟。道德教育和艺术教育在最终目的上存在一致性,它们都是引导人不断提高自身的认知水平,追求生命中的美好,从而最终达到真善美的目标。早在3000多年前,我国就已经有了关于修身养性的礼乐教育,其中"礼"指的是道德礼数的教育活动,"乐"指的是具有审美性质的教育活动。二者相辅相成,互相促进,影响着人的世界观、人生观、价值观。因此,在学校的艺术教育中要重视融入道德教育,让学生接受各种美的观念,最终形成和美关联的道德观念,同时让他们在产生审美的过程中,能够辨别事物的优劣,取其精华去其糟粕,对事物的对与错形成正确的观念。席勒说:"只有具有成为审美的人,才能够成为理性的人"。这说明了具有艺术的审美是加强德育教育的一种非常重要的手段[1]。

同样,德育教育也能够对艺术教育起到引导作用,尤其在当今社会,网络的发达让学生有了独自接触艺术作品的机会。市面上的艺术作品种类繁多,在这样的情况下,教会学生树立正确的价值观,使其懂得选择优秀、经典的音乐作品进行聆听就尤为重要。只有让学生获得正确的引导,使其养成良好的道德素质,才能够让他们建立起健康的审美。消极的人生观和低劣的道德品格是非常不利于学生的成长的。艺术课程中融入求善的教育,就是要让学生以积极乐观的方式去面对人生,以更加健康的方式去享受生活的美好。学校中艺术教育和德育教育的融合发展,有利于学生追求善和美,重视精神层面的建设,学生就不至于因过分追求利益而导致内心空虚。艺术课程的寻善为学生的多维发展提供了基础,让学生能够真正掌握发现美、感受美、体验美的方法,真正提升理解美、欣赏美、创造美的能力。学生在领略艺术美的同时,思想得到浸润,人格逐

---

[1] 张钰.高校艺术类基础课程中融合道德教育的路径研究[J].文化创新比较研究,2020,4(7):153.

渐健全,思想品质不断提升,进而成长为新时代所需的全面发展的人才。

三 本真的教学体验

音合教育关注的是音乐教学的有效性、育人性、发展性,重点在于音乐本身,一切为了学生的全面发展。

(一)回归教学的本真,莫求"秀课"的完美

音合教育强调真实的音乐课堂,不需有过多华而不实的多媒体播放、流于形式的互动、完美无瑕的课堂表演,音乐教学应该是在常态、自然、真实的情境下完成,用朴实的语言、真挚的感情、动人的乐音让学生在最真实的情感体验中感受音乐的美、艺术的震撼,唤起学生心中对美的追求和对音乐的渴望,同时激发学生的学习兴趣,使其获得成长的动力,并乐于自主探究知识技能。音合教育要遵循学生身心发展规律和审美心理特征,让学生在自然、流畅、真实、有效的课堂中聆听音乐、享受音乐、创造音乐,真正陶醉在音乐的美好之中,这才是审美教育最好的体现。

音合教育的课堂考虑的是教学主体学生的需求,以促进学生全面发展为教学的最终目的。具体来说,就是从学生学的实际出发来开展教学,重视学生的主体性,让课堂实现教学的价值和功能。教学本真价值视野下的音乐课堂,师生之间有着平等的对话与交流,教师的教围绕着学生的学来展开,并根据学生的实际学习情况来开展授课活动,同时关注学生的兴趣与爱好,选择有利于学生发展的教学方式来开展实践活动。学生是一个完整的生命个体,要关心他们的个性发展,尊重其生命体验,使他们获得最大程度的提升。

教学中还应尊重学生的日常生活经验,这些经验正是他们的学习基础。由于每个人的生活阅历和生活环境各不相同,因而每个学生的个人经验也存在着差异,教师要尊重和关注每个个体,因材施教,将学生的生活经验作为课堂教学的资源之一,充分利用、合理安排,让学生学会运用课堂上学到的知识技能去丰富、补充、完善自己已有的经验,形成新的知识体系。同时,教学内容也要加强与生活实际的联系,选择生活化的教学内容,让学生感受到知识的乐趣,从而激发其学习热情,提高他们在生活中发现问题、解决问题的能力。

(二)回归教师的本真,形成教学的风格

音合教育的本真回归,除了将理论与实践有机融合外,还需要教师拥有音乐教育的本真之心,聚焦音乐课堂,立足学生,时刻牢记音乐教育是对立德树人根本任务的实施,是对学生核心素养的培育,是发展素质教育的根本。音乐教育不仅应有对音乐专业知识的讲解,更应有对学生能力和品格乃至文化自信的培养。

教师的专业发展是决定教育质量的根本因素之一,只有教师自身不断地提升与发展,教学质量才可能得到保障。因此,促进教师专业发展成为当前教师教育的主题。教师教育课程应引导未来教师在发现和解决实际问题的过程中,创新教育教学模式,形成个人的教学风格和实践智慧。个人教学风格的形成,成为教师在专业上获得发展的标志[①]。

音合教育倡导教师主体意识和主体价值的体现,回归教学的本真,因此,教学风格的研究成为推动教师教学个性化、实现教师自我教学实践表达的重要途径。作为教师在教学活动中表现出来的独特的、个性化的特征,教学风格不仅反映出了教师自己的教学思想,个性化教学方式的选择倾向,也凸显着教师在教学实践上的主体性追求,更是标志着教师专业发展的本体价值。教师独特的教学思想和教学方法,以及在教学实践中创造性的问题解决能力,成为学生个性养成及创新性培育的重要教育因素。教育是人与人之间的交流活动,教师教学上的个性可以潜移默化地促进学生天性的发挥、个性化发展。教学风格的形成还能使教师自觉、主动、创造性地进行教学实践探索,通过自我认知、自我评价、自我超越来不断提升自己的专业能力,同时也形成教师发展的原动力,进而追求自我完善和自我更新,最终达到自我实现。

当然,教学风格是在教师个性化、独特性的教学实践中产生的,因此在教学组织及管理当中,要注意保护教师个性化的形成,切忌因为管理的过度规范化约束教师个性化的发展,例如备课的要求、形式,上课的程序,作业批改的方式等等,教学常规要求得越细致,就越有可能压抑了教师对主体价值的追求。此外,还要鼓励教师勇于突破模式化的教学方式,尤其年轻教师,在模仿有经验的教师的教学模式后,他们应有自己独立的思考,敢于创新和超越,根据自己的特长和性格特征,在具体的教学情境中,探索属于自己的教学风格,努力实现教学

---

① 李慧燕.小学教师教学风格形成研究[D].大连:辽宁师范大学,2019:1.

主体价值,进而获得专业发展。

(三)回归音乐的本真,为了学生的发展

音乐的"本真"是音乐家、音乐工作者、音乐爱好者对艺术的追求和心灵的感应,也是通过音乐创作表达出的内心的真情实感。音合教育中音乐教学的"本真",是指师生主体遵循教学本真及音乐学科的规律及特性,全身心投入到音乐教学实践活动中,体验、感悟音乐的美,学生在感悟美、体验美、创造美的教育中获得成长。音合教育具有普及性的特征,通过音乐学科的教学,组织学生进行审美感悟、情境式体验、合作实践、艺术创作等活动,从而培养学生认知、表现、创造音乐的能力,激发学生的想象力和创造力,使其了解音乐的多元化特征。

音乐是一门蕴含着人文属性与艺术素养的学科,它不仅能充分表达和再现人们的真情实感,还能反映社会生活实际,表现生活中的美。在杜威的民主主义教育思想中,教育的目的是在发展独特性的同时,促进个体的生长。里德将杜威的理论继续发展,并对学校艺术教育进行了深入的分析,他提出"艺术应为教育的基础。"[1]教育的目的就是培养个体使其成长,音乐教育不仅教授音乐知识、音乐技能,更能塑造完美的人格。

音乐是一门情感艺术,它能起着表达思想感情的作用。柏拉图(Plato)在其《理想国》中写道:"音乐教育的目的,在于对灵魂灌输节律和谐和,以发展良好的道德品格。正确的音乐教育和体操训练是形成理想的第一步,因为具体实在的人所体现的谐和灵魂及优雅体态,即是理想的复本。为了防止腐化灵魂的有害物,对一切艺术的审查制度自然成为必要。节律及和谐能造就身体和心灵的优雅,以及对具体形态中美的认同和敏感。这是对理想认同的第一步。具备优雅体态及和谐灵魂的人,能以己之心,播崇高之爱于他人。通过对美的爱,增强和谐。"[2]音乐教育对促进人的全面发展具有独特的作用,它可以通过提升一个人的涵养来影响其品格的养成。因此,音合教育不仅要加强音乐基础知识与实践技能的学习,同时还要特别关注学生对人、对事物、对生活、对生命的价值立场和情感态度。在教学中关注、加强人文素养的培育,是具有十分深远的意义的。

---

[1] 曾琦.《通过艺术的教育》述评[D].兰州:西北师范大学,2006:6.
[2] H.F.艾伯利斯,C.R.霍弗,R.H.克劳特曼.音乐教育的理论基础[M].刘沛,主译.乌鲁木齐:新疆大学出版社,1996:3-4.

众所周知,音乐是听觉的艺术、声音的艺术,因此欣赏音乐最重要的环节就是聆听,学会聆听是音合教育中最为本真的教学任务,所有的音乐学习都建立在聆听的基础之上。如何聆听音乐作品呢?可以有以下几个方式:一是同一个作品多次聆听,通过多种教学手段、形式引导学生重复地听,或是聆听不同体裁、不同类型的同一个音乐作品;二是专注、用心地聆听,课堂上在聆听音乐作品之前,教师要设疑,提出问题,让学生带着问题仔细聆听,不断思考,找寻答案;三是在无要求、无目的的状态下听,比如课间10分钟,可以增加聆听的频率,课后的时间里学生通常是一种很放松的状态,这种沉浸式聆听,也能起到不一样的作用;四是整体与局部聆听,课堂上可以先整体聆听作品,再分主题分段聆听,最后再整体聆听,即总分总,或者分总,或者总分,让学生细致聆听作品,加深印象;五是对比聆听,两首以上作品对比,或是同一作品不同段落的对比聆听,对比不同音乐特点,从而产生不同的情感体验。那么音乐欣赏完全等于听音乐吗?并非如此,应该说欣赏必须聆听,聆听未必是欣赏。音乐欣赏是人们聆听、感知、体验和理解音乐艺术的一项实践活动,它是以具体的音乐作品为对象,在聆听的基础上,通过一定的教学手段来感受、体验、领悟音乐的真谛,从而获得内心的感动和顿悟,并产生愉悦的心情。音乐欣赏即审美的过程,以听觉为途径,内含感知、体验(想象)、理解等过程,感知是基础、体验是关键、理解是深化。达到音乐欣赏应具备的条件有:了解基本的音乐知识,能感知音乐主题,具有一定的音乐记忆能力和音乐识别能力,能把握音乐情绪情感,具备一定的音乐想象力。

综上,音合教育就是要回归本真,基于情感体验,将学生对音乐的审美境界、价值信念、文化理解等诸多因素融合在日常音乐教学中,为学生的发展提供有效途径。

四 完整的生活艺术

美国教育家杜威提出"教育即生活"的思想,杜威认为教育是生活所必需的,强调教育过程就是生活过程。这一思想的影响,在于使音乐教学内容的选择可以以生活为背景,融入生活的素材,同时也使音乐教育与课堂之外的日常生活相融合,使教学实践渗透进生活化的音乐理念,并让音乐教育与生活始终保持着统一和连贯的关系。

音合教育的要素之一就是音乐与生活的融合,从古至今,所有的音乐创作大多与生活息息相关,音乐可以洗涤心灵,净化情感,完善一个人对生活的态度。每一个音乐作品都是一个故事,都是音乐创作者的心路历程,包含着许多耐人寻味的人生道理。因此,在欣赏音乐的过程中,人很容易产生情感共鸣,甚至可以在音乐声中找到自己的故事。同样,生活中无处不含有音乐元素,不论是在电影、电视中,还是在商业活动中,音乐都不是独立存在的,音乐不能离开生活。同样,人类生活也离不开音乐,二者你中有我我中有你,即"生活中感悟音乐,音乐中品味生活"。[1]

音乐在生活中是一个神奇的元素,它通过音响传递给人,作用于人的精神层面。每个人在不同生活情境、不同时间、不同情绪的状态下会产生不同的感情,而音乐可以净化心灵,用潜移默化的形式影响每个人的内心世界。音乐还可以调节人的情感,优美的音乐可以让人忘记烦恼,忧伤的音乐会让人悲伤。同时,音乐也表现人生百态,包括喜怒哀乐,包括世事变迁。但无论如何,音乐是美的一种形态,也是对美的一种演绎,一个人对音乐的看法也反映了一个人的审美观念,这种审美观念的培养,可以让人在不同的音乐中领悟不一样的人生真谛。

音乐表现不一样的人生。我们在聆听音乐时不要仅仅局限于一个音乐种类或是一个地区的音乐,世界上的音乐形态各异,种类繁多,不同国家、不同地域、不同种类的音乐,风格各不相同,无论哪种音乐,通过我们的用心聆听,都可以感受不同的风格特征,感悟不同的人生百态,从而在音乐中体会人生,感受生活。

音乐与生活密不可分,所有的音乐作品都来源于生活,没有生活也就没有了音乐创作的源泉。音乐是生活的一种特殊表达方式,反映了作者对生活的看法和对人生的态度。音乐也是生活的写照,作曲家将生活素材作为原型,在原始素材的基础上加上自己的思考和想法,创造产生了新作品,在作品中必定会有生活的影子。

音乐教学同样要基于生活实际,让学生具备在生活中学习音乐的能力,使其善于从生活中发现音乐,同时也要懂得从音乐中体会人生。学生从富有震撼力的音乐中,获得感悟和激励,从对音乐的理解转换为对生活积极乐观的态度,从而树立自己的人生理想。

---

[1] 赵彬彬.论音乐的内在联系和外在联系[D].哈尔滨:哈尔滨师范大学,2016:26.

第二章

音合教育理念下中学音乐课程建构

在当今教育改革的大背景下,音合教育作为一种新的教学主张,为中学音乐课程建构提供了新的思路和方法。音合教育强调"融合",既包含了跨学科融合、五育融合,还包含融合生活实际、融合情感教学、倡导合作式艺术实践活动模式等。音合教育对于培养学生的综合素质和创造力,构建有时代特色的中学音乐课程体系,促进学生的全面发展具有重要的意义。

第一节 音合教育理念下中学音乐课程价值及其特征

音合教育理念下中学音乐课程的价值及其特征主要表现在审美价值、情感表达、创造性、综合性和多元性等方面,在中学音乐课程中,音合教育理念的渗透使得课程的价值和特征得以凸显,为中学生学习音乐提供了新的视角和路径。本节将深入探讨音合教育理念下的中学音乐课程的价值和特征,为音乐教育的高质量发展提供有益的参考。

一 课程价值

音合教育的课程价值是指音乐课程满足或适应学生主体的需求性。音合教育是以审美为核心价值取向的。音合教育不仅体现音乐教育的本体价值,还体现具有中国特色的音乐教育价值。同时,音合教育还有与世界音乐教育融合发展的取向,在世界多元文化音乐教育中吸取营养,彰显中国特色,体现融合的价值。

(一)美育与求知相统一

在音合教育中,音乐是一个认知对象,而非审美对象。音乐教育首先应让受教育者获得音乐知识,以帮助他们完成关于音乐的知识建构,在此基础上完成审美教育。将求知前置,音乐文化才可能真正呈现出多元的文化格局。同时,要坚持理性的认识论,然后去建立关于审美的价值论,接着再去探寻关于技能和技巧的方法论,这样才能充分发挥音乐教育的价值,实现求知与审美的统一、知识与技能的统一、理性与感性的统一[1]。

---

[1] 马晓平.美育与求知:音乐教育价值的双效追求[J].黄钟(中国.武汉音乐学院学报),2004(4):78-79.

(二)开发智能与健全人格相统一

现代教育的价值在于以人为本,音合教育同样以学生的全面发展为终极目标,注重开发右脑,培养形象思维和想象力、创造力,促进学生的个性化发展、全面发展,塑造其健全的人格和健康的心理。音合教育强调"融合",跨学科融合、教学方法融合、情感融合等等,同时重视艺术的普及性教育,因此,它的价值不仅是体现在一部分有音乐特长的学生身上,还体现在所有参与音乐学习的学生身上。它也不仅仅是体现在开发音乐素养上,还能体现在开发与音乐智能有关的其他智能上,总体以开发人的多种智能为价值取向。

(三)以审美教育为核心

音合教育是再现、表现与形式有机结合的"审美",艺术有着再现生活现实的需要,脱离不了表现人类情感的需要,其中的"美"是多维度的,感动于音乐情感之美,实践于音乐表现之美,领悟于音乐精神之美,和谐于心,感悟于意。欣赏音乐应根据审美规律来进行,否则无法进入真正的审美状态。要注重聆听的方式,将理性与感性完美结合,为学生提供丰富多样的资源库,整合生活中有特色的音乐素材,而不仅仅是停留在课本知识和纯粹技能的层面,还要将"亲历"和"学理"相结合。

(四)多种价值融合

音合教育不仅仅具有音乐教育的本体价值,以学生获得审美能力为目标,它还通过有目的、有意义的艺术实践活动来促进多种价值的实现,使学生具备多种音乐素养,这些素养不仅包含审美素养,也包含了学生的自我教育能力等多种素养。例如,在对音乐风格、艺术特征进行判断和阐述的时候,让学生获得运用、分析和判断能力;在进行音乐表现时,让学生获得自信,提升技能;在团队协作创造时,让学生获得创新力与多人协作的能力。

(五)拓展生命教育的深度

音合教育对个体生命的价值,除了德育价值、智育价值、完善知识结构的价值等,还有主体能动性、心理健康、社会适应能力、交往合作能力等与个体生命内涵相关的价值。通过音合教育,学生可以在音乐学习的基础上,融入自己对生命的理解。此外，文化是生命的表现形式，人的生命的延续，不仅是自然生命的延续，也是文化生命、文化精神的延续。"生命也必须承载着一种文化精神，生命才有厚度与深度，才能获得一种穿透历史的永恒与存在。"[1]人不仅有生物生命，还有精神生命和社会生命，人不可避免地具有群体性和社会性，个体必须和社会彼此融入。因此，音合教育也应充分体现这些方面的价值，将它们有机结合起来，既可以体现相互之间的本质关系，又能适应当前多种价值融合的大趋势。音合教育的课程价值应有利于提升生命的自主性，主要表现在人的主观能动性、创新力培养等，在实际教学中，需要学生自主参与才能更好地进行音乐的表现、创作和聆听。同时，通过情感上投入、感官上投入，学生才能真正体验音乐的价值和生命意义，做到对生命独特性的尊重。

音合教育的课程价值从整体上来说，是以人的全面发展、社会发展、自然发展为主要内容，并在这些内容之上进行课程价值建设的。可以说，每一个价值的内涵对当前时代的发展而言都是一个值得研究的课题。

二　课程特征

(一)课程的整合性

课程的整合性凸显课程设计与组织的方式，强调课程发展理论及相关的学校教育理念。在音合教育中，课程的整合性体现在将教学体系的各个要素以及各成分有机结合成为一个整体的过程。例如，整合相近的知识点，整合姊妹学科，整合文化知识、生活常识等等。有学者指出，综合课程就是把有内在联系的不同学科、不同领域的内容或问题统整成一门新的学科[2]。音合教育就是一种有意识地运用两种或两种以上学科的知识观与方法论去考察、探究一个中心问题的课程组织取向，其中的中心问题一定是来源于音乐学科本身。它的目的，就是打破学科界限，建立学科内部与学科之间新的联系，促进学生的经验成长及人格发展。

自2018年全国教育大会召开以来，国家先后出台《中共中央、国务院关于

---

[1] 朱人求,王玲莉.梁漱溟文化生命理论及其时代关切[J].广西社会科学,2004(1):184.
[2] 熊梅.综合课程的内涵特点及其生成模式[J].首都师范大学学报(社会科学版),2000(6):118.

深化教育教学改革全面提高义务教育质量的意见》（2019年6月23日）、《国务院办公厅关于新时代推进普通高中育人方式改革的指导意见》（2019年6月11日）等重要文件，强调坚持全面培养全面发展原则，构建德智体美劳全面培养的教育体系[1]。美育方面，要增强美育熏陶，实施学校美育提升行动，严格落实音乐、美术、书法等课程，培养德智体美劳全面发展的社会主义建设者和接班人。

当今社会对人才的需求呈现出注重综合、提倡多元的特点，因此音合教育课程教学也应顺应社会发展的需要，提供一种教育路径，帮助学生形成多学科、多角度的思维方式，为培养兼具知识、技能、创新能力于一体的复合型人才，开拓新的渠道，为培养高素质综合型人才奠定基础，满足社会发展的需求。

以核心素养为导向，课程规划、融合课程开发以及跨学科学习都显示出整合的特征。以课程规划为载体实现音合教育课程建设理念，从理念到方案的转变，再到现实的落地，要先有规范再努力创建特色。开发跨学科的融合课程，一切要以提升课程品质为目标，同时促进教师专业水平的提升。学生在音合教育中，可以体验以真实问题情境为中心的跨学科学习，从而整合生活资源、改变评价方式，最终将知识内化为思维及素养，用一种整体思维统筹各层各面的行为方式。在执行方式上，音合教育由课程规划、科目及课堂教学层面合力推进，以素养为引领综合设计与实施课堂要素，改变课程组织及制度，配合教学改革的需要。

音合教育中的课程统整满足了学习者的整合性学习需求，它是基于学习者的自身生活背景和实践经验，以生活与课程相结合的方式来构建的音乐知识体系。在学习的过程中，课程寓知识于生活情境中，多层次呈现知识，使得音乐基础知识与艺术实践、实际运用、个体感受产生关联。学生能够有效地与他人合作、与环境互动，并运用不同的工具来回应情境所提出的课题，形成自己有意义的、可迁移的认知结构[2]。同时，教师要构建课程学习与学生所处的生活世界的联系，引发学生的实际需求和动机，鼓励学生以解决社会现实问题为导向，勇敢地与真实世界相遇，达到知识学习与生活经验、人际交往等非学术领域的知识技能互相提升的效果。

---

[1] 吕玉刚.着力深化教育教学改革 全面提高基础教育质量[J].中小学管理,2020(1):25-26.
[2] 于泽元,王丹艺.核心素养对课程意味着什么[J].现代远程教育研究,2017(5):26.

课程的整合策略可以打破学科的界限,根据学生的年龄特征、学校的硬件条件、社会的实际需求以及学习内容本身的属性等来进行整合。例如:音乐学科本位的整合,在学科框架中实现教学内容的整合;平行学科的整合,将两门相近学科的某些主题安排在同一时间教学,建立两门姊妹学科之间的关联,比如认识京剧,可将音乐课中的京剧作品欣赏与美术课中的脸谱绘制整合起来;多学科的整合,围绕一个共同的主题将多个相关学科整合在一个单元里;跨学科整合,将各个学科有意识地统整在一起而形成常规的大单元学习;完全项目的整合,以学生所在的学校环境或者日常生活为大背景展开学习,这是一个完全的整合设计。

音合教育的课程整合需要依托一个多学科教师协同共进的团队,在共同开发、探究过程中逐渐成为专业发展的共同体,在团队中老师们彼此学习,各司其职又相互融通,形成融合课程开发的团队。这个共同体可以是本校老师,也可以是跨校的老师,根据不同学校的情况,各学科教师共同开发融合课程,并可将成果进行推广,以此激励其他教师探索如何在基础性科目中整合跨学科学习。

音合教育的课程整合让老师们有了更多的自主权,学生也同时获得了更充裕的学习实践。教学区域可以是多样的,不仅仅是音乐教室,还可以根据需要走出教室,到其他实验室,或者走到室外或者去图书馆等等,这为学生提供了体验广阔社会生活、深入专业学习的机会,从而使得音合教育课程有了更多的社会实践基地。

整合性课程学习应始终以培育学生跨学科素养为指向,首先确立教学中所要培养的素养是哪些,然后判断和选择这些素养的培养可能涉及的学科领域,通过课程标准的纵向和横向浏览,找出素养培育相关的描述。整合这些内容标准、表现标准以及跨学科概念,抽离出学习课题,创建跨学科课题及相关学科领域、学习标准的结构,确定学习的课程目标,设计若干主题单元,形成单元目标,并基于单元目标,设计学生对应的学习体验活动,实施相应的实践活动。

音合教育是一个相互依赖的众多元素构成的系统,通过全局性把握,整合相关学科、相关资源、相关方法,可以使音乐教学从音乐技能学习走向核心素养培育,从分化走向整合,并超越了学科本位,涵盖课程规划、学科、课堂教学等不同层面的整合。其中涉及的育人目标、课程内容及结构、课程保障及实施、评价等不同要素的整合,这些方面都直接影响着课程整合的实践及其效果。因此,我们不仅要以一种整体思维来审视音合教育,也要关注到课程各个层面的因素,真正促进学生的发展。

(二)课程的实践性

在我国,"实践"一词合并使用最早见于《宋史·理宗纪》中的"真见实践,深探圣域",但其基本含义在先秦时期就已包含在"行"这个词之中被广泛使用,主要与"知"相对。将其运用于教学领域而言,实践教学不是一般意义上的社会实践,而是一种受制于教育目的和要求,在本质上以培养人为宗旨的教学活动。[①]因此,实践教学必须在老师的指导下进行,要遵循教学规律和原则,同时内容要蕴含丰富的教育元素。通过老师的指导,学生们进行实际操作、亲身体验,获得感性知识和艺术技能,提升素养水平。

习近平总书记反复强调要"实践育人",陶行知先生也曾倡导"知行合一"教育理念。因此,在音乐教学中同样要注重实践性原则,充分发挥音乐学科特有的育人功用,提倡在体验中、感受中、表现中学习并引导学生不断思考与创造,为学生多创设艺术实践机会,尤其是合作式实践活动,要让学生在丰富多彩的实践活动中,学习音乐知识,提高技能水平,提升学科素养,促进协作能力的发展。实践育人理念的贯彻应明确学生主体地位,以人为本,构建人性化组织管理,并创新教育教学方式。

课程的实践性是音合教育的重要特征,它是对相关教学理论的验证、补充和拓展,具有很强的直观性和操作性,旨在培养学生的组织管理能力、创新能力、实际操作能力等等。音合教育的实践教学,是指根据音合教育课程内容和要求,教师在教学过程中构建具有实践性、教育性、创造性的活动,鼓励学生积极参与、主动实践、勤于思考、乐于探究、努力创造,以促进学生整体素质提升、全面发展为目的的一种教学形式。它要求学生要学会理论联系实际,同时引导学生注重知识和能力的协调发展,让学生能够在边听边体验的同时学习音乐艺术。在音合教学过程中,理论性教学和实践性教学这两者之间是相辅相成的。

音合教育注重把理论性教学与实践性教学相结合。理论性教学是基础和前提,而实践性教学是在理论性教学的基础上让学生通过艺术实践对所学知识有进一步的了解,从而加深对理论知识的记忆和理解。通过实践性教学可以丰

---

① 郭国梅.高校《美术技法理论》课程实践性教学研究:以新疆高校为例[D].乌鲁木齐:新疆师范大学,2014:9.

富学生自身的感性认识,让学生在总结中巩固所学知识,提高能力。而在实践性教学中要注意融合美感、审美意识的培养,关注音乐情感教学的内在联系和促进作用。

音合教育课程的实践性主要体现在以学生为主体,以教师为主导,以教材为中心,以课堂为平台,以课外活动为辅助。教师在教学中不能过度倾向于理论教学,轻视实践教学,不能因为实践教学难度大,教师怕麻烦,就忽略、轻视学生的主动探索和能动学习能力的培养。音合教育尤其重视学生的实践活动,坚持以教师为主导、学生为主体的教学思想,坚持学以致用这一教学理念,鼓励学生积极主动参与教学活动。同时,教师要注重将音乐知识结合生活实际,针对不同形式的实践教学,根据教学目标和要求,融合多样教学方法,从具体教学内容出发,采用灵活多样的教学形式和实践方法,把音乐课堂教学与课外兴趣小组活动等实践教学有机结合,不断创新。同时,通过开展艺术实践活动作为提升教育教学质量的突破口,贯彻系统性与科学性的原则,由浅入深、循序渐进,帮助学生在发现问题和创作中能通过亲身实践和体验有效解决问题,并创造出优秀的作品。

实践的途径可以多种多样,通过收集、整合多种教学资源,设置生活情境,将实践教学活动的各个要素有机结合起来,形成最优化的教学系统,培养学生的实践能力。实践性可以体现在课堂实践教学中,即让学生积极主动地参与到课堂中来,无论是演唱、演奏、舞蹈、编创、戏剧表演等活动,还是聆听、合作,要让学生通过亲身实践,才能检验其是否真正掌握课程内容。实践性也可以体现在课外兴趣小组教学中,通过艺术团的教学、训练,学生从专业技能上提升实践能力,学会自我评价和自主学习的意识,提高学习能力。当然也可以通过跨班选修的模式,或是分小组形式,抑或是课外单独指导的形式进行实践活动。

针对实践性特征,在课程的实践活动中要注意以下几点。一是根据艺术实践活动的特点,制定不同的实践活动评价方式,保证与教学实践目标相吻合,真正做到教学评一致;二是实践教学的评价实施要注意调动学生的热情和兴趣;三是引导学生从注重评价结果转向重视具体教学实践的过程。教师要让实践性评价具有导向激励功能、改善功能和鉴定区分功能,综合评价实践活动。

(三)课程的趣味性

"趣味"这个词语在《现代汉语词典》(第7版)当中的解释是使人感到愉快、有意思、有吸引力的特性。这里的特性表明的是事物所具有的属性,如果事物具备这些特性的话,这些事物就有一定的趣味。趣味的内涵很丰富,有人认为趣味是与别人一起进行愉悦和喜悦的感知,有人认为只有自己体会到快感和愉悦,并让他人也有相似体验的时候,才会产生一定的趣味性特点,也有人认为趣味是事物给个体带来持久愉悦的体验[①]。

在教学领域,趣味性教学是指在活动中,通过幽默灵活的语言或动作以及其他感染力较强的方式,吸引学生的注意力,同时也可以使用现代化教学技术进行气氛渲染等等,让学生视听结合,最大限度使得教学趣味性得以提升,进一步激发学生学习兴趣,提高学习效果。在音合教育的课堂教学中,通过趣味教学,学生们会对所学内容充满好奇,注意力集中,思维活跃,大大提高学习效率,对学习任务的完成起到巨大的推动作用。

课程的趣味性要依据课程标准的要求,在遵循教育规律和学生学习心理的基础上,发挥学生在教学过程中的主体作用,同时老师可以运用充满感染力的语言、动作表现方式以及灵活多变的教学手段来增加音乐课堂教学的乐趣。在老师的引导下,学生能够仔细品读所学知识的意义,能联系自然、生活的实际进行思考,从而形成自己的理解和认识。学生通过积极主动的学习,在好学乐学中获得情感体验,完成情感的唤醒和升华。

音合教育中的课堂趣味性可以做到与知识的结合,教学模式不拘泥于固定的方法,自由度比较高。尤其像游戏类的教学,趣味性高,教学效果好,例如奥尔夫、柯达伊教学法中的节奏游戏、音程游戏、角色游戏等等。也可以借助道具,比如篮球、网球、橡皮筋、呼啦圈等等,通过这些运动器材的使用,学生可以体验音乐各要素的特点,在类似于游戏的教学过程中掌握知识,提升音乐素养。

课程的趣味性还要遵循教学规律,要把握住学生的年龄特点和学习心理,不是一味地投其所好。教师要充分发挥教学机智和教学艺术,使得音乐教学达到知识性和趣味性的和谐统一。在这个过程中要将学生的学习直接经验和间接经验相结合,使其掌握知识与发展智力相统一,知识创新与思想教育相统一。

---

① 骆梁梁.提升初中生物课程教学趣味性的策略谈谈[D].开封:河南大学,2018:9.

教师要注重学生的生活经验,让其通过切身体会产生更深刻的记忆,调动其积极性,引导学生自觉地掌握和运用知识,促进学生智力的发展。

从心理学上看,音合教育课程的趣味性本质在于调动学生学习生活的积极化情绪,从而产生内在动力来完成学习任务。课程的趣味性可以是激活学生脑中的愉悦点,避免学生过早产生厌倦感。此外,趣味性的教学还可以促进学生主动发现问题,进而自主探究,解决问题,这是一种具有主观能动性的教学,将趣味和探究联系起来,对学生知识体系的构建有很大的帮助。以学生为中心,引导学生对音乐知识技能进行主动探索和主动发现,教师是这个过程的帮助者、促进者,因此要提前深挖教材内容,发现教材中的趣味点,尝试多种教学模式,使得知识趣味化、方法游戏化,激发学生的学习热情,使其在体验到愉悦的学习过程的同时,增强学习音乐的信心和兴趣。

古今中外的许多教育家都曾发表过关于教学趣味性的重要言论,如春秋时期著名教育家孔子就曾说过:"知之者不如好之者,好之者不如乐之者"。他强调对知识的学习效率,在于一个人学习知识时是否产生乐趣。朱熹也曾说过:"教人未见其趣,必不乐学。"[1]教学就应该让学生感受学习的快乐,让他们从中获得成就感,呼唤隐藏在他们内心的自豪感、自尊感,使每个学生都充分发挥他们各自的可能性,享受艺术表现和学习所带来的乐趣。当然,开展趣味教学,教师追求的并不仅仅是让学生快乐,而真正的目的在于让学生在愉悦、快乐的情绪体验下获得知识的增长,同时也获得兴趣的增长。

音合教育课程的趣味性要注意以下几个原则。一是科学性,音合教育要求学生能够达到三方面的目标:知识、能力、价值观。即能掌握基础的音乐常识,具备一定的音乐技能,能运用科学的音乐思维,将所学的知识应用到日常生活中去。音乐来源于生活,且高于生活,它渗透到生活的方方面面,不能一味追求有趣,而忽视了音乐教学的科学性和生活的真实性。二是适应性,中学生朝气蓬勃,对任何事物都充满着好奇,尤其对音乐,很多学生都带着一种骨子里的喜欢,这个时期正是掌握知识和技能的最佳时期,也是关乎今后学习生活和自身发展的关键时期。因此,教学设计要适应中学生的身心发展规律,符合他们的认知规律,知识内容的选择不应偏难、偏专业,要考虑到不同的孩子个性的差异,否则会对学生的自信心和兴趣造成打击,增加额外的学习负担。三是新颖

---

[1] 骆梁梁.提升初中生物课程教学趣味性的策略谈谈[D].开封:河南大学,2018:7.

性,时代在进步,教学方法也日益更新,加之多媒体的广泛应用,增强趣味性的手段越来越多。所以,教师要与时俱进,不断更新自己的知识储备,提升教学技能,不断创新和探索,学习国内外最新教学手段,积累多样化的技术资源,为课堂教学增添妙趣。

课程的趣味性可以从教学内容及教学方法入手,选择奇妙、富有吸引力、学生感兴趣的教学资源来吸引学生,并使用寓教于乐的教学方法,例如抢答、游戏、律动等方式,激发学生学习的热情。教学中适当趣味设疑,及时追问,让学生跟着老师的思路一步步完成思考,通过疑问和悬念让学生急于探索答案,使他们的求知欲、好奇心不断被激发。也可通过多媒体,如电脑、电子白板、幻灯片等,将声音、图像、视频结合在一起,动态直观地展示知识,辅以游戏竞赛等方式,调动学生学习的积极性。

(四)课程的生成性

"生成"就是在师生的共同参与和作用下,在课堂教学的过程中,由师生共同创造出来的课程。所以,课程"成为"师生共同创造、共同拥有的课程,而不完全是来自上面的或者外界的预设课程。

音合教育的课程生成性,指向一种重视过程、具有创造性、注重个性差异的教学方式,其中创造是生成的核心。即力求在动态的教学中寻求新的变化,在变化中获得新的生长。同时在教学中要尊重学生的潜能、权利、人格,关注人作为主体的意义。当然,这种创造性并不等同于音乐创作,而是包含更多的内涵,比如,在学习中善于想象,思考的问题范围和领域能超出原有的预设;又如在学习行为上能灵活运用知识,能举一反三,想出新点子,发表新颖的看法;又如能创作出不同风格特征的音乐作品等等。这种生成是一种态度、倾向、能力以及人格。

当然这种生成不是刻意地标新立异,而是尊重每一个学生的经验和潜能,彰显个性化教育,同时强调在做中学,在实践中发现学生的无限可能性。要鼓励他们勤于探究,"思维起源于疑难",在音乐课堂中发现问题、解决问题,在合适的生活情境中,开动大脑,运用观察、推测、分析、比较、判断,获取知识,从而使思维得到锻炼,经验得到成长。当然,课程的生成性要建立在学生具有一定学习经验的基础上,拥有了经验才能主动探究,将所学到的知识和技能继续深入挖掘、探索,获取新的知识。这是在课堂教学中的生成,在教学中反思,在反思中行动,是由师生共同创造出的新智慧,离开了课堂,这一切都失去了意义。

同时,课程的生成也不是随心所欲的,而是必须建立在预设的基础上,预设可以说是生成的前提和基础。一方面,课程目标和内容是教师原来预设好的,在此基础上开展教学活动;另一方面,在实际课堂教学中偶发性地出现了新的课程目标和内容,这是在原来的基础上有了新的突破与生长,组成了课堂上学生的学习经验。因此,生成是在预设的基础上的生成,是在预设的基础上的突破和发展。可以说,课程的生成,是在充分保证教师和学生各自的主体性和价值的前提下,师生之间相互作用创造出课程的意义,通过学生主体性的充分彰显,实现学生兴趣的满足和学习的需求。

音合教育课程的生成性主要通过两个载体来实现,一是课程目标的生成,通过隐性的课程目标实现来体现全人发展的意义;二是课程内容,不仅包括生成的音乐知识与技能内容,更是包含非智力性因素的培养。这使我们看到音合教育的意义在学生身上变得真实而充满活力。课程的生成性可以通过对话教学、开放性问题设置、动态生成课程资源选择、探究性策略,甚至还包括学生的疑问、错误回答等等进行实现,从而引发学生的深层次思考,激发他们有更多的思考空间。这一过程就要求老师要有教学机智,因为生成具有不确定性,教师要在瞬间明确自己该怎么做,并通过临场发挥机智地引导学生往更好的方向去学习、探究。同时教师也要善于发现学生的有价值的信息,比如学生的提问,错误的回答或表现,有创造性的语言和行为等,要将这些课堂上的不确定行为转化为自己的教学创意,使得课堂交流、互动变得生动有灵气,只有教师在课堂中善于发现来自学生的有价值的教育信息,才能真正与学生进行深入交流、对话。

(五)课程的生活性

音乐与生活密不可分,音乐来自生活,生活也离不开音乐,因此,音合教育同样强调课程的生活化属性。"生活"一词含义十分丰富,生活是人的动态存在方式,它是主体的、实践的、整体的;生活也是一种现实状态,是基于人的需求构建出来的理想愿景;生活还是一种过程,是由现实状态向理想状态的发展变化。

对于教育回归生活的阐释也有着许多不同的看法和主张。在音合教育中,一方面,学生作为个体参与,本身就构成了个体生活的一部分;另一方面,音合教育中有许多合作式艺术实践活动以及生活情境的设置,在这样的教学中,也就与生活实际紧紧联系在一起了。音合教育就是要让学生实现对生活的适应与超越相统一,让教育回归生活世界。

音合教育课程的生活性,是对音乐教育性质的生动表达,它能有效地构建教育生活世界,指导教育与艺术实践活动,提升教育教学质量。通过创设学校音合教育的生活空间,在校园环境、文化建设、课堂教学中找回音乐教育的生活性,让教育回归学生主体的生活世界,同时扩大学校教育接续社会实践生活的领域,为学生的理论学习与生活实践搭建平台。

回归生活才是教育,回归生活也是音合教育获得发展的有效途径。教育的本真状态,提倡课堂教学从知识世界回归人的世界,知识是为人的存在而服务的。教学回归生活世界,就要求教学满足学生现实需要,关注学生的现实生活和生存状态,优化他们的生活方式。音合教育注重情感融合,因此在教学中强调关心学生的当下生活,提升学生的主体意识,实现人文关怀,关注个体生命中的情感、意志、态度等非知识性层面。

回归生活的理念强调以自然的生活方式展开教育,让学生在主动参与丰富多彩的艺术实践中,扩充知识结构,积累生活经验,形成优秀品质。这一过程要激发学生的主动性,突出学习的活动性。这里的回归指的是日常生活,要用润物细无声的方法淡化教育的痕迹。课程的生活化理念就是既观照和贴近现实生活,也超越现实生活,最终引领理想生活。

音合教育的目的除了要教授学生的音乐知识和技能,更重要的是培养学生的优秀品质,帮助学生建立正确的价值观。所以要注意考虑音乐教学本身的基本特性及生活逻辑,要考虑学生的接受水平和生活需求,还要关心学生生活的发展性和阶段性。杜威曾提出"教育即生活""教育即生长""教育即经验的改造"。教育没有终极目标和固定重点,它就是要不断生长,与生活环境相互作用,产生经验,持续发展。当然,随着环境的变化,生活也在不断变化。生活教育理论是陶行知教育思想的精髓,他强调生活的动态性,侧重对人的需求的满足。因此某种程度上来说,生活与教育是一体的,其中生活、教育内部的关系为生活决定教育,教育改造生活。

当然,在音合教育中把生活作为教育的一部分,并不是单纯把教育直接作为生活过程,把教育等同于生活;或是在生活中引进教育,把生活直接视为教育,都是不合适的。可以这么说,生活是广义的教育,而教育是特殊的生活。生活提供着教育的养料,而教育是为了更好地生活。教育是一种特殊的人类活动,教育离不开生活,它需要从生活汲取营养、整合优秀的生活资源,但这不意味着教育必须要向生活看齐。音合教育源于生活却又不等于生活。

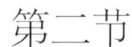

第二节 音合教育理念下中学音乐课程体系构建

课程体系作为教育的核心之一,代表着一种有计划、有组织、有目的的学习路径。就其概念而言,课程体系存在广义与狭义之分,广义的课程体系是指在一定的教育价值理念指导下,将课程的各个构成要素加以排列组合,使各个课程要素在动态过程中统一指向专业培养目标实现的系统。狭义上的课程体系特指课程结构,是各类课程间的组织与配合[1]。课程体系包括:课程体系目标要素、课程体系内容要素和课程体系过程要素。对课程体系的内涵有三个层面的理解:一是指宏观的专业设置,涉及教育的学科及专业;二是指中观的课程体系,涉及专业内部的课程结构问题,即专业层面的课程体系状况,具体包括课程体系的目标、结构、实施以及评价等;三是指微观的教材体系,即专业内某一具体课程的教学内容[2]。本研究借鉴中观层面的课程体系内涵,将音乐课程体系内涵定义为学校为了达到音乐教育培养目标而设计并指导学生的所有学习内容及其构成要素的总和,其构成要素具体包括课程目标、课程内容、课程实施和课程评价等(见图2-1)。音乐课程体系的构建不仅体现着课程理念和课程设置的价值取向,还决定着人才培养质量与教育质量的提升。

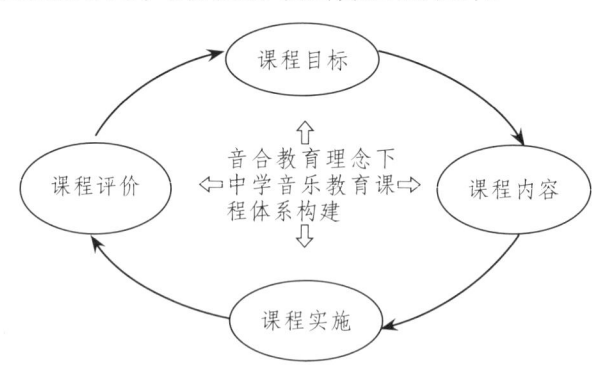

图2-1 音合教育理念下中学音乐教育课程体系构建

---

[1] 罗尧成.我国研究生教育课程体系研究[D].上海:华东师范大学,2005:13.
[2] 王淑英.学校体育课程体系研究[D].石家庄:河北师范大学,2012:15.

作为反映新课改精神与理念的一种新型课程与教学主张,"音合教育"是以音乐学科为载体,结合音乐各要素体验,充分运用合作式艺术实践活动,协同跨学科教学,融合多样教学法,旨在促进学生情感与价值观发展,为学生个性化和全面发展奠定基础的教育主张。整合性、跨界性、亲历性、生成性、生命发展性与开放性等是其特征,以人本中心为立场、以融合发展为路径、以意义课堂为载体、以体验学习为手段、以创意实践为目标是其基本思想,旨在实现音乐教育的"由分至合",传递人与自然的和谐共生理念。基于此,音合教育理念下中学音乐课程体系的构建应遵循整体主义的构建理念,实践导向的构建原则和自主创新的构建追求。

一 音合教育理念下中学音乐课程目标

课程目标是指课程本身要实现的具体目标和意图,它规定了某一教育阶段的学生通过课程学习以后,在发展品德、智力、体质、情感等方面达到一个期望实现的程度,它是确定课程内容、教学目标和教学方法的基础。从某种意义上说,所有教育目的都要以课程为中介才能实现,所以课程目标可以说是整个课程运行过程(包括评价)要面对和解决的根本性问题[1]。作为音乐教育课程体系的首要构成要素,音乐教育课程目标是指导整个课程编制过程最为关键的准则,可以说是课程体系构建之魂。

(一)音合教育理念下中学音乐课程目标的确立依据

国内外关于"课程目标"一词的理解具有不同的视角,就目标层级的视域来看,西方学界将课程目标区分为"课程宗旨"(curriculum aims)"课程目的"(curriculum goals)和"课程目标"(curriculum objectives)这三个由宏观至微观、由抽象至具体的层级认识。我国学者未直接对这些概念进行界定,而是以把握"目的""目标""教育""课程""教学"这些概念及其关系为基础进行层层分析,得出的相关结果本质上仍是认为这几个概念是先后顺序关系,即教育目的→教育目标→培养目标→课程目标→教学目的→教学目标[2]。只不过,相较于国外以"课

---

[1] 刘启迪.课程目标:构成、研制与实现[J].课程·教材·教法,2004(8):28.
[2] 吕立杰,等.课程论研究[M].福州:福建教育出版社,2021:68.

程"为边界,将课程宗旨等同于教育目的这一范畴而言,我国学者则更倾向于将"教育"视为边界,"课程"作为"教育"的载体而存在,由此造成了课程目标层次表述上的差异。在学校实际教育教学活动中,教师主要还是关注具体可操作层面的课程目标与教学目标的设计问题。为了完成特定阶段的学校课程所要求达到的预期结果,音乐课程目标的设置需要保证学生在音乐课程学习过程中所发生的行为变化具有阶段性、特殊性的学习结果。

作为保障音乐课程目标科学性、规范性、合理性的前提,"以何为依据"是音乐教育课程目标体系构建需考虑的重要问题。《义务教育艺术课程标准(2022年版)》确立了审美感知、艺术表现、创意实践和文化理解四大核心素养,并阐释了四者间的关系,这些内容是确立音乐课程目标必须要考虑的。

首先,从四大素养的内在关系来看,审美感知是艺术学习的基础,艺术表现是学生参与艺术活动的必备能力,创意实践是学生创新意识和创造能力的集中体现,而文化理解是以正确的价值观引领其他三大素养的关键,四者相辅相成,共同作用于艺术课程的全过程。从四大素养与学生发展的关系来看,四大素养皆是从学生的视角出发,并基于时代与社会的发展对学生的要求与期许而提出的,从本质而言是以学生为本的。

其次,音乐课程目标的确定还需要考虑学生的真实需要与学校艺术教育的实践基础。就前者而言,虽然核心素养提出了关于学生发展的整体性要求,但相较于抽象性的学生群体而言,学生本身又是独立的、具体的个体,每一个学生都具有自身的独特品质与发展要求,因而课程目标的确立亦需要考量每一位学生的真实发展需求,坚持共性与个性、一般性与特殊性的统一;就后者而言,音乐课程目标最终需要落实于具体的学校课程与教学之中,而每一所学校的艺术教育实践基础又有所差异,如是否已形成成熟的艺术教育课程体系,是否能持续进行艺术教育教学实践等。因此,课程目标的确立还需要参照学校已有的艺术教育实践基础,依据学生艺术素养水平的现状和学校整体的艺术课程实践情况进行规划。

最后,音乐课程目标的确立还需要考虑到社会生活和学科发展的需要,唯如此,学科才能持续不断发挥其价值。就社会生活而言,学生不仅生活在学校中,同样生活在社会中,学生的成长就是不断社会化的过程。因而,音乐课程目标的选择无法脱离社会生活对学生的影响。就学科发展而言,伴随时代发展与人民生活水平的不断提升,音乐课程无论从内容还是形式上都将被赋予新的意义,由此,音乐课程的目标也应基于学科发展的需要不断调整。

综上所述,音乐课程目标的确立必须考虑多种因素,既应考虑国家关于艺术核心素养的相关要求,也应考量学生的真实需求与学校艺术教育的实践基础,最后还应观照社会生活与学科发展的需要。

(二)音合教育理念下中学音乐课程目标的具体构建

音乐对学生的全面发展具有重要价值。正如周海宏说,世界上没有任何一门教育像音乐教育一样可以给低龄孩子带来这么多快乐,给每个孩子的童年增添色彩。海伦·辛普森曾说,通过音乐并在音乐中教育我们的孩子。音乐教育是实现学生和谐发展的重要途径,基于何种原则去构建什么样的音乐课程目标对学生的发展尤其重要。

1.构建原则

整体性是中学音乐教育课程目标应确定的首要原则。基于音合教育理念关于整体主义思想的强调,音乐教育课程目标应关注学生知识与能力、过程与方法、情感态度价值观等的综合发展,如《义务教育艺术课程标准(2022年版)》也在课程目标中强调学生要能领悟音乐的思想感情和内涵意蕴,能理解中国音乐文化中的中华美育精神和民族审美特质等。

实践性同样是中学音乐教育课程目标应确定的重要原则,基于音合教育理念关于实践体验、全息育人的强调,音乐教育课程务必注重实践。作为一门艺术实践类课程,音乐教育强调对音乐技能性目标的关注,如切合课程标准要求学生"能选用合适的音乐作品表达自己的情感,编创与展示简单的音乐作品"等。尽管技能性目标并非音乐教育课程目标的全部,但不可否认其是音乐课程目标中十分重要的一部分。此外,关注技能性目标也并不代表只关注音乐教育的工具理性,而忽视价值理性。实质上,音乐教育注重实践、关注体验的特质正有助于激发学生的学习兴趣、积极性与创造性,从而提升课程育人价值。

另外,还应关注中学音乐课程目标的层次性原则。对不同阶段的学生而言,其在音乐教育上的需求是不同的。基于发展心理学观点,音乐课程目标需要考虑学生的发展特点,并基于此设计课程目标。如《义务教育艺术课程标准(2022年版)》在课程目标中不仅提出了课程总目标,还基于不同学段划分出了学段目标。就音乐课程目标而言,低年级学段主要在于能体验、参与和初步了解音乐文化与活动,而中高年级学段则强调能够具有一定的音乐表现能力与创新思维。

综上所述,中学音乐课程目标的构建需要确定整体性、实践性和层次性原则。

2. 具体构建

(1) 横向目标。中学音乐课程目标在横向上主要由艺术课程各领域目标组成(见图2-2),涉及审美感知、艺术表现、创意实践和文化理解四大层面,彰显课程目标的整体性和全面性。此外,亦有学者从音乐教育的认知、情感、实践三个领域对音乐教育目标进行了具体划分(见表2-1),实际上,这三个层面还包含了诸多维度。认知层面涵盖了音乐观念与知识;情感层面涵盖了音乐审美与情感;实践层面则涵盖了音乐技能与创作。其中,音乐观念与知识是在音乐实践过程中获得的结果与收获,主要通过审美感知和文化理解加以实现;音乐审美与情感是在音乐的实践、音乐观念与知识的获取中不断养成的,是艺术素养的综合体现;音乐技能是保障学生实践参与和体验的重要条件,音乐创作则是通过艺术表现与创意实践来实现的。

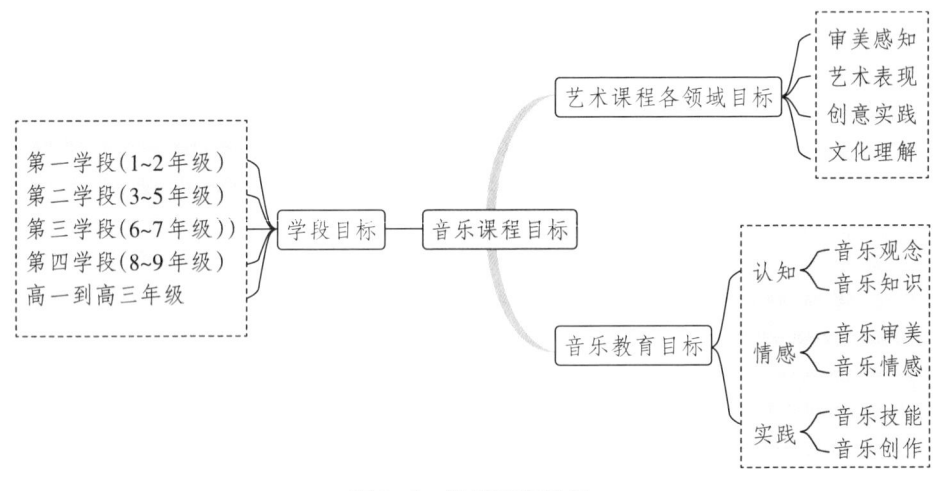

图2-2 音乐课程目标

(2)纵向目标。中学音乐课程目标在纵向上主要由音乐课程的学段目标构成(见图2-2),有别于横向上目标的差异性,纵向上体现的主要是阶段的层递性与进阶性,例如中学音乐课程目标本身就是在小学阶段上的进阶与提升。

由此可见,中学音乐课程目标的构建应是横纵贯通的科学性、系统化的集合。其中值得注意的是,横向层面上的认知领域、情感领域与实践领域的音乐课程目标是一个相互联系的有机整体,不能将其绝对割裂。

表2-1 音乐教育目标划分

领域划分	维度划分	维度描述
认知层面	音乐观念	了解不同国家、民族、地域的历史及文化传统,理解、尊重、包容多元文化,传承和弘扬中华优秀传统文化,坚定文化自信
	音乐知识	了解不同体裁和风格的音乐,认识不同音乐表现形式的特征、表现手段,理解音乐与其他学科的关系和相互作用,通过跨学科学习丰富知识面
情感层面	音乐审美	发现、感知、体验、鉴赏音乐美,还可以包括生活美、自然美,以此提升审美感知和审美素养
	音乐情感	培养丰富的想象力,学会运用音乐独特的表现方式进行情感表达与交流,创设生活情境,通过多样化形式用音乐表达情感
实践层面	音乐技能	能用演唱、演奏、配乐朗诵、舞蹈等艺术表现形式有创意地表现不同风格的音乐作品,注重提升艺术表现力,学会协作表演
	音乐创作	发展创造能力,积极参与创作、表演、展示等合作式艺术实践活动,提升创意实践素养

二 音合教育理念下中学音乐课程内容

作为知识、技能、经验和态度的集合体,课程内容是学生学习的对象,是教师教学设计和实施的基础,是构建教育体系、实现教育目标的重要部分。如何设计课程内容,课程内容应反映何种课程价值观与课程结构观,值得思考。尤其在新一轮课程标准对课程内容结构进行优化的基础上如何反映新课标理念,体现音合教育的主张,值得深入探讨。

（一）音合教育理念下中学音乐课程内容的跨域整合观

《义务教育艺术课程标准(2022年版)》在课程内容方面发生了重要变化,优化了课程内容结构,"基于核心素养发展要求,遴选重要观念、主题内容和基础知识,设计课程内容,增强内容与育人目标的联系,优化内容组织形式。设立跨学科主题学习活动,加强学科间相互关联,带动课程综合化实施,强化实践性要求"[1]。由此可见,在新时代核心素养导向下,课程内容研究不仅要回答"什么知识最有价值""谁的知识最有价值",更要研究"什么样的课程内容结构最具教育价值"[2]。无论课程标准在课程内容方面是强调其与育人目标的联系还是学科之间的关联,皆无法摆脱课程整体育人的理论视野,展现出课程内容跨域整合的价值理念。

课程内容一般强调的是一种依据知识逻辑进行编排的知识逻辑型组织方式,这种组织方式一方面可能致使课程内容出现割裂,从而与学生整体发展产生矛盾;另一方面也可能造成由知识观差异而引起的课程内容相互贬斥的局面,从而导致知识教育价值的缺失。就知识逻辑型组织方式对教学实践的影响而言,其可能沦为"为知识而知识"的形式化教学,忽略了学生发展的价值育人立场。受杜威实用主义与生活化课程影响,依据学生的活动逻辑进行课程内容的组织编排构成了对知识逻辑组织形式的反思与批判。尽管应当认识到基于学生的活动逻辑组织编排课程内容是对"重物轻人"异化倾向的一次反叛,可以在重视学生个体的真实体验中实现课程育人价值的拨正,但不可否认的是,基于学生的活动逻辑组织编排课程内容这种方式也会造成学生学习活动松散的情况,其混淆了知识教学与日常生活之间的区别,进而也会影响到学生的整体发展。基于此,可以发现传统的知识逻辑与活动逻辑型课程内容组织形式都不

---

[1] 中华人民共和国教育部.教育部关于印发义务教育课程方案和课程标准(2022年版)的通知:义务教育艺术课程标准(2022年版)[S/OL].[2024-07-20].http://www.moe.gov.cn/srcsite/A26/s8001/202204/W020220420582364678888.pdf:4.

[2] 郑红娜.什么样的课程内容结构最具教育价值——兼论新课标"课程内容结构化"的育人逻辑[J].四川师范大学学报(社会科学版),2023,50(06):124.

可避免地存在各种困境,走向跨域统整的整合型课程内容组织形式正成为时代趋势。

课程统整是课程内容与结构的变革,是知识观、课程观变革的具体体现,是对"培养什么样的人"和"如何培养人"的具体回应。20世纪初我国对"课程统整"进行了相应的实践。近些年,由于要求全面深化课程改革与着力发展学生核心素养,"课程统整"一词再度成为研究热点。课程统整作为课程内容、课程结构改革的重要尝试,是解决有限课程容量与无限知识矛盾的重要举措,符合2001年《基础教育课程改革纲要(试行)》所要求的"调整和改革基础教育的课程体系、结构、内容,构建符合素质教育要求的新的基础教育课程体系"[1]。课程统整是对课程分化现实的回应,事实上没有分裂就没有统整之说。当代所强调的统整是基于知识高度细化、专业化之上的整合,是知识发展从模糊综合—分化—整合的阶段表现。它并非对古代知识简单综合化的复归,也并非对近代学科界限的直接摒弃。但课程统整的内涵和其蕴含的理念在学术界中并没有一个明确的标准,尚存在诸多争议,"课程统整的语言充满了混淆与不确定性"[2],且理论与实践的脱离导致了课程整合实践深度不够,形成了浅层化"为整合而整合"的实践现状。基于此,明确跨域整合的具体组织形式、厘清其课程育人逻辑就显得尤为重要。

主题课程整合、跨学科课程整合、超学科课程整合等为代表的课程统整模式体现了在统整内容、方式、理念及形态上的发展,有助于焕发音乐课程整合实践的生命力。然而,应意识到无论是学科内还是学科外统整,都必须依托学科核心概念图谱展开,强化课程内容的基本结构,如艺术课程标准在关于音乐部分课程内容结构的介绍中主要由四类艺术实践,十四项学习内容构成(见图2-3)。学科核心概念作为学科的关键骨架,能够有效联结、组织学习者的个体经验,丰富学习者的学科知识结构。就育人逻辑而言,以学科核心概念为中心建构的课程内容体系,无论是以何种整合样态存在,皆是一种以学习者为本,强调在知识与经验间建立动态联结,引导学生思维与认识递升的育人逻辑。

---

[1] 中华人民共和国教育部.教育部关于印发《基础教育课程改革纲要(试行)》的通知[EB/OL].(2001-06-08)[2024-06-01].http://www.moe.gov.cn/srcsite/A26/jcj_kcjcgh/200106/t20010608_167343.html.

[2] 段俊霞.我国中小学社会科课程统整研究[D].重庆:西南大学,2009:3.

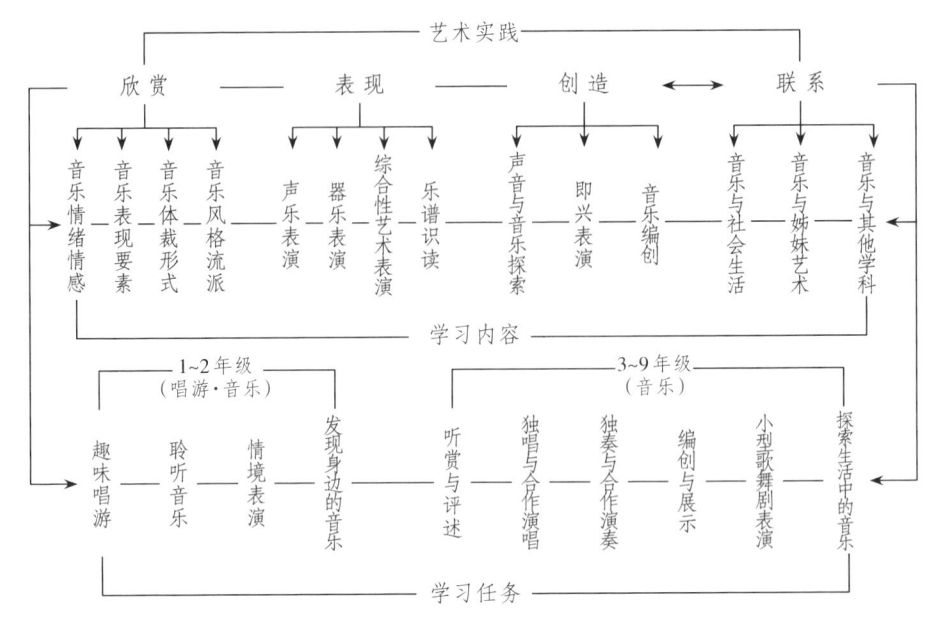

图 2-3 音乐学科课程内容框架

(二)音合教育理念下音乐课程内容的发展路向

音合教育强调的协同多学科教学、融合多样教学法无不彰显课程内容的跨域整合观。作为课程与教学改革的有益尝试,音乐课程内容在发展中应处理好时代与发展、继承与创新的关系,应走向智能技术促进课程内容深度融合的组织形式变革与终身课程学习中的生命体验及意义建构。

课程统整在我国经历一个多世纪的发展,理论和实践都取得了较多成果。然而事物的发展并非一成不变,在新的时代背景下探索音乐课程统整理应在原有成果的基础上继续创新与发展,并不断思考时代背景发生了何种变化、人的培养目标发生了何种变化以及课程统整在适应时代与培养目标变化的过程中存在何种矛盾等问题。伴随第四次工业革命的到来,人类社会预期将朝三个方向演进:智能化、虚拟化与超链接。人类全面进入智能技术时代,人与机器、现实与虚拟、人与人之间的关系将发生巨大变革,人们将重新思考教育领域中原有教育目标、教育内容、教育方式、师生关系等存在的合理性与适切性。时代背景的变化诉诸教育将回到"培养什么样的人"这一本质问题。随着核心素养在世界范围内的提出,我国对学生发展核心素养亦进行了界定,即旨在培养学生适应终身发展与社会发展需要的必备品格与关键能力。原有过于关注知识、学科间的课程统整在适应时代与培养目标的过程中存在矛盾。基于此,音乐教育课程统整应以学生艺术核心素养为发展目标,充分运用智能技术在课程整合中的优势,实现课程内容深度融合的组织形式变革。课程内容的整合是课程统整的维度之一,也是实现课程统整理念的重要途径。课程内容的深度融合是内容、形式与技术的深度融合,有利于丰富以学生、学科、社会为三中心的课程内容组织形式,实现课程内容资源、形态的多样化与时空范围的拓展,增强学生对课程内容的深度理解与深度体验,从而发展学生核心素养。智能技术在音乐课程内容的深度融合中扮演了重要角色。首先,智能技术为音乐课程内容的拓展提供了条件保障。传统的课程内容受限于有限的教学空间、教学资源与教学条件,音乐课程内容往往以教材为主,教师进行有限的课程资源扩充,无法实现课程内容的深度融合。而智能技术的运用在广度与深度上都极大拓展了课程内容,能够更有效地促进学生对知识的完整性与深刻性的认识。其次,智能技术为音乐课程内容形式的多样性提供了重要保障。内容形式的多样性源于课程资源的丰富性,通过智能技术在音乐教育领域的运用,能够获得文本、图像、视频、音频、动画等多种形式的课程内容。最后,智能技术为音乐课程内容的深度融合提供了技术支持,以VR虚拟技术为代表的智能产品能够增强学生对音乐课程内容的真实体验,使其获得对课程内容的深度理解,并丰富学生对音乐情感、体裁形式、风格流派等的认知,提升学生艺术素养。

  21世纪是信息技术飞速发展的时代,终身学习成为人们适应时代发展与变革的重要途径,成为时代之需。而终身课程学习包含两层含义,其一是在课程学习中学会思考、学会生存,满足终身发展的需要;其二是改变传统的离开学校便离开学习、离开课程的错误认识。由于信息技术的发展为课程资源的形式多样性、内容丰富性、获取便捷性提供了重要支撑,人们可以随时随地通过智能终端享受适应个体发展的课程,课程将伴随终身。人们不仅可以成为课程的学习者,同时也可以成为课程的提供者。课程的内涵将会进一步拓展,课程将会更注重学习者在课程中的生命体验与意义建构。

三 音合教育理念下中学音乐课程实施

课程改革的成功或失败,不仅看课程体系或改革方案是否符合学生的发展要求和社会进步的需要,更重要的是还要看实施的结果[1]。由此,课程实施的问题逐渐受到关注。作为一个动态化的过程,课程实施贯穿整个音乐教育教学过程,展现出其特有的动态性、开放性、整体性特征。从音乐课程实施现状来看,其面临理论探索欠缺科学性、实践探索简单形式化的困境,主要表现为学校音乐教育课程建设研究不足、音乐教育研究理论与实践脱节等原因。由此,推动新时代音乐教育育人体系的构建,完善音乐课程实施,是事关人才培养的重要环节。

(一)构建系统化的音乐教育课程实施体系

音乐教育课程建设研究的不足使得中小学音乐教育实践流于表面,较难长期维系。构建系统化的音乐教育课程实施体系是保障中小学音乐教育稳健发展的重要方式,其首先需要处理好三对关系:一是音乐与音乐教育之间的关系;二是音乐教育与音乐实践之间的关系;三是音乐教育与其他学科之间的关系。只有明确这三组关系,才能深入理解音乐教育课程的本质、重点与教育途径。首先,音乐是一种艺术形式和文化活动,而音乐教育属于教育范畴,强调通过音乐获得艺术素养,关注的是音乐的育人价值而非工具价值。因此,在音乐教育课程本质上应关注课程内容的育人性与思想性,克服"有音乐无教育"的实践误区。其次,音乐教育与音乐实践密不可分,音乐本身就是一种艺术实践。因此,音乐教育也离不开音乐实践,甚至可以说不存在无音乐实践的音乐教育。音乐教育课程应坚持实践导向,以实践课程为主要形式,在实践中保证学生身心参与、促进学生音乐观念、审美认知、音乐情感等艺术素养的获得。最后,音乐教育不可能脱离形式与载体而孤立存在,而这些都需要其他各学科的共同参与。因此,音乐教育需要在学科间的有机关联中共同完成。

中小学在明确音乐教育课程本质、重点与教育途径的基础上需要依据学校实际情况构建音乐教育课程体系。由于每个学校都具有独特性,因此音乐教育课程体系的样态亦应是丰富的。其作为学校课程体系的组成部分,既应具有同

---

[1] 白月桥.素质教育课程构建研究[M].北京:教育科学出版社,2001:307.

整个课程体系发挥共同育人价值的功用,又应具有发挥独特育人价值的功用。课程是音乐教育的实践载体,构建音乐教育课程体系,首先,应明确音乐教育的课程形态。常见的音乐教育课程形态主要包括独立形态、跨界形态与综合形态三种,独立形态指专门的音乐教育课程;跨界形态指跨学科的音乐教育课程,如在音乐课程中融合语文、历史、美术等学科的内容;综合形态指在校内外活动中开展的音乐活动。其次,应明确各种课程形态的课程目标、课程内容、课程实施主体、课程资源、课程评价等,在音乐课程诸要素的确定中应依据学段差异与学生差异体现出层次性、发展性与适应性等特点。最后,应观照各课程形态之间的关系,在课时安排、内容选择等方面做到兼顾,发挥合力作用。

(二)建立音乐教育的课程实施保障机制

苏霍姆林斯基说,音乐教育并不是音乐家的教育,而首先是人的教育。在影响年轻人心灵的手段中,音乐占据着重要地位,音乐是思维活力的源泉。没有音乐教育,就很难有合乎要求的智力发展。为促进音乐教育的健康发展,在保证国家课程资源切实落地的同时,地方教育行政部门、教研部门和学校应为音乐课程实施提供支持与便利。具体如《义务教育艺术课程标准(2022年版)》强调学校应配齐基本的教学设施、器材和书籍,在条件许可的情况下,还需要建立健全学校艺术表演、作品展示的专门场所,满足学校艺术教育"常演、常展"的要求。教师要能营造开放的学习情境,让学生全身心参与其中,获得审美直觉与美感体验等。除此之外,学生艺术素养的发展也离不开社会与家庭的支持,只有在社会上形成普遍的尊重艺术的良好风气,在家庭中父母重视子女的艺术兴趣的培养,音乐教育才能真正实现家、校、社共育,学校音乐教育才会愈行愈深,学生艺术素养才能真正获得。音乐教育应是在学校长期存在并得到持续研究与更新的重要内容。通过建立系统联动的音乐教育研究、更新机制,保障中学音乐教育持续发展,具体可以通过上下联动、校际联动、校企联动、高校与中小学联动等途径实现音乐教育的持续发展。

所谓上下联动指中央与地方、地方与学校之间的联动,中央通过下发政策、文件为地方音乐教育提供方向指导,地方通过区域研究开发音乐教育资源,形成地方音乐教育特色,为中央提供典型经验,同时地方通过提供条件支持、加强专业指导、建立督导机制为学校音乐教育提供重要保障,学校也可以向地方提供实践经验与反馈。所谓校际联动、校企联动为横向沟通,校际联动指中小学间的内部联通,通过建立学校联盟,学校间音乐教育资源可以互通有无,丰富音乐教育形式与内容。校企联动旨在扩展音乐教育实践基地,拓宽音乐教育实践空间。高校与中小学联动主要指高等院校与中小学之间的联通,依托高等院校科研优势,加快理论研究与实践转化,促进中小学音乐教育的科学可持续发展。唯有建立系统联动的音乐教育研究、更新机制,中小学音乐教育才能获得持续、深入的发展。

四 音合教育理念下中学音乐课程评价

作为音乐课程体系中的重要一环,课程评价关乎整个课程系统的运作,包括课程目标是否实现、课程内容的选择是否合理、课程实施成效的高低等等。作为以学生全面发展为旨归的教育主张,音合教育理念下中学音乐课程评价应坚持主体取向的音乐课程评价原则,采用全面而系统的课程评价内容与方法。

(一)音乐教育课程评价的价值原则

关于对事物高低、优劣的论断形成了"评价"。从哲学意义来说,价值评价是主体对价值关系的认识[①]。可以说,评价是一种价值活动,离不开主体对价值的判断和情感体验的综合。既然作为一种价值判断,就意味着不同价值取向可能关注的重点不同,由此形成对事物的看法也不尽相同。就目前课程评价所展现的价值取向来看,存在以目标达成为评价依据的目标取向、以过程进行为评价依据的过程取向和以主体发展为评价依据的主体取向三种。

就目标取向的音乐课程评价而言,由于受"工具理性"影响,教师常在音乐课程实施前就已规定了课程应该达到的行为目标,其课程评价就是对课程目标的客观性、科学性评价。在评价方法上多采取量化评价的方式,如考试、测验等。评价多在课程结束后进行,因而也可称之为结果评价。运用该取向的评价虽然能够快速、便捷地了解学生的音乐学习整体情况,但由于忽视了课程实施的动态性与学生发展过程中的主观能动性等,可能造成评价结果的偏颇。而过程取向的音乐课程评价有效地避免了目标取向的不足,将课程实施的动态化过程纳入到评价的范畴之中,实现了音乐课程评价的一次重要转向。受"实践理

---

① 张祥浩.高清海马克思主义哲学思想研究[M].长春:吉林大学出版社,2021:103.

性"影响,过程取向的音乐教育课程评价关注到实践过程的重要性,因而在评价方法上也从单一的量化评价走向了量化与质化相结合的评价方式。对于过程取向的音乐课程评价而言,应意识到其在评价过程中对人的主体性、创造性的关注,但由于一方面对学生的主体性关注还不够彻底,另一方面也需要时刻关注教学活动以外的学生表现、课堂生成、教学环境间的相互作用等,因而使得该评价方式难以落实。由此,走向主体取向的音乐教育课程评价成为重要趋势,其既是新课标中坚持育人为本,强化素养立意的体现,亦是对学习者主体性关注的重要彰显。具体而言,主体取向的音乐课程评价强调发挥主体的重要价值,认为评价是与主体共同建构意义的过程,每一个主体都应具有评价的责任与能力。相较于以精确的数字指标衡量学生的音乐能力与水平,主体取向的评价原则更倾向于对学习者主体自身的关注,即对学习者过程性成长与发展的关注。

(二)音乐教育课程评价的内容与方法

音乐教育课程评价旨在促进学生艺术素养的提升与素质的全面发展,明确"评价什么"和"如何评价"是实现这一宗旨的关键。就评价内容而言,音乐教育课程实施成效的评价与学生艺术素养的综合评价是其主要内容。教师与学生评价相结合、量化与质化评价相统一、静态与动态评价相关联是音乐课程评价的具体方法。

就音乐课程评价内容而言,音乐教育课程实施成效的评价主要包含音乐教育课程实施整体情况的评价和音乐教师教学的评价等。在音乐教育课程实施整体情况的评价中,主要包括对音乐教育课程的实际开设情况、学校资源的支持情况、教师和学生的准备情况以及学生对音乐课程满意度情况等的评价,其有利于从总体层面了解音乐教育课程的基本概况。而音乐教师教学的评价则主要包括对教师教学目标、教学内容、教学方法、教学手段、评价方式、课堂氛围及学生反应等方面的评价,其有利于发现音乐教学过程中存在的具体问题。此外,学生艺术素养的综合评价是关乎音乐课程实施成效的重要依循,对学生艺术素养的评价可谓是音乐课程评价的重要组成部分。具体而言,主要包含学生在审美感知、艺术表现、创意实践和文化理解方面的水平和掌握程度。

就音乐课程评价方法而言,依据不同的划分标准可以将音乐课程评价划分为不同的评价类型,如内部评价和外部评价,量化评价和质化评价,诊断性评价、形成性评价与终结性评价等。就音合教育理念下音乐课程评价的目标宗旨而言,应采取教师与学生评价相结合、量化与质化评价相统一、静态与动态评价相关联的具体方法。具体而言,教师与学生评价相结合意味着教师和学生皆可作为评价的主体,相较于以往单一的教师评价而言,将学生纳入评价主体范畴有利于促进学生音乐学习兴趣的激增,同时也有利于促进学生主体意识的增强。而量化与质化评价相统一意味着将客观化、普遍化的评价标准与动态性、深刻性的评价标准相结合,既能够以标准化的测验、量表等把握学生的真实音乐水平,又能够在具体的音乐艺术实践中考查学生在音乐观念、审美、认知、情感等方面的真实进展,实现两种评价方式的优势互补。静态与动态评价相关联是实现对被评价对象全面、准确评估的重要方式,既能够在某一时间或某一阶段对学生的音乐表现进行评价,考查学生在特定时间段内的发展状态与水平,亦能持续性地对学生的发展情况进行跟踪与评估,以了解学生的音乐水平发展趋势与潜在问题。由此,方能实现学生艺术素养的切实提升。

第三节 音合教育理念下中学音乐课程资源开发

随着新一轮课改的深化,以核心素养为导向的课程改革为教学带来了一系列的变化,课程目标定位在以学生发展为本,注重学生终身的学习能力培养。在强调学科知识技能学习的基础上,更为关注学生关键能力、必备品格以及正确价值观的培养。新的课程实施更侧重于学科综合化的发展,培养学生综合解决问题的能力,拓展整体知识的认识广度和宽度,着重培养学生的全面发展。

课程是学校实现育人目标的重要载体,课程资源是课程的重要来源和基础,随着新一轮基础教育课程改革的推进,作为课程改革的重要因素,课程资源的开发会直接影响到课程的具体实施,课程资源的丰富性、适切性直接关系到课程目标实施的范围和水平。任何的课程实施事实上就是对课程资源的加工、分配、整合的过程,课程资源的重要性不言而喻。可以说,课程资源的开发就是课程改革的重要组成部分。

课程改革不断深化,教科书不再是学生获得知识的唯一渠道,生活经验、互联网、媒体传播等等都是学生学习、拓宽眼界的渠道,一切有利于学生学会学习、学会思考、学会创造和获得发展的学习素材都将成为课程资源。随着课改的深入推进,也会有越来越多的教师认识到课程资源的开发利用,对于全面提高教育教学质量必将会产生积极而深刻的影响[1]。

音合教育的课程资源包含"课程"和"资源"两方面内容,课程即音乐学科的教学,它涵盖授课之前的备课及教学中的教学目标、教学内容、教学过程等。资源指的是授课之前搜集、准备好的各种资料,以及实践活动中需要使用的各项资源,它要从学生的角度出发,结合教材内容,有利于教学目标的达成和教学方法的使用,它是能更好地促进学生发展的系列因素和活动的总和。

音合教育注重融合因素,讲究多样化的教学方式融合,具有多元化的属性,

---

[1] 席恒.核心素养导向的音乐教学实践探索[M].上海:上海音乐学院出版社,2020:128-134.

因此,充分挖掘课程资源校本化实施,对创新学习方式、提升课程功能具有一定的意义。我们要善于发现资源的优势,合理利用资源,为学生个性化发展预留足够的空间。

一 基于多元性的资源开发

课程资源是课程与教学内容的信息来源,是实施课程的必要条件。音乐是人类文化的重要载体,它蕴含着丰富的文化内涵,同时具有地域性特征,与人们的生活紧密相连。因此音乐教育不能局限于课堂的空间,音乐教育资源也不能局限于教材的内容,它应该是一个开放式的审美教育体系。生活中有着宽阔的音乐世界,我们应该充分挖掘和利用。随着多媒体网络的飞速发展,学生接收音乐知识的空间也愈发广阔,因此,授人以鱼不如授人以渔,要让学生明晰生活中的音乐素材,引导他们发现哪些素材蕴藏着丰富的知识,哪些素材具有正确的情感态度价值观,让他们懂得鉴别和评价。

音合教育注重跨学科融合教育,因此,资源的选择应注意多元化的选择,积极开发并合理运用校内外一切能用的资源。多元开发指的是教师根据不同的主题教学,在自然生活和人文环境中,因地制宜,多方选材,多渠道、多方式地开发和使用课程资源。学校要充分发挥阅览室、图书馆、实验室、专用教室等的作用。教师要多深入博物馆、展览馆、艺术馆、书店、音乐厅等场所,接触各种社会资源及生活中的自然资源,探寻优秀、实用的资源,还要注意不能只是收集音乐类的资源,只要是相关的其他学科的资源都要一并收集,并储存为信息化资源,方便存取。

音乐是最古老、最具普遍性和感染力的艺术形式之一,它蕴含着丰富的地方文化和历史内涵,与人们的生活息息相关。音乐来源于生活,且高于生活,因此,课程资源的开发尤其要注意民族民间乡土音乐课程资源的挖掘,传承中华民族的音乐传统及文化,多方位地向学生传递本土民族民间音乐文化的知识与技能,通过多元课程资源的开发应用来弥补教科书的局限性。所以老师们在开展音乐教学时,要将课程资源的视野融入社会生活中去,广泛吸收资源,拓宽音乐视野,满足学生多元化学习的需求。

在注重多元资源的开发应用之外,还可以激励学生充分发挥自身的创造力,让他们通过网络、书店、媒体等汇总、收集、分类、存储资源,并鼓励他们在接受、吸收音乐课程资源的基础上,创造和改变音乐资源,进一步推进课程资源的开发,为学校音乐教育改革创新积蓄力量,特别是在民族民间音乐文化的传承上,更要鼓励学生积极创新。这是对校内音乐课程资源的补充,也是为学生的个性发展提供丰富的空间,有利于激发学生学习音乐的兴趣,提高学生音乐审美能力,也为转变教育教学方式、适应新课程标准提供了有力的支持和保证。

从课程实施的角度看,多元课程资源的开发利用可以有效地改变教与学的方式,更有利于跨学科教学。学生在挖掘相关资源的同时,也潜移默化地接受了不同学科知识的熏陶,从而有效地提高了课程教学的质量,提升了审美体验价值,可以说开发利用课程资源也是创造性发展和社会价值取向的需要。例如,可以通过课外进行团队式的艺术表演实践活动、社会音乐厅实践活动、小组研究性学习活动等形式,让教学打破音乐课堂的空间、时间局限,同时也能将更为广泛的资源纳入课堂教学中,这些都让教学有助于拓宽师生的文化视野,使教育教学的方式更为丰富。

二 基于大单元的资源设计

基于大单元的教学资源设计应以单元目标为导向,为教学的有效开展而设计、开发课程资源,这里的教学资源应该是泛指围绕教学活动展开的能被使用的所有教学要素的总和,目的在于达成教学目标,优化教学活动,提高教学品质。单元教学资源是围绕教学目标、内容重点而设计和开发的,在满足单元教学需要的同时,其可以提升课堂教学的效率,加深学生对单元内容的理解和记忆。所以单元教学资源要注意选择与教学重点相关的内容,切勿毫无目的地叠加。

根据音合教育的特点,充分考虑融合及人本因素,单元教学资源可以分为教学素材资源、教学设备资源、教学人本资源及教学环境资源。教学素材资源包含文字、图片、谱例、音频、视频、课件等数字及文本资源;教学设备资源包含多媒体设备、钢琴、教具、软件、网络平台等等;教学人本资源包含教师的弹、唱、跳、朗诵等技能,学生的生活经验、师生互动行为等;教学环境资源包括音乐教室、座位摆放、教室环境、场馆资源、情境布置等等。

单元教学资源的设计需要在教学目标的导向下，有针对性地对各种资源进行选择、重组、融合，强调在具体教学中有针对性地运用，取其精华，不要成为"大杂烩"。因此，教学资源的设计要具有典型性、精炼性、针对性的特点，以提高教学的效率和质量。

《缤纷舞曲》（人音版《音乐》七年级上册第二单元）资源设计范例（见表2-2）：

表2-2 《缤纷舞曲》资源设计

类型	内容	功用
教学素材资源	视频：《溜冰圆舞曲》《雷鸣电闪波尔卡》《蓝色的探戈》《阿细跳月》	感受音乐特征，体验舞曲的韵律感
	音频：《青年友谊圆舞曲》《彝族舞曲》《竹竿舞》	渲染气氛，范唱，配合舞蹈动作，感受音乐特征
	文字：舞曲、圆舞曲、波尔卡、探戈等相关概念及历史起源；作曲家约翰·施特劳斯相关介绍	了解音乐知识及文化背景
教学设备资源	打击乐器：碰铃、手串铃、木鱼、三角铁、沙球等	配合舞曲的节奏型体验
	道具：竹竿、一次性筷子	体验竹竿舞的跳法
教学人本资源	老师范唱	表达音乐情感
	学生视唱	感受舞曲的节奏感
	声势律动编创	加深体验舞曲的律动感
教学环境资源	座位排放	方便舞蹈动作的体验
	教室情境布置	创设情境使学生身临其境，具有生活感

由上可知，单元资源的应用可以起到多种作用，不仅能创设情境、渲染氛围，也能引导学生感受、体验、表达情感，使其了解基础知识、掌握音乐技能、感知艺术特征、拓宽音乐视野，还能辅助音乐表演及音乐创作。教师要围绕单元内容重点的需要，对不同类型的资源做好规划，明确意图，尽可能做到精简、多元、重点突出。

课程资源是构成课程与教学的重要元素，也是促进单元设计方案完善、优化教与学方式的关键。因此,教师在规划、设计大单元教学资源时要注意以下几点:第一,突显单元目标,资源设计要基于课程标准、体现教学目标,每个资源都明确对应单元教学目标,体现单元资源设计的目的性和规划性;第二,明确应用环节,单元资源的设计是整体性的规划,要围绕单元内容重点,构思和设计资源的应用环节,使得每个资源充分发挥其功用;第三,真正解决难点,单元教学资源的设计意图应清晰明确,资源应能有效地针对教学重点难点问题,引导学生思考、理解、探究,积极帮助学生解决学习过程中可能需要解决的问题,有着明确的指向性;第四,控制资源数量,教师在查找、搜集单元资源时,一开始可能会汇总比较多的资源,但是课堂教学的时间是有限的,因此,教师要明确资源的有效性,最大化地发挥资源的功用,有所选择地对单元资源进行整体规划,突出重点,把握关键,设计思路,避免"面面俱到",影响到教学方法及策略的实施。

三 基于情境化的资源整合

课程资源的开发不仅仅是为了丰富教学内容,更是为了能通过多元课程资源的开发利用达到优化教师教学和学生学习方式的目的,从而促进课程目标有效达成。在充分考虑学生年龄特点及心理特征的基础上,要利用一切可行的资源,优化情境化教学中的情和境,即学生在学习和实践中产生的情感、设置的学习活动场景等等,充分利用好语境和环境,让学生在相关主题的学习过程中,提升与外部世界的互动能力,并结合其自身生活经验,全身心投入体验实践中进行深度学习,达到核心素养提升的目标。

音合教育重视情感融合教学,注重培养学生的生命意识及道德修养,使其通过合作式学习学会与他人协同合作,解决学习中遇到的困难和问题。因此,在音乐学习中,可以创设一些情境化的素材内容,吸引学生的兴趣,同时,教学形式、方法也可以随着素材内容的特点进行优化。教师可运用相应的课程资源和教材内容进行整合,将其进行情境化的改编,运用一些情境化课程资源,创设情境化的氛围,将固定不变的物质性课程资源变为动态的情境化课程资源,尤其是选择生活中学生更熟悉的资源,以提升学生对课堂的兴趣和参与度。

情境化主要指一种情感氛围,"境"即一种场景、环境、场所,对于音乐教学来讲,主要是音乐专用教室、小舞台、音乐厅等硬件设施,这些设施及教室的布置风格可以依据单元教学内容的主题来设置,当然也包括与教学方法有关的"软件",比如教师的教学风格、服饰装扮及师生的互动形式等等。情境化课程资源是课程资源中的一个部分,是一种静态与动态相互结合的富有情感的资源,从静态化来说,情境化课程资源是指在教育教学过程中选取的富有情感体验的课程资源,旨在促进学生情感的升华,体现出课堂教学的情境化[1]。由此可见,情境化课程资源更为关注的是学生的情感体验,目的在于渲染氛围,活跃课堂气氛,激发学生的关注度,以提升学生的思维能力和知识水平。从动态化的情境资源来看,目的是更好地提升学生的动手、动脑能力,让他们能全身心投入,感受情感资源。比如可通过讲故事、观看视频、聆听音乐、观察图片等等,营造浓浓的情感气氛,升华学生对作品的情感体验。

音合教育中的情境化课程资源可以有以下几种类型:一是语言文字类,语言和文字是人与人之间交往沟通的重要方式,语言文字类的情境化课程资源可以是配乐诗朗诵、讲故事、动画文字及图片图谱运用等等,用语言的描述以及语言表达的抑扬顿挫,将学生带入到一种具体的情感场景中,使得学生身临其境。二是角色扮演类,这一类可使用教育戏剧的方法,根据一个作品或是一个主题、一个情节,将教室布置成相应的情境,由学生分别扮演不同的角色,临场发挥想象力和创造力,协同完成表演任务,营造故事氛围。可以让学生分成几个小组,共同策划方法,分工分配角色,这个过程完全交给学生独立完成,可以很好地锻炼学生的组织能力、实践能力、协作能力。三是实践操作类,音合教育提倡合作式实践活动,因此,在这一类课程资源中,可以鼓励学生通过合作式的艺术实践活动,比如合唱、合奏、群舞、表演等等,亲身参与实践活动。每个学生都有自己的任务,这不仅能增强学生的集体意识,还能将所有的同学拉进课堂教学情境中。此外,也可以提前布置内容,让学生亲自动手进行设计,再通过研究性学习,课前小组交流,展示与教材内容相关的音乐知识文化,充分利用情境化课程资源使学生理解、掌握、内化音乐知识。

---

[1] 范舒涵.《道德与法治》教学中情境化课程资源运用研究[D].石家庄:河北师范大学,2020:10.

四 多媒体资源的技术应用

音乐教育中的多媒体运用可以说是非常广泛的,几乎每一堂课都离不开多媒体的音频、视频、课件播放,这些资源成为音乐课堂的主流。在教学实践中,多媒体资源的运用对于营造音乐氛围、感染情绪情感的功效是显而易见的,因此,无论学校还是教师个人都力求有先进的多媒体设备及丰富的多媒体教学资源。当然,有些音乐课堂过度依赖多媒体,用多媒体课件取代了教材和板书、教师的现场专业展示等等,物极必反,非但没有起到好的作用,反而影响了教学目标的达成。如何把握这个使用的度,并借助多媒体平台整合多元课程资源,激励学生积极主动参与学习,很好地达到教与学的目标,是值得认真思考的。

多媒体资源可以通过计算机对文本、图形、图画、声音、动画、视频、影像、游戏等进行综合处理,建立起逻辑关系和人机互动作用。教师可以根据自己的教学设计和创意,先对信息进行分类、组织、设计、集成,最后融为一体,制作出生动活泼的多媒体资源。在多媒体资源的设计、开发、运用过程中,必须要依据教学内容、教学主题、教学目标、学生实际、过程安排等因素创设并生成资源,同时要注意资源的广度和效度,即多媒体资源的丰富程度,同时注意指向教学目标的适切性,解决教学重难点的针对性以及实用性问题。

音合教育的资源库同样具有多元化的特点,因此,在整理、储备多媒体资源库时要注意分类收藏,可根据学科及知识要点进行分类,便于使用过程中能快速找寻。网络是个大的资源库,其中有许多适用于教学的资源,同样我们所收集、整理的音乐学科多媒体教学资源库也是个巨大的音乐知识与相关信息的大集合。在检索、汇总、适用的过程中,既要积极建设,做好储备,又要合理筛选,精挑细选,根据各种素材与音乐课堂教学的联系程度,有序分类,尽可能配备方便、快速的检索途径,以备随时之需。还要方便重组资源、生成教学,能够在现实教学情境中直接运用。

多媒体资源的开发、选取、运用,要注意它的价值性原则,也就是要满足特定的教与学的情境需要。因此,开发与设计教学媒体时,要考虑教学内容的特点,如作品年代背景、作曲家生平背景、作品的时代特征、音乐风格特点、思想内涵;还要考虑音乐作品在教材单元中的作用、地位、教学要求等;同时,还要考虑到教学对象的实际学情,如年龄特征、心理特点、学习能力经验。这样,才能选取有利于音乐教学实施,有利于学生主动参与学习,有利于提高课堂有效性的素材,建设有价值的、有实效性的教学媒体。同时还要关注多媒体资源的实用性、可行性及扩展性,对教学媒体的开发不能过于追求界面的华丽,操作的绚丽,而需要平实、务实,具有较好的视觉效果、实用的功能即可,同时要考虑后继功能的不断发掘和完善,使其对教学重难点的解决有较强针对性、指向性,同时能在其他教学设计中反复利用。只有按照这样的原则设计的媒体,才能更有利于交流、分享。[①]

五 地方性文化的资源统整

音乐教育除了传授音乐知识与音乐技能外,还要积极传播和传承中华优秀传统文化,包括本地优秀的音乐文化,每个人都有一定的责任将自身所在区域的地域文化发扬光大。因此,在提升学科课程资源质量的同时,还要同步传承地域文化,丰富课程资源,提高课程的文化底蕴,突显课程教学特色。

课程资源的开发是课程改革的重要环节,对其资源的选择、取舍尤为重要。地域文化是指一定地理范围内的人们,在长期的体力与脑力劳动创造发展过程中,通过不断积淀、发展,在物质与精神上取得的成果与成就。文化反映了地域自身的自然环境,包括地域内的人们在社会生活中的经济能力、生活方式、宗教信仰、社会风俗、价值观念、艺术水平以及行为准则等等各个层面的情况。不同的地域,自然地理环境存在差异,人们对自然环境的利用、改造、建设等方式与程度也存在差别,因此,地方性是地域文化最鲜明的特征,在文化表现上也就呈现出差别,各具特色。地方性文化资源的统整涉及传承的问题,文化传承是指文化从一代人传到另一代人的文化传播过程,也称文化继承;文化传承是民族共同体内不同时代的社会成员,将共同体内的文化进行接力的一种纵向文化交接的过程;文化传承本身也是人类自身进行教育以及再教育的一种文化发展行为,正是有了传承,才使文化得以不断延续、代代相传,形成相对统一的文化价

[①] 席恒.核心素养导向的音乐教学实践探索[M].上海:上海音乐学院出版社,2020:140-141.

值取向,这是一件非常有意义的事情①。

音合教育讲究融合特征,在课程资源的开发上统整地方性文化资源是一件很有实施价值的事。地方性文化资源的内容非常丰富,所包含的文化内涵也意义深远,通过学习本地区文化的精髓,有助于学生形成对文化多样性的理解与认同。从地区性文化中汲取文化知识,接受本地文化的思想内涵,进而启发学生对其存在价值的思考,可以让学生从客观的角度来审视地方性文化对个人思想品质内涵的影响,并形成多元文化的正确观念。

艺术课程大多传授的是情感、知识、技能,统整地方性文化资源,可以协调好技能与情感、文化内涵的关系,丰富学生艺术课程核心素养培育的内容,对于其文化理解素养的培养可以达到意想不到的效果。从地方文化特色的角度出发,教师可以适当调整课程内容,丰富素养培养的途径。教师要注意侧重培养学生的思维方式和创造性的思维能力,使其在感知、体会地方性文化的艺术风格、艺术形式及内容的基础上,深入思考、探究。让学生通过对历史、背景、成因等的分析,对生活进行细致观察,掌握生活特点,再通过学生自身的创意,用艺术的方式表现出来,创作出带有地方性色彩的艺术作品,这对于文化的传承有非常好的作用。

将地方性文化资源引入课程资源中,要注意音乐学科内部的知识统整,同为艺术门类,地方性文化资源与音乐学科之间有着千丝万缕的联系。要避免重复统整相同的知识,精简不同的重要的知识部分,合理统整,思路清晰,以丰富艺术学科的专业知识。同时,地方性传统艺术因历史悠久,有着深厚的文化底蕴和内涵,且有些艺术本身有着难以言说的特质。因此在整合的过程中,要考虑学生的接受能力和理解能力,尽可能用通俗易懂的语言来表述、传达,内容的教授要深入浅出,以激发学生对知识的兴趣,使其充分领略传统艺术的文化精髓,并以积极的姿态将其传承下去。

地方性文化资源作为课程资源的重要组成部分,在统整过程中,最应注意的是资源的筛选,并不是所有的地方性传统艺术都要使用于音乐学科的课程资源开发中。这就要求教师要先对当地的相关艺术形式进行全面地收集、分析、

---

① 张莫.地域文化补给:艺术院校课程资源统整研究[D].重庆:西南大学,2016:6-8.

学习、探究,整理出最适合学生年龄特点,与教材能有效融合的地方性艺术种类。在此基础上再选择既有地方特色,又有学习价值的艺术资源,通过合理有效的教学方式进行教学。

统整地方性文化资源还要注意它的实践性,因为音乐学科是一门实践性很强的学科,统整的资源同样也要具备实践性,便于学生实践能力的培养。要鼓励学生在学习本地传统艺术的同时,通过艺术实践发现问题、探究问题、解决问题,充分体验传统艺术的魅力,在提高艺术专业技能的同时,提升文化素养。课程资源统整不能仅仅局限在知识与技能的学习上,更重要的是让学生通过学习,在掌握知识技能的基础上,结合自己的理解,能够创新表现作品,将艺术作品推向更多的受众面,向更多的人展示本地的艺术文化,最大化地推广和传承地方性艺术文化。

第三章

音合教育理念下中学音乐教学范式

在中学音乐教学中,教学范式是影响教学质量和效果的重要因素。音合教育理念下的中学音乐教学范式,旨在构建一个以学生为中心,以音乐体验和合作式艺术实践为主要手段的教学环境,这种范式有助于激发学生的学习兴趣,培养他们的音乐感知、表现、创造力及协作能力,促进学生全面发展。同时,它也为一线音乐教师提供了一种新的教学思路和方法,帮助老师们更好地理解和实施音合教育理念。本章将深入探讨音合教育理念下中学音乐教学范式的特点、实践策略及其对音乐教育发展的意义,为中学音乐教学的改革与实践提供有益的参考。

第一节 音合教育理念下中学音乐教学理念

　　教学理念是思想与教学研究结合的产物,既有理论科学的特点,又有应用科学的色彩。教学理念的研究主要面向教学活动中的现象与问题,揭示了教学活动的一般规律,它是推动教学活动深入开展的技术与方法,融世界观与方法论于一体。教学理念源自教学实践,又能指导教学实践,因此,教师必然要把不断改进教育理念作为第一要务。

　　习近平总书记在党的二十大报告中再次强调"培养德智体美劳全面发展的社会主义建设者和接班人",为新时期教育事业的发展指明了方向。中学教育阶段也大力倡导"五育融合"这一育人模式,为更好、更快地推进学生的全面发展,学科教育的交叉与融合成为了当今教育改革的重中之重。中学音乐课程是中学美育的主干课程,也是中学教育的有机组成部分。因此,在中学音乐课程实施过程中提出的音合教育教学主张,以陶冶情操、培养品行、提高学生审美能力为重要任务。在音乐教学中践行这一教学理念,能够最大程度发挥音乐课程的作用,将音乐教育的功能内化到学生学习的实际应用中去。

一 以人本中心为立场

　　人本中心源于人本主义理论,强调人的尊严、价值、创造力和自我实现。实质上,社会任何发展的终极目标,归根到底,都是为了人本身。教育同样以学习者为中心,因此要充分发挥学习者的主体性和主动性,调动学习者学习的积极性,创设一切条件和机会,让学生成为课堂的主人,使其能够积极主动发表自己的观点和想法,成为教学的主体。教师要尊重、理解学生的发展规律,为其提供有意义的教学方案,通过多元方法的使用,有深度、有广度地教学。

　　中学音乐音合教育首先要贯彻"以人为本"的理念,以学生而非以音乐课程为中心开展教育教学活动。教育的根本在于育人,而"培养什么样的人"则是教育事业的出发点和价值归宿。在音乐课程教学中树立"以人为本"的教学理念有着十分重要的意义。"以人为本"教学理念是"以人为本"思想与教学活动结合的产物,是一种以学生的全面发展为价值诉求的教学理论[①]。音合教育中渗透"人本教育"不仅有助于学生更快更好地成长,也能彰显教师立德树人的品质,引导学生形成正确的世界观、人生观、价值观,塑造优秀的品质,使其以积极、正确的心态面对成长、面向未来。"以人为本"理念包含三个维度的内容,一是教学要服务学生,这是教学活动的出发点和立足点,要借助教学活动促进学生的个性化发展与全面发展,将学生的发展需求跟音乐教学活动更好地对接起来。二是教学要围绕学生,教学活动要立足于学生的身心特征与思维方式,结合学生的学习特点,同时提高教学活动的亲和力及学生的吸收能力。三是教学要依靠学生,将学生作为学习的主人,注意激发、释放学生的学习主体地位,增强学生的学习内驱力,以学生的自主学习来促进其自身全面发展。这三个维度各有侧重,也相互关联,相辅相成。

二 以融合发展为路径

融合发展的理论基础是课程统整理论,课程统整是在不受制于学科界限的情况下,由教师和学生共同商定主题,并围绕这些主题进行学习的过程。课程统整应该由两个或两个以上的概念、现象、事物等学习内容或经验,组织、结合成一个有意义的整体课程。课程统整强调学科间的相互关联性,旨在充分发挥学习者的潜能,促进其全面发展。它是课程开发中对多学科知识、学生生活经验、社会热点问题包括多样化学习方式的综合运用。

音合教育以音乐学科为主体,融通其他学科,强调课程综合性,提炼与其他学科共同的育人价值。在不同的学段中,音合教育加强不同艺术门类的综合学习与交叉使用,整合相近或相关学科知识,在主题学习、项目式学习等综合实践活动中,提升学生综合运用跨学科知识的能力,发挥艺术教育在促进学生全面发展中的积极作用。

音合教育除了教会学生音乐知识,使其掌握音乐技能之外,它还是一种特

[①] 陈林.论中小学音乐教育中"以人为本"的教学理念与实践探究[D].哈尔滨:哈尔滨师范大学,2022:1.

殊的工具和有效的渠道,可以说它是一种使学生心理健康、性格健康、人格健康的教育媒介和手段。在音乐的熏陶中,实现对学生的多元化教育、渗透式教育、情境化教育,提高学生的学习兴趣,实现教育成效的提升。

三 以意义课堂为载体

意义课堂的理论基础从教育心理学而言是奥苏伯尔的"有意义学习"理论,其明确了学生学习特点,阐明了接受学习和发现学习的关系,使学生建立新旧知识的非人为性的、实质性的联系,对教育而言的意义在于注重发挥学生学习的自主性,力求学习方式的多样化,引导学生进行富有成效的有意义学习和促进学生认知结构的完善。从教育学角度而言是维果茨基的"发展性教学"理论,其就教学与发展的关系提出"最近发展区"思想,强调教学应走在发展的前面。赞科夫在维果茨基思想的基础上,进一步阐发了教学与发展的关系,提出"以尽可能大的教学效果,来促进学生的一般发展。"对于教育而言的意义在于:一是处理"最近发展区"与"现有发展区"的关系,二是处理好一般发展与特殊发展的关系,三是处理好共同发展和差异发展的关系。

意义课堂旨在关注学生有意义学习与促进学生多层次、全方面发展。结合音乐学科属性,合理选择相应的方法运用于音乐教学中,是保证有效课堂教学的重要前提,正所谓教学有法,教无定法,贵在得法。意义课堂就是要激励学生深度参与音乐实践活动,优化音乐课堂的生态,使音乐课堂变得灵动,使学生在音乐深度学习活动中提升多方面能力,从而让学生在音乐课堂中有效地欣赏美、表现美、创造美。

四 以体验学习为手段

体验学习源于美国组织行为学教授库伯所提出的体验学习理论,其认为学习不仅仅是获得抽象经验,而且是具体经验的习得、反思观察的进行、抽象概念的概括以及主动实践的完成这一有序系列周期活动的不断循环。体验是教育过程的本质之一,学习活动应是学生知、情、意的全身心投入,学生只有通过亲身体验,主动去搜寻并发现,才能真正走进内在的世界,才能获取直接知识、形成学习能力、唤起创造潜能。体验式学习是学生通过生活体验和体验性活动进行知识建构的学习方法，它至少包含两个层面，即行为体验和情感体验。

音乐课程是中学重要的美育实施课程，对促进学生的审美发展和全面健康成长有着重要的作用。审美性是音乐教学的第一属性，因此，中学音乐教学应该围绕音乐的审美属性来开展，让学生在生动有趣、多姿多彩的音乐审美活动，例如音乐鉴赏活动、音乐编创活动等中得到美的感受、美的体验、美的创新，从而促进学生的审美能力及创造能力的发展。要在教学中释放学生的音乐天性，发展学生的音乐潜能，提倡以学生身心健康发展为首任，将学生作为课程教学的主体，立足学生的身心特征，以学生感兴趣且易于接受的体验方法展开教学活动，强化学生的主观能动性，将学生作为根本，致力于学生的全面发展。音乐教学应重视培养学生的艺术感知，加强情感体验，充分激发学生参与学习的热情及积极性，使学生在艺术实践中亲身参与唱、奏、演、舞、说等多样化的活动，提高艺术素养。

五 以创意实践为目标

学生的音乐学习具有审美性、实践性、体验性、创造性等特点，学习评价应该关注学生的真实进步，加强美育体验活动，善于发现学生有创意的、独特的表现，引导学生懂得记录自己的学习过程，挖掘学生的美育潜能。同时要探索音乐学科与姊妹学科、其他学科的融合教学，注重学生在实践活动中的表现与发展情况，包括学习目标的完成度、创意实践的新颖度和创作的质量、抗挫的情感意志、协同合作的能力等等，使其在跨学科实践活动中提升艺术核心素养，收获人格品质的成长。

音乐教育是现代美育的重要组成部分，而音乐教学中的合作式艺术实践是当今教育改革背景下的一种提倡创意性、具有有效性的教学手段，其采用师生之间、生生之间、师师之间、小组之间建立起多向或者多元化对话关系的方式，来实现学习目标。音乐教学中合唱、合奏、群舞、戏剧表演等艺术表现形式，很好地展示了合作式艺术实践的意义。它能有意识地引导学生学会包容和理解、相互尊重和配合，使其形成良好的集体观念与合作意识，并在合作学习中充分发挥所长，享受合作的乐趣。

第二节 音合教育理念下中学音乐教学结构

教学结构是教学思想和理论的具体化形式,对于实现有效课堂教学、准确把握和设计教学过程、落实与实施教育思想和理论、建构自由轻松的课堂教学有很强的指导意义。音合教育理念下中学音乐课堂教学是学校音乐教育的核心,音乐课堂教学结构不仅体现音乐课堂教学在时间上的流程和顺序,还包含音乐教学系统里各要素之间的内部联系[1]。

"结构"这个概念最早是从系统科学中来,"是指系统内部各组成要素之间在空间或时间方面的有机联系与相互作用的方式或相对稳定的顺序。"[2]不论哪种结构,都是要存在于某一种的系统之中,而构成这一系统的要素必然不止一个。因此,可以说结构是由各个要素有机构成的总和,它并不是简单地拼凑在一起,而是有机地、合理地进行组合,同时这些要素充分发挥其功能,相互之间有一定的关联性,互相联系相互作用,这种联系与作用是合理、和谐的关系,能够使结构的功能很好地得到发挥和体现。综上所述,在教育领域中,也需要构建和谐、良好的教学结构来充分实现教育的功能和作用,使得教育动态有序地进行和展开,教学结构中的各个组成要素之间要进行合理化的组成和构建。

音合教育理念下的中学音乐教学结构是依据教学思想和教学规律形成的,且在音乐教学过程中必须遵循的教学程序及其方法的策略体系,主要有四个组成要素,即学生、教师、教学内容、教学资源。教学结构要能够指导教师安排课堂教学,并依照这个流程去完成课堂教学和教学目标,因此教学结构要为课堂教学提供稳定的、具有计划性的课堂教学实施步骤和流程安排。可以说,音合教育课堂教学结构是在音乐课堂教学进程的时间和空间里相对稳定的教学活动程序和组合序列,它是直观的、具体的、具有可操作性的教学实践活动程序。

音乐学科本身具有审美性、情感性、体验性、创造性等属性,这些特征使得

---

[1] 陈雯舒.基于建构主义的音乐课堂教学结构研究[D].北京:中国音乐学院,2014:3.
[2] 王晓书.声乐表演与声乐表演艺术研究[M].北京:北京工业大学出版社,2018:161.

音乐课堂教学结构不完全等同于其他课堂教学结构,它有着自己的特色。音合教育的教学结构不仅要遵循音乐学科的教学规律,同时还要强调融合教学的理念,使音乐教学系统内部构成各要素突出跨学科协同教学、合作式艺术实践、情感融合教学等内容,这样才能拓展音乐教学的深度和广度,有利于学生的个性化和全面发展。

音合教育教学结构具有以下特征:一是整体性,音合教育教学结构是由学生、教师、教学内容和教学资源等因素构成的,离开了任何一个因素都构不成这个结构,这种教学结构具有典型的整体性,所有的要素缺一不可,只有结合在一起合理地组合,充分发挥各自的功能和优势,才能达到整体大于部分之和的功效。二是直观性,音合教育教学结构是具体的、直观的、可模仿的、可操作的、程序化的教学思想和理论,无论框架结构或是实施程序、操作流程,都要便于被运用、示范、操作。三是依附性,教学结构要注重以学生为中心,此外,教师是知识的传播者,教学内容和资源是知识的载体,要依据不同的教学理念、教育思想、学习理论等来形成不同的课堂教学结构,并共同依附于先进的教育教学理念,离开了教育思想和理念,音合教育的教学结构就很难存在。四是灵活性,教学结构也不是固定不变的,而是要根据音乐课的类型、学生学情及心理特点、教学目标等一系列的具体情况来进行调整和选择。音乐课的课型有欣赏课、歌唱课、综合课、编创课、艺术实践课等等,不同课型的音乐课,它的课堂教学结构要求也必然不一样。因此,音合教育教学结构是灵活的、多样的,受到多种因素的影响,在具体教学过程中,要根据特定目标和具体情况进行调整和变通,创造性地灵活运用它。五是指向性,音合教育的教学结构都要指向教学目标而设置,可以是核心素养课程目标,也可以是单元目标、模块目标、课时目标,由于课程性质与内容不同,所设置的教学目标也是不同的,因此课堂教学结构也将有所不同。音合教育教学结构要实现学生知情意行各个方面和谐发展的目标,它包含了智育、美育、德育甚至是体育、劳动教育的过程。音合教育不仅仅是向学生传递音乐知识与技能,更是培养和发展学生的逻辑思维、创造思维,尤其是感性素质和审美能力。

音乐教育是审美教育的重要途径之一,具有引导学生感受美感和体验美感的价值和作用,它让审美主体在特定的形式中,内心有所触动,达到精神愉悦的境界。在音合教育的课堂教学中,审美体验也应成为音乐课堂教学的重要手段之一,教师启发和引导学生主动将头脑中已有的知识、技能经验与新知识进行关联,构建新的知识。当然这个建构的过程要发生在一定的情境中,尤其在生活情境中要鼓励学生多参与,使得抽象化的知识转化为具体的知识,鼓励学生将所学的音乐知识运用到现实生活中去。学生的主动参与和体验也是音乐课审美性、实践性等学科特质的要求。

音合教育的教学结构,其基本程序可以有以下几种。

(一)鉴赏课

第一阶段:创设生活情境,激趣导入新课。
第二阶段:聆听感受音乐,互动体验特征。
第三阶段:分析音乐要素,探究作品特点。
第四阶段:拓展讨论延伸,总结评价反思。

具体来说,第一阶段用接地气、有趣的、熟悉的情境教学导入,吸引学生的注意力,引起他们的兴趣。第二阶段,引导学生在聆听的基础之上,感受音乐的美和不同的风格,使其通过亲身参与各种体验式活动,在实践中深入感知作品的艺术特征。第三阶段让学生深入探究作品的音乐要素特点,综合得出作品的风格特色,并将审美体验活动中感受到的情感和获得的认知进行外化,理性分析。在第四阶段中,师生之间进行互动式的交流、讨论、评价,共同总结,并进行一定的延伸拓展。

(二)歌唱课

第一阶段:了解作品背景,激发兴趣导入。
第二阶段:聆听歌曲作品,感受风格特征。
第三阶段:分析学唱歌曲,设计演唱方式。
第四阶段:拓展欣赏作品,融合情感表现。

具体来说,第一阶段通过了解歌曲相关的创作背景、历史故事或相关文化等进行导入,引起学生的兴趣。第二阶段,以聆听为主,使学生对歌曲有一个整体的感觉,引导学生在聆听的基础之上,分析作品的特点。第三阶段可通过各种体验式活动解决歌曲的重点难点,使学生逐步学会演唱歌曲,在实践中了解歌曲的特点,并使其能和同学一起设计演唱方式,用不同的形式来表现作品。第四阶段可让学生拓展欣赏歌曲的各种演唱版本,包括不同的演唱形式,加深对作品的印象和体会,深入感受歌曲所要表达的情感,使其能由内而发深情演唱,最终达到能有感情地演唱歌曲的教学目标。

(三)合作式艺术实践课

第一阶段:创设一个主题,设计活动细节。
第二阶段:熟悉分析作品,分组合作排练。
第三阶段:团队协作表现,交流展示实践。
第四阶段:师生评价修改,总结鼓励提升。

具体来说,第一阶段中师生共同设定一个主题或者一个作品,并一起设计出具体的方案细节或表现方式。第二阶段,引导学生多聆听、多熟悉自己所要完成的作品部分,并尝试分析作品的艺术特征,在此基础之上,以小组为单位分组合作排练,形成各自部分的表演,要求学生注意团队成员之间的任务分配和相互配合,寻求最佳效果。第三阶段学生合作表现共同的作品或者表现同一主题,彼此之间相互交流,互相学习、欣赏。在第四阶段中,师生之间、小组之间进行讨论、评价,总结合作式活动的感受、困难及收获,教师要以鼓励为主,提升学生的兴趣和自信心。

(四)编创课

第一阶段:聆听欣赏作品,分析了解特点。
第二阶段:尝试编创作品,互助修改提升。
第三阶段:交流展示学习,总结创作方法。
第四阶段:师生讨论延伸,拓宽艺术视野。

具体来说,第一阶段欣赏相关的音乐作品,分析、了解此类型作品的艺术特征,为编创活动打下基础。第二阶段根据这类音乐的特点尝试按要求编创作品,同时,师生之间、生生之间相互帮助,在不断修改中提升作品的质量。第三阶段让学生根据自己编创的作品用演唱、演奏、合作表演等方式表现出来,并在全班同学面前进行展示,相互交流,要求学生能说出自己编创时所使用的方法,总结出此类作品编创的方法有哪些,为什么会具有独特的风格特征等。第四阶段引导学生在实践的基础上进行理论总结,并拓展欣赏相关的艺术作品,开阔学生的思维,鼓励他们多向其他作曲家学习,思考同类作品中还能有哪些方法手段可以让音乐变得更加丰富多彩。

  综上所述,可以看出体验式学习是音乐实践活动的主要方式,创设生活情境的音乐教学和在情境中体验音乐的教学实践活动,可以让学生在愉悦、轻松、开放的课堂气氛中进行音乐学习。基于审美与体验的音合教育教学结构,关注学生的主体性和创造性,强调音乐教学的实践性和审美性,重视学习的合作性、多元化,形成新型的教学方式和融洽的师生关系。在课堂教学中可以通过体验、表演、编创等多种形式,指导学生结合自己的生活经验,从已有的知识体系出发,在轻松、愉悦的心理状态下完成对新的知识内容的建构和学习。这种教学结构适用于所有的音乐教学之中,可以进行改造、重组、创新并形成多种多样的程序构造供一线教师选择、参考。在具体的应用和操作上,教师应该根据学生的实际学情、个体差异、年龄特征以及认知规律,结合实际教学内容进行调整,核心目的是创建开放、平等、愉悦、融洽的音乐课堂学习氛围,激发学生学习音乐的积极主动性,提升音乐课堂的效率和质量。

第三节 音合教育理念下中学音乐教学策略

音乐作为中学教育的重要组成部分,对于培养学生的审美能力、艺术修养和创新思维具有重要的意义。在音合教育理念下,中学音乐教学强调合作性、整体性、综合性、体验性与实践性,将音乐与其他学科、文化、生活等方面进行有机融合,以实现音乐教育的多元化和开放性。本节将探讨音合教育理念下中学音乐教学策略,为音乐教学的发展提供新的思路和借鉴。

一 体验式学习教学策略

随着2016年9月《中国学生发展核心素养》研究成果的发布,各个学科的教学对学生的知识技能学习、能力提升、情感态度价值观培养等综合素质的发展更加关注。如何让学生能够自主地、全面地发展成为当今课堂教学关注的方向。

在音乐学科中,核心素养的培养除了音乐基础知识和音乐技能的学习外,在教学中关注审美能力、创造能力、表现能力、鉴赏能力、协作能力等的培育也得到重视,同时还要注重文化视野上的拓展,观察学生在音乐课堂中的学习反应。要有效地提升学生的综合素质,对音乐学科而言,体验是最重要的一种教学方法。

体验是让学生内省,通过自身感受,产生新的想法和理解,然后通过自我认知,将这些信息内化并整合到个人知识系统中,促进其自身成长。通过提供具体的直接或间接体验,使学生从感知联想升华到抽象的感悟,从而促进学生把学习当成自主、自觉的活动,这正是核心素养教学中最为倡导的以学生发展为中心的教育理念。

音乐是一种需要人参与其中才能够有更理想呈现结果的艺术形式,正是由于人的参与,音乐才成了真正意义上的作品。在音乐教学过程中可以使用体验的方法,让学生通过各种感官的参与,感受作品的情感、艺术特征、文化背景等等。还可以通过引入和创设与教学内容相符的场景或氛围,强调师生共情的情感共鸣,提升知识性学习的质效,从而更好地完成教学目标,满足学生全面发展的需求。因此,体验是音乐教学中最值得使用和推广的教学方法。

体验活动是在某个主题或是某些教学目标的指导下,教师引导学生通过亲历或是角色转换,进一步体验音乐的情感作用。教师通过创造生活情境,让学生体验和感受音乐知识,使其在情境中结合生活经验发现新知识,将已有的知识储备与新知识融合,进而真正理解掌握知识与技能的要点。体验是一种亲身经历的实践活动,充分体现了寓教于乐的原理,体验的主体是学生,他们全面参与学习活动,充满热情,将音乐课堂转变为一种具有创造性和激励性的活动。学生通过亲身体验完成价值选择和创造力的培养,这个过程充分发挥了学生的积极主动性和主体作用,使得学生不仅学习知识,还学会如何掌握学习的方法。

在这个过程中,教师高效的引导尤其重要。不仅要注意创设良好的教学环境,提供自主分析、讨论的条件,激发学生学习兴趣,还要注意引导学生的主体探究意识,帮助他们拓展思维的宽度和广度。引导过程最重要的点在于要为学生设置合理的疑点,让其追根溯源,问题设置要有针对性、有效性,为学生留下充足的思考与探究时间,使其自主寻找答案。在探究过程中,教师给予相应的正确引导,从各方面帮助学生找出原因,培养其问题解决、探究能力,使其获得成就感。

为了能够让学生更好地自主探索、发现与体验,教师要时刻注意树立以学生为主体的教育观念,做到在课堂教学中将主动权真正交给学生。同时重视课堂中的每个环节,精细对待每个体验细节。在具体体验教学过程中,更要时刻关注学生的反应,根据体验现场的情况及时调整教学策略,注重教学的艺术性变化处理,注意设计课堂气氛的高低起落,让学生全身心体验音乐情感,理解相关音乐文化。

在新一轮课程改革背景下,教师重视体验,善于引导,能对学生的音乐核心素养培育起到事半功倍的作用。在体验式教学中,教师要关注音合教育的另一个关键元素,即融合音乐要素体验,让学生在欣赏音乐作品的同时,融合各音乐表现要素进行分析,进而体验音乐的基础元素包括速度、力度、音色、节拍、节奏、旋律、调式、调号等的特点。体验是教育过程的本质之一,学习活动应是学生知、情、意的全身心投入,学生只有通过亲身体验,主动去搜寻并发现,才能真正走进内在的世界,才能获取直接知识、形成学习能力、唤起创造潜能。教师还要设计有效活动,层层深入,使学生在艺术实践中亲身参与唱、奏、演、舞、说等多样化活动,从而感受、分析作品的艺术美,这有利于学生音乐核心素养的逐步发展。

体验还可以运用联觉辅助聆听。在人们的各种感觉之间,存在着融通的关系。运用联觉辅助音乐聆听,可以让学生亲身感受体验音乐变化及乐曲的特点,还可以通过设计图形谱及声势动作等等,将视觉与听觉建立相互沟通的对应方式,形象、直观地展现乐曲的变化。学生可通过合作、交流、创造的方式,参与音乐表演和设计,与同学一起观察、讨论、感受,形成学习共同体。

教育戏剧也是一种常见的体验方法,在音乐课堂教学中学生可以应用戏剧元素,使用戏剧方法,进行角色扮演。通过即兴表演、音乐剧、舞剧、话剧、木偶戏、歌仔戏等形式,当众表演一段故事情节,学生可以在戏剧表演实践中完成学习目标,领略知识的意蕴,在团队协作、相互交流中创造新的可能性。所有的体验方式都大同小异,重点在于全员参与。

例如歌曲《渴望春天》的教学环节,为了更好地演唱出歌曲所要表现的对春天的向往和热爱之情,可以设置一个即兴表演的教学环节,让学生在音乐声中,用肢体动作来表现春天的场景。教学中可以由全班同学自由组队,每个小组自己创编情节,并根据情节设置角色、布置场景,可以是花草树木,也可以是春天里的人物,可以是在花园里,也可以在自己想象的情境中。而肢体语言可以用简单的动作来展示,如用伸展的动作表现花儿的绽放或是花朵之间的窃窃私语,可以用双臂不停扇动的动作表现蝴蝶、蜻蜓翩翩起舞。结合生活经验,在设定的情境中结合表演进行演唱,共同展示一幅春意盎然的景象,有助于学生由内而发表现歌曲情感。

二 跨学科学习教学策略

"跨学科"一词的英语为 Interdisciplinary,《英华大词典》(商务印书馆1984年版)对 Interdisciplinary 一词的解释为:"它涉及两种以上训练的;涉及两门以上的学科。"OECD组织(1972)很早就给出了跨学科的定义:两门或者两门以上不同学科之间的相互联系,从思想上的简单交流到较大领域内教育与研究之间的相互关联均称之为跨学科。跨学科概念是国际科学教育研究中的一个重要领域,它体现了科学概念的相通性和交融性,跨学科概念反复出现在美国代表性课程标准文件中。但在学术界对于跨学科概念并没有形成绝对统一的认识。

首先,基础教育融入跨学科概念是现代社会培养综合型人才的需要。随着全球经济一体化以及科学技术的迅猛发展,全球化的发展趋势对人才的培养提出了更高的要求,当前需要的人才应是兼具知识、技能、创新能力为一体的复合型人才。在国外,教育专家们普遍认为跨学科是一种多门学科之间互动合作的实践,是一种打破传统学科界限的综合性活动。在教育教学领域,教育研究者和一线教师越来越关注"跨学科学习"。英国学者汉弗莱斯(Humphreys)认为,跨学科学习是指学生广泛地探索与他们生活环境中某些问题相联系的不同科目之间的知识,这些知识内容可涉及到多个领域——自然科学、人文科学、社会科学等。中学教育,既是基础教育的终结阶段,又是高等教育的奠基阶段,对于综合素质人才培养起着至关重要的作用。因此,中学教育跨学科教学可以为综合型人才的培养打下坚实的基础,音乐学科亦是如此。

其次,跨学科教学是艺术课程标准的要求。在《义务教育艺术课程标准(2022年版)》中的课程理念提出"突出课程综合""以各艺术学科为主体,加强与其他艺术的融合;重视艺术与其他学科的联系,充分发挥协同育人功能;注重艺术与自然、生活、社会、科技的关联,汲取丰富的审美教育元素"。课程标准明确了"融合教学"的根本理念,面向全体学生,关注学生全面、和谐及终身发展。因此,音乐教师也必须顺应时代的要求,在教学实践中重视跨学科学习,文理渗透,多方面开发利用教学资源,有效组织教学活动,服务于每位学生的发展,培养出综合型人才。

再次,跨学科教学是音乐学科自身特点所需。音乐作品与人类的社会生活、各种文化形态有着紧密的联系,要真正感受、体验到音乐的美和价值,了解其相关文化知识异常重要。无论是歌唱教学、欣赏教学、器乐教学,还是创作教学,都需要同时理解作品的时代历史背景,所涉及的地理环境、风俗习惯等知识。在教学实践中亦可结合图画、线条辅助音乐想象,借助美术作品让学生理解同时期音乐作品的艺术特征等。可以说,融入跨学科的教学是音乐自身特点的需要。

最后，开展跨学科教学活动在中学课程实施的应用研究中顺应了时代发展的需要，同时也是教育发展的必然要求。加强音乐学科与多学科协同教学，有利于培养学生综合分析问题、解决问题的能力。现代社会对人才的要求是需要具备整合性的思维，而丰富多样化的学科资源和智力资源能很好地教给学生运用跨学科知识及创造性解决问题的能力。在音乐教学中融合跨学科概念，有利于教学研究领域的拓宽，对于丰富教学论研究及促进其深入发展具有一定的研究意义，同时也有利于在中学音乐教育建设和发展思路上提出新构想，为中学音乐教育的改革与发展带来一定的指导和参考价值。

跨学科融合教学的理念正是音合教育的核心元素之一。总结出中学音乐与跨学科融合教学的理论基础及实践方法，并提出在教学实施中的建议，有助于提升中学音乐课堂的质效。跨学科的融合教学能帮助学生对音乐作品的历史背景、影响作品形成的地理环境及文化习俗等有更深一步的理解，进而使其深入了解音乐作品的相关知识，从而更好地对作品进行分析评价。通过跨学科融合教学，可以帮助学生加深审美感知，提升艺术表现能力，增进对文化的理解，从而全面发展学科核心素养。在音乐教学中融入跨学科概念可以实现学生的学科长短板互补，在融合性学习中，增强学生的学习信心，提升学习乐趣。

音合教育通过多学科融合教学，提升学生鉴赏、评价音乐的能力，培养学生综合分析问题、解决问题的能力，提高个人综合素养，以使其适应当代社会发展的需要。同时还可以开发富有特色和学生喜闻乐见的适于跨学科融合教学的音乐教学方式，总结跨学科融合教学的特点和策略方法，为中学音乐学科跨学科融合教学方式的理论和实践提供可借鉴的范本。

以现行中学音乐教材为依据，收集、整理与教材内容相关联的历史、地理、美术、文学、物理、生物等学科知识，可以充实音乐课堂教学内容，拓宽学生视野。教师可根据不同单元、不同音乐作品的具体情况，选择合适的相应学科知识进行探究式学习，同时借鉴可行的其他学科教学方法，使学生对音乐作品有全面的了解，增强学生的分析、概括、探索能力。同时强调以音乐为主线，合理分配跨学科教学的知识点比例。还可以分析跨学科融合教学在中学音乐课堂教学中的应用目标及价值，总结课堂实施的模式，提出相应的建议，评价、反思音乐课堂跨学科融合教学方式对课堂效果的影响。

教师可以在跨学科学习中提倡协同式教学，"协同"一词在《辞海》中解释为"同心合力，互相配合"。而在教学中的协同，指的是两位以上的教师根据自己的专长,相互合作共同完成一项教学主题或是教学任务的新式教学方法,其有别于传统的单人教学或是单一学科教师指导的形式。各学科老师根据自身特长,合理分工,协作完成同一音乐主题的不同内容教学。例如校园音乐剧编创表演,可由语文老师指导音乐剧剧本写作,音乐老师指导音乐剧中音乐的选择与创作,舞蹈老师指导音乐剧中舞蹈的表演与创编,戏剧老师指导音乐剧的表演及台位,美术老师指导音乐剧的舞美设计和制作,历史、地理老师指导音乐剧创作相关的历史故事、民俗习惯等,多门学科的老师协同教学,共同指导音乐剧这一合作式艺术实践活动。整个过程非常有利于学生综合运用知识的能力提升,拓宽眼界,同时也能使其感受到学科老师们的协作精神,这对促进学生全面发展是十分有益的。

三 生活情境式教学策略

情境教学是源于实践、始于问题的教学,发现问题、解决问题是其教学的常态。同时,情境教学也是始于情、根植于美的教学,择美构境,以境生情,将情感与认知相结合,在情境中让学生学习、思考、合作、实践,促进学生素质全面发展。情境式教学突出"真""美""情""思",它与生活相同,是"真"的表现,即使只是模拟生活中的情境,同样会给学生一种真切之感。真人真景激起真实的情感,激发学生广远之思,使其进入美的境界,创造出累累硕果。

情境式教学讲究"真",注重与多彩生活的联结,给学生一个真实的世界,使其走进大自然、走进社会,体验真实生活。它为学生展现一个生动、可以看、可以听、可以触摸、可以对话的生活世界,与生活的真实相连、相融合,寻求将认知与生活感受连接起来的路径,让学生在感受"真"、领悟"真"中成长,这对他们的认知、情感、思维发展,乃至未来的工作、生活都是十分有意义的。

情境式教学追求"美",力求使学生在熏陶、感染中产生主动学习的积极性。音合教育中,教师通过生活化的情境式教学,创设、呈现美感,通过美的形式、美的内容、美的语言进行教学,让"美"去占领学生的心灵,以美为突破口,以美为境界,以美育人。美感所带来的愉悦,可以使学生兴奋。教学中的美既能启智,又能育德,具有全方位的育人功能。此外,情境式教学中的美,还可以作为培养学生创新精神的土壤。审美活动中的愉悦会使得学生们的想象、联想在无限自在的内心世界里积极展开,其潜在的创新种子就会萌动、发芽,成为一种积极的驱动,启迪智慧,滋润心田。

情境式教学注重"情",即让音乐中的情感伴随认知活动。在音合教育中进行生活情境式教学,可以带着学生走进大自然去观察。比如,在海边吟唱《大海啊故乡》感受对家乡、对大海的依恋之情;观看黄河汹涌澎湃的波涛,感受《黄河船夫曲》中刻画的船夫们不畏惊涛骇浪勇往直前的精神等。在情境式教学中激发学生的探究热情,可以驱动他们情不自禁地投入到学习中,并在其中浸润真挚美好的情感。

情境式教学凸显"思",开拓思维空间,激发潜在的智慧。情境式教学在发展学生思维、培养学生悟性方面有着特殊的作用,能很好地发展学生的想象力和创造力。可以让学生带着想象去聆听音乐、创造音乐,充分发挥他们的想象力,用思考去发现美、感受美、创造美。教师同时还要引导学业生注意音乐蕴含的民族文化,使教学洋溢时代气息,显现出勃勃生机,展示更宽广的美好情景。

设置情境感悟音乐,在音合教育中重视学生在学习过程中的艺术感知与情感体验,可以更好地使学生领悟音乐的情感内涵,进行心灵与音乐的沟通。教师可以通过创设生活情境营造感悟音乐的氛围、设计创造性的体验活动,完成教学目标。教学中可借助各种教学设备以及师生共同创设的特定场景,以学生为中心,立足于学生的认知发展规律及现有知识水平、生活阅历,将学生学情、音乐知识、生活经验融合起来进行教学。创设真实的教学情境,激发学生情感体验的兴趣和氛围,并通过富有诗意的语言诠释作品所蕴含的丰富情感,可以提升学生审美感知和文化理解等音乐核心素养。

生活中包含丰富多彩的音乐成分,学生生活也富有音乐色彩。通过音乐教学生活化设计,将音乐学习与生活认知有效融合,可以扩充学生获取音乐信息的途径,促进其音乐的内化认知。音乐课堂创设生活化的音乐教学情境,利用生活素材,创新生活体验,可以激发学生主动学习的热情,激励学生开展创意实践活动,使其心灵和谐发展并完成自我身心的整合,提升学生与自然、社会和谐相处的能力。

例如在"生活之音"一课中,教师引导学生现场编配打击乐随响曲,将全班分为六个小组,使用生活中最常见的杯子、笔、椅子、桶、算盘、电脑键盘等用品作为乐器,每个小组根据不同的"乐器"特征,尝试两种以上的演奏方式,探寻多种音色,合理编配节奏,进行合奏。教师提醒学生注意节拍要统一,速度保持一致,使其从这种合作式艺术实践中感受音乐"来源于生活,且高于生活"。

四 五育融合教学策略

五育融合是新时代立德树人、教书育人,培养社会主义事业合格建设者和接班人的基本教育策略。音合教育与五育融合在关系上具有政策表达的内在一贯性和同样的逻辑基础。音合教育在促进五育融合上,具有独特性的优势,而五育融合也给音合教育提供了重要路径与方法,这对于促进学生全面发展,实施素质教育,具有不可替代的作用。

五育融合中教师是主体,因此,教师应多关注时事政治、教育热点,在教学中注意引导学生通过学科知识解读、思考时事热点,提高对国家大政方针的敏锐性,通过沉浸式、融入式的方法,潜移默化地将时政热点与相关知识融合。音合教育教学中教师应努力探索将五育融入课堂教学的方法,并充分运用到每堂课、每项教育活动中,引导学生探究音乐与其他知识的融合美,打破学科边界,综合各学科知识,让学生在浓厚的文化氛围里陶冶情操,拉近其与自然科学、历史文化的距离。五育融合并不是简单地互相覆盖,而是恰到好处的融合。因此要实现五育之间的有机渗透、共进共美,实现日常化融合,才最具生命力,最为持久。

(一)音合教育融合德育

德育是培养世界观、人生观、价值观和树立理想信念的教育,它通过落实立德树人根本任务,帮助学生成为自信而坚定的,能肩负民族复兴重任的实践者。立德树人是根植于中国优秀传统文化的教育话语,扎实学习传统艺术有助于获得对立德树人内涵的认识与实践的启发。因此,在音合教育中,要积极融合德育教育,通过音乐学习帮助学生增强民族自豪感,振奋民族精神,树立民族自信心,形成健康向上的积极状态,使学生向美、向善、向真,塑造良好的品格。例如演唱歌曲《国际歌》《义勇军进行曲》等红色歌曲,可以挖掘出音乐与理想信念的内在关系,引导学生积极践行社会主义核心价值观;演唱《长江之歌》《我爱你中国》《在希望的田野上》等歌曲,可以让学生生发出对祖国繁荣富强的自豪感和认同感;演唱《不忘初心》《如愿》等歌曲引导对美好生活的向往,颂扬时代风貌,鼓舞和激励学生积极进取。音合教育融合德育不同于其他传统的说教方式,它以柔和的感知形式"声"入人心,实现深层次的打动。

(二)音合教育融合智育

音乐对人的发展起着深刻而全面的作用,它在全面发展的教育中,有着重要的地位和作用[1]。当前教育改革的重要目标之一就是提高学生的创新能力和思维能力,创新与思维需要想象力作为基础,而音乐教育恰恰能很好地打开想象力的大门,给人以无限的遐想,更能启迪智慧,让大脑处于不断创新的状态。音合教育与智育相互促进又互为基础,通过音合教育中的融合性音乐学习,可以加强学生的跨学科学习能力,使其具备一定的科学理论,掌握多项技能,具备健康的审美素养。在音合教育的跨学科学习中还可以使学生获得多学科领域的总结和对未知领域的探索能力,从而提升智育水平。

(三)音合教育融合体育

体育教育中有很多地方需要用到音乐中的基本元素——节奏,例如学生每天都做的广播体操、体育选修课中的健美操,以及大家所熟悉的运动项目花样游泳、花样滑冰等,这些体育项目都需要选择节奏感合适的音乐进行伴奏,音乐的节奏、律动要与体育运动中的频率、动作相吻合。而在音合教育中可以采用多样教学法的融合,如在运用达尔克罗兹、奥尔夫、柯达伊教学法时,也可以通过打篮球、扔垒球、拉橡皮筋、跳呼啦圈等体育运动来学习音乐,感知音乐的基本要素特点。将音乐学习和体育融合在一起,学生可以通过体育运动感受音乐的特点,又可以通过音乐感知运动的快乐、提升运动水平,达到身心合一、健康快乐的目的。此外,体育中的运动力量美、肢体协调美、律动韵律美、精神面貌美等等,都是与美育相互融通的,因此可以说音合教育与体育的融合是紧密且有效的。

---

[1] 程倩,齐硕.音乐教育理论及中国传统文化的融入研究[M].长春:吉林出版集团股份有限公司,2023:6.

(四)音合教育融合劳动教育

根据马克思主义理论,音乐和语言一样,最早出现在人类社会的生产实践之中,因此,音乐教育从开始就与人类集体劳动紧密相连[①]。劳动号子作为最早的音乐形式,作用于劳动中统一用力、进行劳动动作。通过有节奏的调子,可以鼓励劳动者激起劳动热情,因统一节奏更好发力;同时还能让劳动者从精神上缓解劳动带来的疲惫感,提升劳动效率和质量。音合教育重视合作式实践活动,而劳动号子恰恰就是集体劳动的最好体现,它是集体劳动与汗水结成的赞歌。在音乐教育中融合劳动教育可以让学生深刻体会到体力劳动的不易和风险,激发学生内心的真善美,并引导学生热爱劳动和劳动人民,帮助他们理解劳动的意义,使其明白只有在劳动之中,才能发挥、展现自己的真本领。

(五)音合教育融合美育

音乐是美育的主阵地,音合教育同样追求和谐之美,旨在提高学生的审美能力,促进美育功能的实现。音合教育重视情感融合教学,强调通过情感的培养提高学生感知美、发现美、创造美的能力。音乐是人类最美的语言,音符是人类最美的文字,音合教育融合美育可以使学生在合作式学习中提升自身审美能力,学习丰富的审美知识,从而提升综合艺术素养。

美育是五育中不可或缺的部分,而音乐教育则是现代美育的重要组成部分,因此,如何使音乐教育提质增效是值得我们不断研究和思考的。音合教育中的合作式艺术实践是当今教育改革背景下的一种具有创意性、有效性的教学手段,它通过在师生之间、生生之间、师师之间、小组之间建立起多向或者多元化的对话关系,来实现学习目标,从而培养学生团队精神和协作能力。音合教育中合唱、合奏、群舞、戏剧表演等艺术表现形式,也很好地展示了合作式艺术教育的意义。这些都是音合教育融合美育的重要切入点

五 具身认知教学策略

具身认知一词从英文"Embodied Cognition"翻译过来,一些学者也将其译为

[①] 张齐,刘胜男.音乐教育与五育融合的逻辑理路[J].河北师范大学学报(教育科学版),2022,24(5):125.

涉身认知、寓身认知,它强调了身体参与认知的重要作用。具身认知以身体为基础,而身体又深深嵌入环境中,身体与环境的动态交互在认知过程中发挥着重要作用。身体的结构、性质、感官以及运动方式共同决定着认知,认知是身体、大脑、环境共同作用的结果,因此形成"身体—心智—环境"这一动态系统。因此,可将具身认知定义为:具身认知是一种通过身体与环境的融合来提高学习者学习能力的认知科学,摈除传统意义上的"离身",倡导身体的回归,引导人们更好地利用自己的身体来进行学习和获取经验,并且通过人类身体的感觉、知觉、运动与周围环境的动态交互,以获得对世界基本理解的认知方式[①]。具身认知理论认为学习是身体力行的,适当的身体动作有助于提高学生的学习效率,有利于学生对新知识的接纳和理解,进而提升学习效果。将认知、身体与环境融为一体,可以使学生在环境、思维的交互中完成体验,符合学生的身心发展特点。

新一轮的课程改革从学生的日常生活经验和学习兴趣出发,提倡实践参与、体验感受、合作交流等多样化的学习方式,注重发展学生的综合能力,音合教育同样重视这些改革理念。随着社会发展,具身认知理论、体验式学习理论、情境学习理论、生成学习理论以及参与式学习等等一系列新型学习理论涌现出来,它们都强调了学习者亲身参与实践、学习环境设置的重要性,整合了更为人性化、科学合理的学习方式,体现教育教学的自然生态性。具身认知更是有效地融合了这些理论观点,倡导学生利用真实的经验来解决相关问题,具有生成性、体验性、互动性的特征,更为全面与具体。

在音合教育中,音乐感知是学生认知音乐的最重要的途径。感知是人脑通过身体各个器官接收信息并刺激大脑产生的物理信息,它分为两个过程,一是感觉,二是知觉。感觉是身体的各个感受器接收到刺激信息传递至大脑,大脑对事物个别属性的反映;而知觉是人的大脑对感觉信息进行组织和阐释的心理过程,是大脑对事物整体性的反映。可以说,音乐感知中的感觉是音乐刺激学生感觉器官所产生的对音乐属性的反映。学生对音乐的认识是从感觉出发的,它是感知的最初始环节,感觉虽然只负责反映事物的个别属性,但是外部信息复杂多样,同样还是能被它们——所接收,由神经元输入大脑。因此,任何音乐的关系必须与身体联结,通过身体这一媒介接受音乐。音乐感知是人在进行音

---

① 张召芮.基于具身认知理论的小学英语教学探究[D].济南:山东师范大学,2022:12.

乐活动时的一系列心理过程,它的首要因素人要处于某种音乐环境之中,对于身体健全的人来说,主要是靠耳朵来听音乐,或者用眼睛看到舞蹈,视觉和听觉是主要接收音乐的器官。除此之外,身体的其他器官,比如触觉、嗅觉、机体觉也参与整个过程,只是它们的参与很难被察觉。[①]

音乐感觉主要有视觉、听觉、嗅觉、动觉等,其中使用视觉和听觉是最为常见的,人通过眼睛和耳朵,观看演奏家与歌唱家的表演,聆听音乐,接收客观的音乐信息,由神经元传输至大脑,给出反应。嗅觉是由鼻腔来完成的,有些作品描绘春天的景象,辅以花香、绿草的味道,更能让人身临其境地感受作品所要表现的春天气息。动觉也是较常使用的感觉,坐着、站着、跑着、跳着听音乐,随着音乐做出相应的声势动作,此时动觉各个感受器都在向大脑发送信息。每个器官收集的信息就像一条条支流一样,汇入大脑,大脑对这些信息产生直接的反应,形成各种感觉,在大脑加工后共同发挥作用。

在音乐感知的过程中,人借助大脑加工音乐信息,又通过身体反应即身体内部的联觉现象和身体外部肢体的联动现象表现出来。联觉是一种心理现象,是各种感觉之间的相互作用,它基于经验和体验的感官互通。音乐史中就有不少作曲家运用联觉现象描绘音乐,比如德彪西就擅长用音乐描绘阳光、色彩、味道等,让人在聆听作品中仿佛可以闻到飘忽不定的味道,看到若隐若现的色彩等等。而联动现象在日常生活中也常常遇见,比如婴儿听到音乐会手舞足蹈,开心的人听到欢快的音乐会随乐而舞等等。由此可见,人对音乐有着完整的反应,可以从音乐中提取节奏信息,感受到强烈而富有动感的律动感,其作用于大脑神经,并迅速将这一信息传递,引发身体的动作联动。

音合教育中的具身认知教学具体包含四层内涵,一是注重身体的作用,二是追求身心合一,三是强调身体参与性,四是沉浸于情境之中。音合教育注重艺术实践的过程,将其作为学生获得音乐审美体验和学习音乐知识与技能的基本途径。因此,在音乐课堂中,通过创设一系列有利于学生身体感知、身体动作、身体体验的学习情境,可以激发学生的学习参与热情,让学生身心合一地学习;还可以实现有意义的课堂,凸显学生的主体性,使其乐意主动全身心投入学习状态,充分利用身体认知的方式去学习,通过身心投入音乐世界,获得感知与

[①] 蔡晓航.具身认知特征在音乐感知和体验中的体现[D].上海:上海音乐学院,2020:17.

体验。具体可以有以下几种策略方法：一是创设情境，赋予学生自由的想象空间，为学生提供具体、生动、可联想的音乐环境，使得音乐课堂形成一个吸引力强大的学习领域，让学生全身心投入音乐学习中，舒展身体，积极参与，乐于探究。二是多感官参与，激活学生的多种感官参与学习中，每个学生都有与生俱来的艺术天性，教师的使命与责任就是充分激活学生的本能，让他们能全身心体验音乐、表现音乐。三是关注情绪，教师要随时观察学生学习过程中的情感反应，用鼓励的眼神、赞许的微笑去激励学生放松地参与体验，充分发挥情感的感染作用，让学生用全身心投入去感受、体验、思考，从而达到身心合一的音乐学习状态，这样才能更好地理解音乐作品的内涵。

第四章

音合教育理念下中学音乐教学评价体系

中学音乐教学应以发展性教学评价理念为指导,坚持多元性、综合性、过程性、发展性的原则,结合音合教育理念的内容和方法,可建立全面、客观、科学、合理、有效的教学评价体系。评价应以学生为中心,不仅关注学生的学业水平,还要注重学生的个性发展、学习过程、情感态度等方面的评价。教师根据评价反馈的情况,及时调整教育教学方法,确保音乐教学的质量和效果,同时为学生提供有针对性的指导和建议,提高学生的音乐素养和综合能力,促进学生全面发展,为培养具有创新精神和实践能力的复合型人才奠定坚实基础。

第一节 音合教育理念下中学音乐教学评价理念

评价具有诊断、改进、激励等功能。在中学音乐音合教育中应将评价融入日常学习过程中,以加强教学效果反馈和帮助教师对学生学习进行有针对性的指导。评价应作为改进和完善音乐学习的重要手段。

一 学评一致,评价过程即学习过程

学评一致是课程实施的一种方式。在音合教育的教学中,学生的学和对学生的学习评价要协调配合,可以说,学评是课堂教学中的两个要素。在音合教育中,学评应当发挥协同作用,成为一个整体,才可突显音合教育协同育人的教育理念。"学"即学习,就是学生的学,从过程来看,这是学生为了达到目标而做出的努力,从结果来看,是学生目标达成的情况。"评"即评价,就是学生学习的评价,这里指教师对学生的学习表现进行评价,从而判断学生学习目标达成与否。学评要围绕相同的教学目标展开,音合教育强调团队协作学习、融合生活化情境、注重五育融合与情感融合,这些都应体现在学评的关注范围内。教师应制订学习活动的评价目标,在音乐学习活动中提出明确的要求,设置学生在达成评价目标时在不同水平上的学业表现,并依据评价标准将评价的实施和学习活动开展融为一体,用激励的手段不断强化学生的音乐学习习惯。教师要把评价作为促进学生学习的手段,评价过程也即学生的学习过程。

二 融评于教,强化教学的过程性指导

评价不仅要改进学习,还应融合在教学的过程中。评价在教学过程中帮助学生不断地完善学习过程,不断地改进学习方法、提高学习效率,最终完成教学目标。此处要注意两点,一是评价要先于教学设计,在进行音乐教学之前,首先

要先考虑好,哪些教学环节需要实施评价,评价的维度是什么,如何进行评价等,要有梯度地引导学生达成学习目标。其次要考虑好根据教学目标,哪些教学环节中的具体学习内容需要重点展开评价。最后要基于教学目标,提炼出明确、具体的评价要点,这些要点是教师对学生进行学习效果反馈与指导的参照标准,也是学生音乐学习过程的自我衡量的重要依据,可以此判断自己的学习是否达标。在音乐教学中,把评价设计前置,目的就是为了在教学设计层面就能有意识地确保教学、学生学习与评价自始保持一致,最终导向目标达成。二是注意把握课堂评价的时机,调控学习活动的过程。教学目标的达成不仅仅需要教师基于目标优先设计评价,更重要的是要将评价自然地融入教与学的过程之中,将评价更多地与教学方法合为一体,使之真正起到完善学习过程、提升教学效果的重要作用。选择和把握合适的评价时机也是一种教学策略的表现,过早评价,学生学习空间就会被压缩,就会显得为评价而评价;评价太迟,容易导致为了结果好坏而评价,失去了改进学习的功效。真正的合适时机应能使评价对学生起到明确提示学习重点,理解学习目标要求,自我诊断学习效果的作用。同时要关注教学情境中的问题生成,依据学情反馈、学习效果而进行针对性指导,促进教学目标达成。

三 量化等级与质性评语相结合

音乐有其特殊性,很多时候难以用量化的数据来进行评价,但学习评价效果总要有区别、有梯度。因此,建议使用区分等级的方式来评价学生音乐学习的学习习惯、学习兴趣、学业成果、合作能力等方面的具体表现,可通过优秀、良好、合格、还需努力等语言进行描述,或用"水平1""水平2""水平3"等表现标准,或是其他有区分度的表达方式。当然这种等级量化的制订要基于学习目标,并以教学内容和目标要求为依据,而不是单凭教师的经验。因此,它是一种将客观内容标准和主观期望表现相结合的量化评价方式。

当然量化等级本身是用来直接甄别学习水平和表现的,为了能更好地体现改进学习这一理念,就需要有质性评价的评语来补充,尤其是基于音合教育的特点,在很多合作式的艺术实践活动中,很难区分个体之间的等级区别。因此,用评语描述可以很好地补充等级评价上的不足,可以让评价方式更为多样、更加全面。评语的描述要注意以下几个方面：一是要尽可能客观体现等第的内涵，例如描述本次评价包含哪些内容、哪些维度，学生在等第表现中具体的情况是什么，具有什么特点；二是要有体现激励、鼓励的言语，以肯定为主，找出学生的亮点，同时也要中肯地指出存在的问题和有待改进的地方，帮助学生在后续的学习中修正，并学习改进的策略、方法；三是要关注学生的年龄、性格、心理特点，关爱学生、呵护学生，不能一味指出不足，要以鼓励为主，让学生越发充满自信。教师要充分运用好评语的功能，使得评价更加人性化，以此激发学生的学习兴趣和学习意志，提升学习品质，为下一阶段更好地学习打下基础。

第二节

音合教育理念下中学音乐教学评价工具与方法

制订中学音乐音合教育的评价工具与方法,首先要先确定音合教育评价的目的是什么？评价主体如何确定？如何确定评价维度？如何验证评价方法的有效性？具体来看,音合教育要凸显融合理念,在课堂教学观察中课堂教学的价值、功能、性质、目的、过程、效果就要注意体现融合的要素。同时音合教育的课堂教学就是教师、学生、教材、教学方法、教学情境等各因素相互作用和协调发展的活动,它体现了教师对音合教育理念的理解,也是教师教学思想的具体化,而课堂教学评价就是对这种活动的效果和价值的判断,对教学实践具有很强的导向作用。通过评价,可以促进学生充分发挥主观能动性,积极参与课堂学习；可以获取教学过程中的相关信息；可以引导教师把教学重心从完成任务转移到引导学生情感表达、关注学生学习态度及价值观等方面上来。

从评价主体来看,如果是一堂公开课,那么评价的主体通常是教研员、音乐教师、其他学科教师等,授课教师和学生则为被评价者。如果是日常常规课,评价主体则是教师本人,学生就是被评价者。随着新一轮课程改革的深入推进,新课改要求充分体现以学生为主体的评价理念,即学生应该是课堂活动的主体。他们既是学习的参与者,也是课堂教学的评价主体。因此,在音合教育中,教师和学生既是被评价者,同时也是评价者,他们和其他因素共同作为评价的主要维度,充分体现了以学生发展为本的新课程理念。

音合教育的评价要素可以有以下几点：教学目标、教学内容、教学策略与方法,学生参与合作式实践活动情况,以及师生互动情况、学生协作能力、课堂气氛、整体情况等,可以以此为音乐课堂教学的参考指标和评价工具的内容维度。每项指标进行详细界定,划分三个等级,A为优秀,B为良好,C为有待改进,每个等级也有具体的描述,这样可以使评价工具具有情境化特点,能对课堂教学起到一定的引导作用,也便于操作。具体课堂教学评价要素如下：

一 教学目标

教学目标的制订要遵循新课程改革的核心理念和素质教育的要求,将学生作为音乐课堂教学的出发点和落脚点,充分体现学生的主体地位。教学目标的设定要围绕审美感知、艺术表现、创意实践、文化理解四个要点,关注学生的审美能力培养,丰富生活经验,开发创造性思维,拓宽文化视野,陶冶情操等方面,使学生逐步掌握音乐知识和技能,提高音乐实践能力,培养团结协作意识,发展个性,提高人文素养。

二 教学内容

教学内容的选择上要充分体现审美性、音乐性、融合性和生活化特点,紧紧围绕音乐课堂教学的目标及音合教育理念,成为教学目标达成的有力支撑。音乐是一门实践性很强的学科,因此,在内容选择上要倾向于艺术表现、创新性、合作式学习的知识和技能,尽可能让学生在实践中学习,并能运用到生活中去。

三 教学策略与方法

教学策略与方法的采用要关注每个学生的个体差异,因势利导,为不同学生的发展提供充分的学习机会,给予全面的指导。在唱、听、奏、舞、创的训练中,融合多种教学方法,使学生在多样教学法的运用中学到新知识,提升各方面能力。

四 学生参与合作式实践活动情况

音乐学科注重艺术实践活动,有很多艺术表现的环节,例如演唱歌曲、演奏乐器、视唱、舞蹈、声势律动、戏剧表演、配乐朗诵等等,每一次的表现都是能力提升的好机会。音合教育理念下的实践活动注重合作方式的开展,让学生在相互配合中相互学习、互相帮助、增强自信,因此,要多提供实践平台和机会让每一位学生都有机会表现,让不同能力水平的学生能得到不同程度的提升。

五　师生互动情况

教师、学生、教学资源是课堂的主要教学因素,课堂中师生关系是不可分割的,始终相互作用着。教师有效引导,学生积极主动探究,在这个过程中,教师要善于设问、质疑、引导,让学生能充分发挥想象力,积极思考。学生与老师互动交流,形成浓浓的探究氛围,让课堂成为有意义的课堂。

六　学生协作能力

音合教育理念下的艺术表现和创意实践素养培育中,有很多合作式、小组式的集体协作的环节,在这个过程中,学生彼此之间的相互配合尤为重要。合作得好的团队就可以凝集体之力量,达到事半功倍的效果;如果协作能力较为薄弱的团队,有可能就彼此消耗,影响了最终的学习效果。因此学生的配合与协作能力的培养尤为重要。

七　课堂气氛

课堂气氛不仅仅表现在整节课是否"热闹"上,关键是要关注学生能否主动参与、积极与其他同学配合,是否思维活跃、情绪高涨,在学习和合作中是否一直保持着热情;还要关注学生的知识与技能、价值观是否得到了全面的发展,整个课堂的教学是否做到了以生为本,学生的创新能力、实践能力、探究意识是否得到了引导和培养。

八　整体情况

从整体上对课堂教学进行评价是必不可少的,整堂课各种关系是否融洽直接关系到课堂教学的效果。教学目标是否达成、学生是否积极主动参与、课堂气氛是否活跃、重难点是否得到了解决等等,这是评价者对一堂课的整体观察、感受和理性认识。

综上所述,制订出中学音乐音合教育评价量表如下(见表4-1):

表4-1 中学音乐音合教育评价表

学校：　　　　　　授课教师：　　　　　　时间：年 月 日
授课内容：　　　　　评课人：

评价维度	评价标准与评价内容			评定
	A(优秀)	B(良好)	C(有待改进)	
教学目标 / 1.明确、全面体现艺术课程核心素养，适合不同个体	教学目标描述全面完整，能充分体现艺术课程核心素养要求。学生能逐步掌握音乐知识和技能，提高审美水平，陶冶情操、拓宽文化视野，丰富生活经验，培养创新思维，发展个性和提升人文素养	能基本体现艺术课程核心素养要求，基本符合学生的认知水平和已有经验，基本能针对不同层次学生，适合多数学生	教学目标不明确，目标单一，脱离了学生的认知水平和实际吸收能力	
教学内容 / 2.贴近生活，教学资源丰富多彩	能合理整合课内外教学资源，内容贴近学生生活，丰富多彩，激发学生兴趣，有利于教学顺利开展	能整合教材内容，一定程度上联系了学生生活实际，内容较为丰富，对教学进展有一定的帮助	教学内容单调，脱离学生生活实际，不利于教学的顺利开展	
教学内容 / 3.重难点突出，准确有效	教授内容准确、科学、严谨，突出重点，解决难点，各环节内容分配合理、有效	教授内容比较清晰、合理，有重难点处理	教授内容出现知识性错误，重难点不突出	
教学策略与方法 / 4.教学策略与方法灵活多样，运用合理	灵活运用教学策略与方法，学习方式多样化，注重启发引导，活动形式丰富多样，融合多种方法解决问题，对教学产生积极作用	能综合运用几种策略方法，基本能引导学生主动学习	策略方法单一，不注重引导，对教学没有产生积极作用	
教学策略与方法 / 5.设问精准、有效	从学生的实际学情出发，设置具有深度、广度、密度的问题，难度适中，富有启发性，能面向全体，有足够的时间思考，关注学生的回答，帮助学生厘清思路，实现思维重构	部分问题有利于调动学生积极性，引导思维向广度、深度发展，基本能反映客观情况	缺乏提问，多是记忆性问题，理解性和开放性问题过少，没有关注学生回答，针对性不强	

续表

评价维度		评价标准与评价内容			评定
		A(优秀)	B(良好)	C(有待改进)	
学生参与合作式实践活动情况	6.合作式实践活动的设计有针对性,参与度高	能根据教学目标设计有意义的合作式艺术实践活动,有利于教学目标的达成,学生参与度高,积极热情	能设计一定的合作式实践活动,较好地完成教学目标,绝大多数学生能参与其中	缺乏实践活动,学生的参与度不高	
师生互动情况	7.师生关系融洽,交流互动积极	师生关系和谐,能较好地做到平等交流,互相启发,在老师的引导下,能合力解决问题,共同发展	师生关系基本融洽,基本能进行平等交流,相互启发	师生之间交流互动少,以老师讲授为主	
学生协作能力	8.积极参与团队活动,配合度高	学生能积极主动参与小组或班级的团队活动,协作能力好,共同完成学习任务	学生能参与到集体协作的活动中去,基本能和同伴一起完成学习任务	团队的配合度不高,较难完成学习任务	
课堂气氛	9.学习兴趣高,课堂气氛热烈	较好地激发了学生的学习兴趣,绝大多数学生都能积极参与整个学习过程,课堂气氛热烈	基本上能够激发学生的积极性,大部分学生能参与学习过程	不能激发学生的兴趣,参与积极性不高	
整体情况	10.和谐高效,以生为本,效果好	培养学生掌握相关知识与技能,使其体验到学习收获的乐趣,及时、准确完成课堂练习,各个环节有条不紊,教学顺利,教学目标较好地达成,学生获得较大的发展	大多数学生能基本掌握相关知识与技能,课堂练习基本完成,课堂教学进行得比较顺利,教学目标基本达成,多数有所收获	部分学生掌握相关知识,课堂练习不能及时完成,教学目标未能达成,多数学生未能有所收获	
总体评定	得分	A:10　B:7　C:4			
	等级	优(90—100),良(75—89),合格(60—74),差(40—59)			
	简要评语				

备注:总体评定中的得分是上述表格每一指标得分的总和。

当然,评价量表也存在着一定的局限性。由于课堂教学活动本身的灵活性、复杂性、综合性,很难将课堂教学活动分解为不相关联的部分,因此,评价标准与评价维度之间就可能存在重叠的现象。此外,评价表的使用者可能会加入个人主观感情来评定一节课,导致评价过程把握不精确。通过评价量表也能得知,课堂教学评价是一个复杂且系统的工作,涉及课堂教学的方方面面,只有建立符合新课程评价理念的教学评价体系,才能使课堂教学评价真正达到促进教师发展和学生成长的目的。

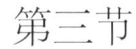

第三节 音合教育理念下中学音乐教学评价应用体系

评价实质上是一种依据某种判定标准,根据客观事物实际情况而作出的价值判断,但价值判断依赖于事实判断为基础,表现为"收集信息的过程"[①]。在教育领域中,评价指的是教育评价,而教学评价则是教育研究中的重要组成部分,也是教育研究的核心问题之一。教学评价主要是对教学中所观察的教师教学行为和学生学习行为的梳理和效果的评价,其中要以教学目标为依据,根据教育教学理念、价值观念和评价原则,运用有效的、合适的评价方法,观察、收集评价内容并分析讨论,得出结论,目的是改进教学、促进教学质量的提升。音合教育有其特殊的属性,既有音乐学科的特性,又有融合教育的特点,因此音合教育理念下的中学音乐教学评价既有教学评价的共性,也有其侧重的关注点。

一 音合教育理念下中学音乐教学评价原则

(一)发展性原则

党的十八大以来,教育部先后启动了高中及义务教育课程的修订工作,并在《教育部关于全面深化课程改革 落实立德树人根本任务的意见》中,明确把核心素养的内涵界定为"学生应具备的适应终身发展和社会发展需要的必备品格和关键能力"[②]。

核心素养(Key Competencies)的概念于20世纪90年代的经济合作与发展组织(简称OECD)的项目中提出,其中"Key"为核心、关键的,"Competencies"原为能力,因此可以认为核心素养主要关注的是在当下社会环境中人们所应具备

---

① 邓心怡.基于生物学核心素养的课堂教学评价研究[D].海口:海南师范大学,2022:9.
② 余文森.核心素养导向的课堂教学[M].上海:上海教育出版社,2017:14.

的关键素养[1]。随着人类社会的进步,教育中核心素养的概念界定从单一逐渐走向多维度,通过不同时期的演变,核心素养不仅仅重视知识与能力,更注重受教育者的积极主动性,强调其在情感、态度、内涵等方面的培养。因此在教育领域中,学生的核心素养则可认为是在社会发展过程中学生应具备的素养清单里"最关键、最必不可少"的素养。

《义务教育艺术课程标准(2022年版)》指出"艺术课程要培养的核心素养主要包括审美感知、艺术表现、创意实践、文化理解等。"[2]这就明确了学生学习音乐、戏剧、美术、舞蹈、影视等学科后要能潜移默化地提升情感体验能力、感知能力、鉴赏能力、表现能力、实践能力、文化理解能力等,从而真正体现艺术课程育人价值所在。艺术课程重视体验活动,强调"学生在以艺术体验为核心的多样化实践中,提高艺术素养和创造能力。"音乐学科同样如此,这就意味着在"立德树人"的大背景下,音乐教学不仅要加强有效的音乐理解,同时要注重多维的艺术实践,即不仅是学生要获取音乐理论与音乐知识方面的素养,还要注意在音乐教学中让学生主动参与,如演唱、演奏、编创等音乐活动,使其体验表达音乐情感,从而通过自身的实践活动获取认同感,进而提升核心素养,得到发展。新课程改革背景下,音乐教学以知识的创新和实践运用为重点,越来越多音乐课堂不再只是一味被动式的"接受学习",更多的是倡导学生主动参与、乐于探究、积极实践,通过亲身体验的方式来感受音乐的艺术特征。

中学音乐课程承担着落实立德树人根本任务和促进学生全面发展的责任义务,学生作为社会的一员、生活的参与者,如何将所学的知识和技能应用到实际问题的解决中,是教学成功与否的衡量标准之一。核心素养为导向的育人目标为教学实践提供了方向,以核心素养为宗旨,以学生发展为目标来实施课堂教学是音合教育的根本理念和基本要求。提高学生音乐学科核心素养,使学生得到全面发展是音合教育教学评价的重要指标之一。音合教育理念下中学音乐的教学评价应结合核心素养育人导向和发展原则,创造性地尝试构建新课改背景下基于课程核心素养的课堂教学评价体系,通过研读课程标准,思考教学过程对课程标准要求的认知与落实情况,从而改进、革新教学方法,逐步提升教

---

[1] 金鑫.基于核心素养的欧盟科学教育政策研究[D].重庆:重庆大学,2017:2-3.
[2] 中华人民共和国教育部.教育部关于印发义务教育课程方案和课程标准(2022年版)的通知:义务教育艺术课程标准(2022年版)[S/OL].[2024-07-20].http://www.moe.gov.cn/srcsite/A26/s8001/202204/W020220420583264678888.pdf.

师的教学能力,提高音乐课堂的质效,进一步促进学生全面发展,充实课堂教学评价的研究领域。

(二)体验性原则

在《义务教育艺术课程标准(2022年版)》中,将"重视艺术体验"作为了一条重要的课程理念,其强调要重视学生通过感知体验来进行学习,激发学生参与活动过程的热情和兴趣,使学生在聆听、表现、欣赏、创造的过程中,形成丰富的审美情趣,在以艺术体验为核心的多样化实践中,提高艺术素养和创造能力。

体验是通过实践来了解知识,并从中获得经验。因此,体验的实质就是实践,而音合教育理念下中学音乐教学最重要的特点就是实践性。艺术体验教学是在体验式学习理论的基础上发展而来的,是一种强调亲历性、生成性、生命发展性与开放性的教学方式。"体验"是情感的沉浸与流淌,是一种人的心灵被对象所激发、触动而产生的专注、沉浸、酣畅淋漓的状态,深度体验会使人达到心无旁骛、全神贯注的境界。在以实践为导向的音合教育教学中,体验成为最为重要的教学方法之一,应贯穿音乐教学的始终。学生的音乐学习应该从体验音乐开始,通过各种艺术体验活动去增强对音乐的理解。学生要尽可能广泛地参与音合教育中各种表现形式的艺术体验,尽情地享受体验带来的乐趣和美感。音合教育不仅要加强有效的音乐理解,同时要注重多维的艺术实践(如演唱、演奏、编创等),来提升学生核心素养。

当然,在重视艺术体验的同时,知识与技能的学习不可或缺,学生必须将知识与技能转化为能力,并能迁移运用到实际的问题情境、生活情境中去,解决问题、创造艺术,才能将知识、技能最终转化为素养。音乐以聆听为主,但不能只注重聆听而忽略了学生音乐技能实践的学习,也不能只关注音乐本身,而忽略了音乐的文化背景、社会历史等相关知识。因此,在以艺术体验为中心的多样化实践中,要充分体现音合教育的学习目标,即从学习音乐知识转变为学习体验音乐,要以音乐内容为本,注重经验的转化,将之逐渐转变为在音乐实践中的艺术素养。

在音合教育中,一切实践皆体验。但这当中还是以听觉为领衔,一切对音乐的反应、认知和理解,都必须从听觉出发而形成,因为音乐就是一门听觉艺术。音合教育中的艺术体验,体现在审美感知素养培育实践中,体现在音乐音响的听觉感知基础上,体现在对音乐基本要素、作品体裁与风格特征、表现形式等做出反应的活动中。学生在音乐实践中听觉先导,同时在听觉基础上调动身体其他感知觉如动作、视觉的辅助等等,发挥它们的官能作用,再结合联想、想象等思维的融合作用,感官、思维协同作用,促进音乐审美中的听觉理解。在媒体、网络发达的当今社会,学生在音乐课中的注意力很容易被丰富的多媒体手段所吸引,导致忽略了最基础的聆听。因此,在体验活动中,要明确音乐听觉与联觉反应能力的培养,体现音乐听觉理解的基本实践特征,着重处理实践中容易混淆的问题。

在音合教育的评价中一定要注重听觉优先的原则,一切的体验反应要基于听觉,听觉领先,动觉切入,视觉辅助,切勿将视觉及动觉置于听觉之前,这就本末倒置了。因此,在评价学生的学、教师的教时,要注意在音乐感受与欣赏活动中,通过音乐感知促进听觉理解,有一个需要绝对遵从的顺序原则,这一原则也是音乐审美感知的基本实践规律,就是都必须服从听觉为先的原则。

此外,在评价时要注意,体验中的任何反应都是对音乐的客观反应,即聚焦音乐中富有特点的表现要素,运用身体感官对其做出的各种形式的反应。在这个过程中教师要帮助学生形成听觉感知,促进其听觉理解,例如,借助听觉对音乐要素的表现特点(速度、力度、旋律、音色、节奏等等)做出反应,对音乐的表现形式(独奏、重奏、独唱、合唱、小组唱等等)做出反应等。这里还需要关注的评价要点有,音乐资源的选择要能精准体现音乐要素特征,要以学生的自身情感体验或审美理解观点为主,避免把体验变成说教;要为学生的体验提供充足的时间和过程,使其在不断地试错中,真正投入到音乐学习中。

(三)综合性原则

新课改对课程结构进行了调整,提倡不同学科之间的相互联系、相互渗透,整合多学科知识与生活实际的融合。音合教育同样倡导以音乐学科为中心,打破学科界限,融合其他学科知识,有目的、有计划地进行教学设计和组织教学活动,提升学生综合运用知识的能力。通过将各学科有机组织起来,可以构建跨学科的知识网,为适应新时代经济社会发展对多样化高素质人才的需求,培养全面发展的人。

音合教育中的学科综合包括音乐与语文、美术、舞蹈、信息技术、历史、政治、地理、历史、体育等多门学科的融合,学生在学习音乐的同时能广泛探索各种知识,并结合自己的生活经验去发现问题、解决问题。这种跨学科学习可以灵活使用课外学习资源,以大单元或是项目式学习为组织原则,进行课程建构。以跨学科为主要内容和原则的教学评价较为复杂,因为它所面临的因素会更多,但无论跨学科教学涉及多少门学科,应始终抓住教学评价的要点。一方面是对教师教的评价,即对教师教学过程、手段、方法、课堂效果等的评价;另一方面是对学生学的评价,即对学生学习效果和自主能动性的评价。授课评价中包含对学生的知识、技能、情感、价值观等进行评价,同时也涵盖教师的授课情况评价,以及对课堂整体效果的评价。

当然,学科综合评价也有它的独特要求。在实际的教学评价中,教师要充分尊重学生在各个方面的表现,评价主体、方式、指标也应该呈现多元化,评价内容也不能仅限于音乐学科,在评价的同时要引入其他所涉及的学科,即跨学科评价,充分体现学生的综合能力、综合素养。跨学科能力的体现,是由一个真实的情境问题引发的,体现的形式是学生解决这一真实问题的过程,即通过提取情境信息为问题的解决做好资料收集和准备,使用多学科所学的专业知识作为基础,辅以程序性知识和认知性知识,构建综合性知识网络,创造性地解决问题。在音合教育中,还有一种独特的跨学科活动形式,就是艺术作品的编创及表演,以音乐剧为例,首先在编创音乐剧文本时,需要语文及历史知识编写剧本,需要音乐知识与技能编创音乐剧中所需的音乐片段,需要舞蹈技能编创音乐剧中所需的舞蹈片段,需要美术技能设计舞美,接着在表演音乐剧中,需要歌唱、舞蹈、对白、表演等技能,各个专业的人员分工合作,共同完成整部作品的演绎。在这个过程中,融合了多门学科协同教学,学生们也根据自己的特长选择了最能发挥自身特点的任务,与其他同学一起共同完成同一个项目。在评价中,要多关注学生的协作能力、创造能力、组织能力、表现能力,而不能仅仅以其音乐技能水平来衡量评价,还应该关注编创、表演过程中的特点表现,多观察、多记录,综合评价学生在整个过程中的成就及表现。

(四)音乐性原则

2019年1月,教育部正式启动了义务教育课程标准修订工作,并于2022年4月正式发布了《义务教育艺术课程标准(2022年版)》,其深入梳理了21世纪以来我国艺术课程改革的优秀经验,借鉴吸收了国际艺术课程改革的优秀成果,既符合我国教学实际情况,又具有国际大视野,是一个纲领性的教学文件。它指导学校和一线教师更好地实施艺术课程,促进了美育的发展。音合教育同样也是以其中的思想与价值取向作为纲领性指导。因此,在教学评价中就要重视其中的内容和实施办法,真正将核心素养落实到位,促进学生的个性化发展和全面发展。

音合教育中的教学评价,要依据新时代国家对学校美育教育的新要求,深化课程改革的新理念、新目标,加强音乐与其他学科之间的联系,凸显对发展学生核心素养的共同要求。评价中要侧重于以下几个方面:

一是体现音乐特点。教学要突出音乐性、审美性、情感性、实践性、创造性、人文性等特点。音乐使用的材料是声音,主要是有组织的乐音。因此,音乐的表达是非指物、非语义的,它的含义是非约定性的,我们无法通过一个音符或一段旋律,给予音乐一定准确的信息。在教学评价中要注意音乐的这些特点,尊重学生的兴趣,融合生活实际,结合学生的生活经验,遵循学生的身心发展规律和艺术学习规律,体现音乐独有的特征。

二是在保持音乐性的同时坚持德育为先。音乐教学中要注意落实、努力践行社会主义核心价值观,全面贯彻党的教育方针,以立德树人为根本任务,弘扬中华美育精神,始终围绕以美育人、以美化人、以美润心、以美培元的育人宗旨,以提高学生的审美能力和人文素养为目标,深入贯彻党和国家有关美育工作的意见,凸显美育功能,培养德智体美劳全面发展的社会主义建设者和接班人。

三是在突出音乐性特征时注重素养导向。艺术课程标准将所要培养的核心素养聚焦在"审美感知、艺术表现、创意实践、文化理解"四个方面,以此构建核心素养和课程之间的内在关联,而始终贯穿于教学之中的一定是核心素养的培育。在落实课程目标、课程内容及学业要求时,要注意落实艺术基础知识和基本技能,加强跨学科融合教学,重视实践活动,营造生活情境,促进学生的知识与技能在实践运用中进行迁移、运用,并内化到内心情感当中去。要重视学生主体性,强调学习主体在情境中的具身参与,在大单元引领下的教学、项目式学习、深度学习、跨学科学习等教学方式的变革中,鼓励学生自主参与各种艺术实践和探究活动,加强学生的自主体验、自信表现、主动创造,不断增强学生的艺术实践能力和创造能力。

四是整合音乐性强的课程资源,凸显课程内容的音乐性和综合性特征,优化学习内容,关联真实生活情境,凸显艺术学科学习内容的音乐性。课程要融合其他相关学科知识,使学生有效地进行综合性的学习,促进课堂教学提质增效,同时完善课程结构,减轻学生学业负担。

艺术课程标准是加强和改进学校美育工作,深化学校艺术课程改革的重要部分,同样也是音合教育所遵循的核心思想。因此,在教学评价中要着重体现坚持学生为本、强化素养导向、突出艺术特点、凸显美育功能、促进学科融合、增强指导作用等特点,充分体现课程标准的指导性作用,以促进音乐教学质量的提高以及学生审美和人文素养的提升。

(五)审美性原则

新时代的美育建设,要以人为本,以美育人,塑造学生健康的心灵和健全的人格,促进学生德智体美劳全面发展。在素质教育的推进下,美育成为了实施素质教育的主要途径之一,其根据学生各个年龄特征和身心发展规律,整合各学科美育内容,加强学校美育建设及实践活动,激发学生对艺术的兴趣与热爱,发展创新能力,形成积极健康的审美价值和审美品位,教会学生发现美、认识美、理解美、感受美、体验美、创造美。审美教育对于促进学生长远的发展有着不可忽视的作用。

在审美教育中,有一部分内容非常重要,那就是中国传统文化的审美教育。中华文化深厚博大,滋养着一代又一代中国人。弘扬优秀的中华美育,继承并发展民族文化,让中国几千年积淀下的中华优秀传统文化传承并发展成为现代的美育教育,这是当下教育者要面临的任务和挑战,而提高民族审美和文化理解是音乐教育义不容辞的任务。因此,在音合教育中应在教授学生音乐学科基础审美知识、方法、技能的基础上,加强对中国传统艺术的欣赏,让学生充分体验民族文化,感受民族精神。教师引导学生积极学习多元文化的同时,要结合中华优秀传统文化进行教学,在传承、交流和发展中延续中华传统美育,并追求现代美育的创新发展。要充分发掘传统美育与现代生活沟通的方式,唤起学生积极主动的学习欲望,继承和弘扬传统艺术。

因此,在音合教育理念下的中学音乐教学评价中,除了音乐自身特点的审美教育外,还要侧重于中国传统文化审美上的关注。在教学情境营造上,要关注是否充分利用了活动场所进行情境的营造、氛围的布置,在教学活动过程中,是否创设了与主体相关的音乐课堂教学情境,借鉴了传统艺术活动方式,以营造艺术现场氛围,创造沉浸式课堂体验。在教学方式上,教师可以借鉴古代文人雅士教育的模式,即文人通过琴、棋、书、画等艺术活动的学习,提升素养和审美能力。教师通过美育活动的推广与渗透,用不同的呈现方式,使学生潜移默化地开拓思维,激发创造力、抒发情感、表达情谊。要从传统文化中,引起学生的情感和心灵上的共鸣,使其不自觉地进入到艺术世界中,接受情感的抚慰及心灵的滋润,在情感体验中接受教育,提升品德修养,提高审美能力。

审美育人的教学评价要注意以下几个原则:一是科学性与多元性的结合,对教师的评价要从多方面进行,如对教师的审美态度、审美感知、审美情感、审美趣味、审美境界等进行评价,以及对教师的教学基本功比如歌唱、表达、演奏、舞蹈、朗诵等进行评价,还有教师教学实践的评价,如教学方法、教学理念、资源整合、流程安排、问题设置、课堂组织、教学效果、师生互动、语言表达、教态形象等。不单对老师进行评价,对学生在课堂中的表现,以及课堂氛围、学校的学习氛围等也要作出相应的评价,多元组合,综合评定。二是激励性与动态性结合,就是对学生审美教育评价时要多鼓励,为学生提供一个更加开放的视野及更广阔的平台,让学生发展得更好、更远,充分释放学生的审美天性,让学生发挥巨大的审美潜能。对学生的审美意识、审美发现力、审美鉴赏与创造力、审美想象力、审美思维发展过程进行评价,要多采用积极的、鼓励的、正能量的语言。当然审美教育的过程也是有很多不确定的因素存在的,会随着时间变化而变化,因此,审美教育的评价是动态的。不同的上课时间,不同的教学对象,产生的评价就可能不一样。三是发展性与真实性的结合,音合教育中的审美评价要遵循发展性的原则,用发展的眼光看待每一堂课,教师和学生在成长、进步、总结、反思、吸取教训的过程中,辩证评价,在鼓励的基础上提出改进意见,用发展的眼光看待。同时也要实事求是,基于学生的学情,真实评价学生的课堂反应及审美能力,做到客观、公正。

(六)合作性原则

合作实践是音乐教学中一种富有创意和实效的教学策略,合作式艺术实践活动也是音合教育的重要元素之一。合作能有效地促进学生形成良好的非认知心理品质,在音合教育的教学评价中关注合作实践具有重要的现实意义。合作实践强调合作个体之间的相互配合和协调,且只有依靠个体之间的协同合作,才能实现共同目标。同时还注重个体目标和群体目标的统一性,在合作中,实现共同目标的同时个人目标也获得实现。

音合教育中的合作实践有这些特点：可以以小组或者班级为单位进行活动，它是同伴之间的互助推动，有着共同的目标导向，为了达成一定的教学目标而展开，强调合作过程中的相互配合和共同进步。主要表现在小组目标、责任到个人、团队协作、发挥个人所长、小组间竞赛、任务专门化。

合作实践主要有以下几种类型：一是指导型，老师在小组合作中起到指导和中心作用，老师主导，学生合作完成；二是过程型，重在合作的过程和与人协作社交技能的发展；三是探究型，用合作学习的方法对复杂的问题协作探究，共同解决问题[①]；四是表演型，用合作式表演的形式，发挥各自所长，共同演绎一个作品；五是创作型，以小组为单位，分工明确，各司其职，完成综合性艺术作品的创作。

音合教育理念下的中学音乐教学评价要以教学目标和相关教学理论为依据，对教学的各个要素及变化进行价值判断，关注合作实践方面的情况，用发展的眼光，评价学生在合作学习中的表现情况。评价角度在于学生以自身的经验、信念、背景知识为基础，通过与他人相互作用而实现教学目标。这个过程不仅是师生互动，还是师生之间、学生之间的多边互动，评价的中心应该在于学生，而不在于教师，教师只是引导者、促进者、帮助者、辅助者。评价过程要多关注学生分析问题、解决问题的能力，发现他们的创新意识和能力，以及他们在团队实践中的主观能动性，同时也让学生学会自我评价，引导学生成为自律学习者，使其在自我评价与他人评价的共同作用下得到发展。

二 音合教育理念下中学音乐教学评价内容

（一）课堂评价

以审美教育为核心的音合教育通过引导学生发现美、感受美、体验美、表现美、创造美，促进学生审美能力、想象力、创造力的提升，扩充学生的音乐知识面，全面提高学生的核心素养能力。音合教育强调在融合中进行教育实践，不仅有合作式艺术实践活动，还有多学科融合教学、情感融合教学、多样教学法融

[①] 苏倩.数学合作学习课堂教学评价体系的研究与实践[D].长沙：湖南师范大学，2007：9-11.

合、音乐要素融合、五育融合等,在实践中遵循音乐学科的特殊性,鼓励学生亲身参与到音乐实践活动中去,提升情感素养。因此,音合教育中的课堂评价主要是在收集音乐学科教与学信息的基础上,根据音乐学科的教学目标及音合教育理念,运用科学有效的评价方法和手段,全方位地考查音乐课堂的整体教学,包含课堂教学中的所有环节,如教学目标、教学过程、学习情况、教学重难点解决、资源运用情况等等。

课堂评价中所关注的教学目标,首先要遵循音乐课程的目标,即通过教学中的丰富多彩的合作式艺术实践活动,激发学生对音乐的兴趣,使其乐于与同伴协作完成任务,同时培养学生的音乐感知力、鉴赏能力、表现力、创造力等。教学目标是教师在了解、掌握、整合教学内容的基础上,针对学生的生活经验和学习基础所制订的,它明确了教学活动的出发点。有切实可行的具体目标和教学重点,这是上好一堂课的前提条件。教学目标的设置要从核心素养所要求的四个维度"审美感知、艺术表现、创意实践、文化理解"来确立,要充分体现全面、具体、针对、恰当性原则,让学生每节课都有所收获。

课堂评价所关注的教学内容,要处理好课内外资源的整合关系,依托教材,结合课外资源的精华,突出单元教学重点。随着信息时代的到来,艺术广泛地进入了电影、电视等大众媒体,教师要与时俱进,时刻关注艺术新动向,了解学生在生活中掌握的知识范围,关注学生的喜好,引导他们在课外自主学习,也使其在课堂内得到发展,课内外互相补充,增加音乐教学的趣味性、生活化、多样化,促进学生全面发展。教学方式中,要倡导学生积极主动参与,使其乐于探究、勤于实践。教师作为组织者、引导者、激发者,要始终关注学生的学习情况,以学生发展为本,最终通过教师的课堂教学和学生的反馈体现出来。课堂教学要遵从启发性原则、全面性原则、因材施教原则、创新发展性原则、情感教育原则,充分调动学生的主观能动性,鼓励学生大胆质疑、发声,为学生创造一个宽松和谐的学习环境,发展学生的思维。教学要面向全体,也要关注到每一位学生,把学生的认知发展作为重要的因素,根据学生的个体差异,有的放矢分层教学,使得每个学生都能有所收获,得到发展。

音合教育的课堂教学评价同样要有效促进学生的学习和发展,建立平等自由的师生关系,让学生感受到尊重、信任、包容和理解。同时鼓励学生拓展自己的思维,放飞想象,增强自身创新能力,将兴趣爱好转变为学习的动力源泉。教师要注意评价方式的多样化,善于激发每一个学生的学习热情,多鼓励多肯定,让他们有足够的信心和勇气表现自己,取得更大的进步。同时注意评价主体的多元化,让学生学会用正面积极的方式对自我进行反思,并且善于欣赏他人。课堂教学评价要着眼于每一个学生的学习发展,注重培养学生的独立性、创造性,关注学生感性素质的提升。

从另外一个角度来看,课堂评价不仅有助于促进学生的发展,对执教者和评课者本身也有着许多的益处,它可以很好地促进教师的专业发展,提升教学质量,改进教学实践,提升教育品质。

通常对教师的课堂评价主要通过听评课的形式来进行,听课者在听课过程中要注意观察,做好记录。听课过程要以观察者的身份进行观课,选择合适的位置,既方便观察执教者,也方便观察学生的学习状态。也可借助录音笔或是录像机进行记录,方便过后反复分析。还要聆听执教者对本堂课的理解和反思。评课前先由执教者对本堂课的教学设计、思路、教学过程的实施情况、收获、遗憾等等方面进行介绍,让听课者更加细致地了解课堂每个教学环节的构想和策略。

评课者要多角度地思考,但不用面面俱到。通常评课者关注的重点是执教者本身,事实上,学生的课堂反应情况及对课堂教学过程的观察也是异常重要的。对于教师的观察,主要可以从教师的言谈举止、神情体态、板书等方面,以及课前准备、责任心等教学态度方面,还有教学能力、课堂机智能力、教学效果等方面来观看。对于学生的关注,可以从是否是全员、全程、主动参与的状态,以及学生的情绪状态、思维状态、相互的交往能力、学习收获等方面来观察。此外,还可以分别从教学方法上的创新,组织形式上是否合理有效,教学过程中教师与学生主体性各自发挥的情况,教学手段是否现代化和科学化、教学目标是否达成等方面来观察。

评课的内容要以教育教学理论为依据,让人感觉讲得有理有据。因为课堂的设计必须根据课标的内容来实施,所以熟读课程标准对评课有着非常重要的帮助。在评课的同时结合课堂情况与课标的关系讲解,可以让人"心服口服"。同时也要摆正评课的位置,用平和的心态相互学习。评课是一个学习和相互帮助的过程,并不是某个权威专家的鉴定专场,也不是个人批判的时机。摆正心理位置,抱着学习、商讨、科研的目的进行评课,会更加客观有效。评课者在聆听过程中要认真做好笔记,同时边听边思考,有不同的意见,可以适时地提出来,让大家一起商量、切磋、思考。也可以请执教者作适当的补充和说明。在评课的活动中力求达到所有人共同进步的目的。

如何评课,重要的前提就是要做好评课前的准备,即观察课堂、观察教师、观察学生、观察教学过程,详细记录、整理、思考,录像录音。而后认真倾听执教者的教学构想及课后反思,多角度思考,有理有据地提出问题,共同讨论音乐课堂的效果与评价。

(二)作业评价

音合教育中可以将作业作为游戏活动、合作练习等来训练学生的音乐技能,也可以将作业作为课堂教学知识巩固的手段,着重巩固知识与技能,或是用作业来拓展教学内容的范围,或是将作业作为一种实践活动,培养学生的多方面能力。除此之外,还可以将作业作为一种评价任务,即评价学生对课堂教学内容的掌握情况,从而成为诊断教学效果和改进教学手段的有效措施。

将作业当作诊断、分析教育教学目标是否达成的途径,当成一种评价监测的手段,其根本目的不在于评判学生的优劣,而在于判断学生达成目标的情况,从而反思课程目标制定的合理性,进一步来改进教学设计与教学行为。通过作业来评价课堂与学生的掌握情况,主要是强调作业的诊断、反馈和调节功能,它不仅是为了培养学生某一方面的能力,而且是通过诊断学生的情况来改进教学,从而更好地促进学生的发展,可以说作业设计是为了改进学习方式的一种途径。

作业评价强调作业的评判诊断功能,因此要特别关注作业目标的设置问题,目标设置要基于对学生学情的研究、对当代社会生活的研究,以教育教学理念为指导。从某个角度来说,作业既是一个学习的过程,也是教师为了了解学生对课堂内容掌握情况的过程性评价。因此,作业的设计应该遵循具体、合理、可测量的基本原则,而不宜采用宽泛、笼统的表达方式。作业目标应是具体的、外显的、可测量的。

作业的设计类型非常多样,因为相同的知识可以通过不同的方式来考查和训练学生的不同能力,这样的作业设计才更符合各种评价目的。因此,教师在进行教学、作业设计、试题编制时始终要有明确的目标意识。

将作业作为评价任务看待,需要强调作业和校内学习的互补,也需要进行系统的设计,分为若干个步骤,每个步骤之间环环相扣,保证该系统的整体效度。具体来说就是需要系统思考作业内部各个相关因素之间的关系,需要思考与作业环节相关的上下内容衔接的关系,思考教学结果、作业结果等对于作业设计的意义,还需要考虑不同阶段作业之间的纵向系统设计。

将作业作为评价途径,作业不再作为一种随意的活动或者自娱自乐式的游戏,而是作为确定精细目标的情况下设计的一系列任务,强调目标和内容的一致性,形式的多样性。因此,作业评价要关注目标研究以及目标如何表述的问题,要通过行为观察对学习者的变化有明确描述。教师要清晰地知道,学生在完成作业之后,他们能够学会哪些他们之前不会做的事,完成作业后学生是否会发生什么变化。

作业评价不仅可以帮助授课教师总结经验、明确优点、改正错误,更能使老师学会思考、懂得分析、提升教育教学理念。音乐作业同样需要有效、优质的评价模式。音乐与其他学科相比,具有较为独特的一面,那么如何针对音合教育的特点进行音乐作业评价呢?首先,音乐作业以实践性作业居多,突出了音乐性、审美性、活动性、合作性的特征,作业的完成以学生个人或是小组协作解决问题为主,学生可以依靠同伴互助,或者查阅工具书来完成。其次,作业不仅有书面的,还有口头的,有活动的,也有表演的,作业还可以走出学校,走向社会,时间也不受限。最后,作业对教学既有巩固发展的价值,又有互补的价值,即作业与教学不仅有一致性,也有互补性。

因此,要充分发挥作业的评价功能,可以有以下几种方法:第一,以单元作为基本单位,对学科进行整个学段的单元整体规划。确保教学、作业和评价的整体结构性,建议以自然单元和重构单元相结合的方式进行,并明确每个单元的基本属性。第二,从教学、作业和评价三个维度系统思考单元目标。单元目标不仅需要思考学科的目标,还要思考跨学科的目标,这对跨学科主题学习、跨学科作业和跨学科命题都很有价值。第三,依据单元目标整体设计教学、作业、评价内容。每个单元的教学、作业和评价不能割裂开来进行设计,要一体化设计,同时都要体现核心素养导向,避免仅仅体现知识技能训练的内容。此外,在教学过程中要为作业做铺垫,注意单元知识结构图的整理与设计,教学、作业和评价要相互关联,但又要各有侧重。第四,依据评价结果不断诊断改进,不断完善评价方式与内容。这需要教师具有负责的态度,并能够及时付诸行动,改进教学、作业实施策略,改进教学、作业和评价内容本身,改进完善单元目标,重视音乐学科内容的系统性,还要考虑不同学科之间的横向关系,提高作业评价的针对性与实效性。①

(三)结果评价

音合教育理念下的中学音乐考试实施是评价的其中一种方式,这种针对结果进行的评价要坚持以核心素养为导向,综合考查学生审美感知、艺术表现、创意实践、文化理解等方面的能力,同时将核心素养作为考试的出发点和落脚点,整体考查学生的音乐学科核心素养发展水平。基于音乐学科的特点,既要关注学生对作品的欣赏与理解、评价情况,也要同时关注学生的艺术表演、创作与展示等方面的考核,二者缺一不可。在艺术表现方面,要尊重学生的选择,依据他们各自不同的兴趣爱好与特长情况让其自由选定一个以上的项目进行展示,有助于他们的个性化体验和表达。针对音合教育的特点,还要同时关注学生的合作表现,看其是否不仅能完成好自己的表演部分,还能同其他同学一起协作完成共同的项目任务。

音合教育的考试实施,同样要把握好新时代教育评价改革的方向,引导学生坚守中华文化立场,了解和借鉴人类文化艺术优秀成果,使其提升艺术素养。同时要准确理解课程标准的基本内涵,结合课程标准的要求,确定考试范围,确保命题与课标中的学业质量标准保持一致。还要注重综合性、实践性、开放性,能够客观反映学生的学业成就表现,遵循教育测量与评价的基本要求,科学规范,确保考试的思想性、公平性、规范性。

根据音乐学科的特点,可实施鉴赏类和表现类考试,进行结果评价。鉴赏类考试以笔试为主,考查审美感知和文化理解素养。表现类考试可结合多种形式,进行艺术实践展示。呈现的方式主要是现场表演,也可借助文字、绘画、音视频等元素表现,主要考查艺术表现与创意实践素养。

鉴赏类考试的试题命制要综合考量以下几点:一是践行社会主义核心价值观,弘扬中华美育精神,体现德智体美劳全面发展要求;二是围绕核心素养培养的方向及水平,整体、综合考查学科核心素养;三是确定主题,遴选相关素材,设

---

① 王月芬.重构作业:课堂视域下的单元作业[M].北京:教育科学出版社,2021:235-239.

置一定的生活情境,激发学生运用生活经验及所学知识解决问题。

表现类考试的形式可以有歌唱、器乐演奏、舞蹈、配乐诗朗诵、原创音乐作品展示、音乐剧表演等,可以是单人完成表演,也可以是以小组合作的形式共同完成,例如重唱、重奏、群舞、群诵、戏剧表演等等。

鉴赏类试题题型可以有听辨选择题、判断选择题、填空题、聆听赏析题、简答题、音乐编创题等。具体范例如下:

1.听辨选择题(每题播放一遍)

(1)请听一段音乐,判断这段音乐的体裁是什么?(　　)

A.小步舞曲　　　B.摇篮曲　　　　C.圆舞曲　　　　D.进行曲

(2)请听一段音乐,判断这段音乐是由什么乐器演奏的?(　　)

A.古筝　　　　　B.马头琴　　　　C.手鼓　　　　　D.二胡

(3)请听一段音乐,判断这段音乐是几拍子的?(　　)

A.三拍子　　　　B.二拍子　　　　C.五拍子　　　　D.七拍子

(4)请听一段音乐,判断这首歌曲的演唱形式是什么?(　　)

A.女声合唱　　　B.男声合唱　　　C.混声合唱　　　D.童声合唱

(5)请听一段音乐,判断这首歌曲的曲名是什么?(　　)

A.《不忘初心》　B.《我和我的祖国》　C.《长江之歌》　D.《如愿》

2.判断选择题

(1)马勒的交响乐《猎人的送葬行列》中送葬主题改编自哪一首儿歌?(　　)

A.《雪绒花》　　B.《两只老虎》　　C.《摇啊摇》　　D.《小星星》

(2)管弦乐曲《沃尔塔瓦河》选自斯美塔那创作的哪部交响诗套曲?(　　)

A.《我的生活》　B.《理查三世》　C.《里布舍》　D.《我的祖国》

(3)水乐协奏曲《永恒的水》是由哪位作曲家创作的?(　　)

A.谭盾　　　　　B.时乐蒙　　　　C.雷振邦　　　　D.刘炽

3.填空题

(1)人声可分为____、____、____三类。

(2)贝多芬第九交响曲又称为_____交响曲。

4.聆听赏析题(每题播放一遍)

聆听歌曲《跳月歌》,并根据以下谱例,结合音乐表现要素,用准确的常用术语或表达方式分析该作品的音乐特点。

1=D $\frac{5}{8}$

活泼、热烈地 彝族民歌

5 5 1̇ 3 1̇ 3 0 5 0 3 | 1̇ 1̇ 5 3 1̇ 3 0 5 0 3 |
弥 勒 西 山 区 哩 （哎 咿），西 山 阿 细 人 哩 （哎 咿），

3̇ 3̇ 3̇ 1̇ 1̇ 3 0 5 0 3 | 1̇ 5 1̇ 1̇ 1̇ 3 0 5 0 3 |
到 了 今 天 呀 哩 （哎 咿），坐 也 一 般 高 哩 （哎 咿），

5 5 1̇ 1̇ 1̇ 3 0 5 0 3 | 1̇ 5 1̇ 3 1̇ 3 0 5 0 3 |
站 也 一 般 高 哩 （哎 咿），抬 脚 也 爽 快 哩 （哎 咿），

5 1̇ 5 3 1̇ 3 0 5 0 3 | 1̇ 5 1̇ 3 1̇ 3 0 5 0 3 |
甩 手 也 爽 快 哩 （哎 咿），老 人 和 青 年 哩 （哎 咿），

5 1̇ 1̇ 5 3̇ 3 0 5 0 3̇ | 3̇ 3̇ 5 5 1̇ 3 0 0 ‖
个 个 笑 颜 开 哩 （哎 咿），不 再 受 苦 了 哩。

5.简答题

请听歌曲《欢乐颂》，回答以下问题：

(1)这首歌曲是选自哪位作曲家哪部作品的第几乐章？

(2)请尝试分析这首歌曲的演唱形式。

6.音乐编创题

请将这条旋律编创完整，要使用切分音、休止符，不可与前四小节完全重复，同时具有结束感。

$\frac{2}{4}$ 1 3 5 3 | 6 6 5 0 | 3 5 4 3 | 2 2 1 0 |

三 音合教育理念下中学音乐教学评价结果应用

(一)综合评定

音合教育的最终评定,要与课程标准的重点相呼应。评价原则要求以素养培养为导向,以学业质量标准和课程内容为依据,综合评定多方面的内容。同时也要与艺术课程评价特征相呼应,重视表现性评价。

首先,要以核心素养为主线搭建音合教育教学评价的宏观设计,从全局出发,对项目的各个方面、维度进行整体性规划,旨在从最高层次上谋求解决问题的途径。要注重课程教学与人的发展之间的和谐统一,重视核心素养培育对课程目标、课程内容、学习质量、课程组织、教学实践、教学评价的规约和指导作用。可以说核心素养既是评价的出发点,也是评价的落脚点。

其次,要以学业质量标准作为音合教育教学评价的依据,学业质量标准是核心素养落实的必要环节,亦是联结核心素养与课程内容的纽带。

最后,以综合评定为基准规范音合教育考核办法,评定结果要采取过程性评价与终结式评价相结合的方式,要求艺术实践活动跟测评结构中的整体规划相统一。评价框架应以课程目标、课程内容和学业质量标准为基本要素。

随着信息技术的高速发展,其在素养评价和复杂情境评估方面表现出更快、更准的优势。可利用信息技术完成大数据的探查,全面而客观地了解教育的发展现状、趋势及改进方向。同时可以利用信息技术的即时性提高评价时效,实现评价信息的快速收集、分析和反馈,增强评价的促进功能。考查学生的核心素养比考查知识技能掌握程度要难得多,因此,要不断开发新的评价工具,使其能更好地评价并促进学生核心素养的发展。要建立多方共同激励机制,提高音乐教师评价的素养:一是多主体评价,重塑教师在评价中的主体地位;二是围绕评价环节场景应用和评价结果的呈现提出具体要求。

音合教育的综合评定,可借助表现性评价、行为表现、单项分析、纸笔测试、档案、分项等级制、评价反馈等内容。无论是形成性评价还是总结性评价,在过程和结果中都会产生相应证据,这些证据形成的内容本身就是评价的对象。

综上所述,综合评定就是将过程性评价与终结性评价(考试实施)相结合,多方位地评价学生的学习情况。具体来说,就是结合音合教育的特点,对课堂表现、教学目标完成情况、小组合作情况、技能发展水平、纸笔测试情况、艺术表现能力、创造能力等等综合考量,用量化数据与文字评价相结合,综合评定学生的综合素养情况。其目的是促进学生的核心素养培养,提升学生的协作能力、创新能力等,同时增强音合教育评价的实效,以综合评定为基准规范音乐评价的科学性。

(二)综合评定结果的应用

音合教育综合评定结果的应用在教育领域具有重要意义,评定结果不仅是学生学业成绩的反映,还是对其音乐才能、表现力和创造力的全面考量。通过深入研究和有效应用这些评定结果,可以促进学生的全面发展,提升音合教育的质量。

综合评定不仅是对学生的评价,也是对教师教学的反馈。通过对评价结果的分析和反思,教师可以了解自己在教学中存在的问题和不足,进而调整教学策略和方法,优化教学过程,提高教学质量。综合评定的结果分析可以促进学生发展,评定不仅关注学生的学业成绩,还关注学生的综合素质,包括学生的艺术素养、技能水平、实践创新、思想品德、科学文化、身心健康等方面的发展。通过综合评定,可以引导学生全面发展,提高学生的综合素质,培养其创新精神和实践能力等,这些能力将在教育过程中发挥重要的作用。

具体而言,音合教育综合评定结果的应用有以下几个方面:

一是作为学生评价的依据,综合评定结合了学生学习的过程性评价和终结性评价内容,不仅涉及学习成效,还包含学习表现等多方面的情况。这可以帮助教师和学生了解授课过程中教学的有效性以及学生学习的达成度,让学生明确自己在各个方面的表现和发展情况,让教师能够更加全面、客观地评价学生,从而有针对性地改进和提高教学质量。

二是可以作为改进教学的依据,通过对全体学生的音乐综合评定结果进行分析,评估音乐教学的整体效果,可以为进一步改进教学提供依据。综合评定结果可以为教师提供反馈,帮助教师了解学生在学习过程中的问题和困难,从而调整教学策略和方法,提高教学效果。音合教育综合评定结果可以反映学生在音乐学习中的表现和进步,帮助教师了解学生在合作式学习中的表现情况和需求,从而针对性地改进教学方法和策略,让音合教育的教学方法得到不断更新。

三是用于增强学生的学习意识,通过综合评定可以全面了解学生在音乐学习方面的表现,包括音乐理论知识、艺术表现力、情感表达能力和团队协作能力等,这有助于发掘学生在音乐方面的潜能和兴趣,精准培养学生的音乐才能和审美意识。音合教育综合评定结果可以作为学生音乐学习成果的展示,让学生全面了解自己的实际情况,知晓自己的长处和不足之处,明确自己往后的发展方向,同时还可以激励学生继续努力学习,有利于学生不断进步,为未来的学习打下坚实的基础。

四是综合评定结果的应用可以促进家校联系、合作,通过向家长展示学生的音乐综合评定结果,可以增强他们对孩子音乐发展的了解,并在家庭中提供更多的支持。这有助于形成学校、家庭和社会共同推动学生音乐发展的良好局面,形成合力,使音合教育更具深度和广度。

总之,音合教育综合评定结果的应用对于推动音合教育的发展具有积极的影响。评定结果需要根据具体情况而定,但无论如何,都应该注重评价的公正性和客观性,避免主观因素和人为干扰。通过科学分析和灵活运用这些结果,可以更好地服务于学生的个体发展。在这个过程中,学生、教育者、家长和社会都能够从中受益,这对于提高音乐教学质量、促进学生的全面发展具有重要意义。

第五章

音合教育理念下中学音乐作业设计

音合教育理念下的中学音乐作业具有多元化、综合性、实践性、合作性、趣味性等特点,作为教学环节中的重要一环,音乐作业的设计有其学科特性。因此,要以更加开放、创新的思路进行设计,不仅要注重知识技能的训练,还要关注学生价值观的引领。音乐作为人类文化的重要组成部分,蕴含着丰富的情感、态度和价值观。通过有针对性的作业设计,可以有意识地引导学生去感悟音乐中的深层含义。本章将探讨如何在音合教育理念下进行中学音乐作业的创新设计,目的是通过多元化的作业形式,激发学生的学习兴趣,提高他们的音乐实践能力和创新思维,培养学生正确的价值观念和积极的人生态度。

第一节 音合教育理念下中学音乐作业内涵

《教育大辞典》把作业分为课堂作业和课外作业。其中"课外作业"是这样表述的:"根据教师要求,学生在课外时间独立进行的学习活动。布置及检查课外作业是教学组织形式之一。一般认为,它是课堂教学的延伸,有助于巩固和完善学生在课内学到的知识、技能,并培养学生的独立学习能力和学习习惯。"《中国教育百科全书》将作业分为课内作业与课外作业两种,"课外作业是课内作业的继续,是教学工作的有机组成部分;学生作业的目的在于巩固与消化所学知识,并使知识转化为技能技巧。"[1]

国内大部分学者同样习惯把作业分为课内作业和课外作业,且把作业作为学生独立进行的学习活动。课外作业就是课堂学习的一种延续,主要用来消化、理解、巩固、拓展、复习、反馈课上已经学过的知识。也有部分学者强调作业的实践性,例如明清时期的思想家王夫之提出"教必著行",即强调实践,他认为作业也应该是一种实践。而意大利教育家蒙台梭利则提倡作业与生活紧密相连。因此,我们可以把作业的内涵和功能总结为以下几个特征:一是作业是课堂教学的组成部分;二是作业形式界定不一,可以是书面练习,也可以是一种与生活相结合的学习实践活动;三是要注重发挥作业巩固课堂知识授予与能力培养的功能,使其能够发展学生智力与创造才能等;四是学生要独立或者合作完成作业,无教师直接指导。

作业与课堂教学具有一致性和互补性的关系:一是作业应与当天教学紧密相关;二是可以通过课后作业来弥补课堂教学中学生没有掌握的教学内容;三是针对与教学目标没有明显关系,但又是课程标准中规定的目标要求所涉及的活动,作业可对这一类在课堂中无法开展的活动进行弥补,如社会实践、参观考察、专题调研等。

---

[1] 王月芬.课程视域下的作业设计研究[D].上海:华东师范大学,2015:10.

对于音乐学科而言,《义务教育艺术课程标准(2022年版)》指出,艺术课程中"作业设计应注重素养立意,体现开放性、情境性、整合性,难度合理,类型多样,可包括独立完成型和团队合作型、书面型与活动实践型、巩固练习型与创意实践型,也包括共性化作业与个性化作业"。音乐作业是音乐课堂教学活动的必要补充,能深化音乐学科以美育人的功能,在课堂教学提质增效的基础上,以落实艺术课程核心素养为主线,提升教育质量,促进学生全面发展。

音合教育理念下的中学音乐作业设计,应以核心素养培育为导向,强调融合、合作、结合的属性。在作业设计时,要以音乐学科为基础,充分体现音乐各要素的特点,并结合跨学科理念及学生生活经验,融合音乐情感体验教学,使学生在合作式艺术实践作业中,发展感性素质,提升核心素养。

第二节 音合教育理念下中学音乐作业特征

鉴于音合教育的融合属性,音合教育理念下的音乐作业着重强调合作式、多元性、跨学科、实践性、体验式、主题式等特点,并注重以学生为中心。作业内容讲求兴趣性和多元性,作业类型灵活多样。作业普遍以一定的问题形式出现,给学生留下思考的余地和空间。在作业设计时,要联系学生的生活实际,把社会当成学习的大课堂,使学生侧重掌握完成作业的方式与实用性,并注重其探究、合作和自主精神的培养,同时在作业设计中把握好跨学科作业的比例,凸显音乐性。

音合教育理念下的中学音乐作业是音乐课堂教学的组成部分,既有书面练习,又有艺术实践活动。作业的设计旨在提升学生的智力、创造能力、实践管理能力等,强调实践性,让学生学会与其他同学一起团结协作,在合作实践中学习。倡导做中学,培养学生对作业的责任感。

核心素养导向下的作业设计,让作业兼具学习和评价功能的同时,也起到了诊断、巩固教学的作用,与教学进行互补。音合教育理念下的作业设计需具有以下特点:首先,作业形式多样化,以培养合作能力、多学科思维、创新精神为主。与其他学科作业不同,音合教育理念下的作业强调的是多样性,不仅有书面选择题、填空题、简答题、聆听赏析题,更有实践类、合作类的新题型,它是以核心素养培养为目标,根据学生的需求、教学的需要和学生的认知水平而设计出来的。其次,注重对学生人文素养的培养。随着"互联网+"时代的到来,学生获取信息更为便捷,音合教育理念下的作业不仅要注重学生处理信息、分析问题和解决问题能力的培养,而且要注重学生健全人格的塑造,关注其德智体美劳全面发展。最后,注重发展学生的自主学习能力。音合教育理念下的作业灵活多样,出现了合作式艺术实践作业、跨学科作业、创作类作业等创新形式,学生可以自由与他人组合,自主选择喜爱的作业内容。开放式的作业更方便教师进行分层管理,为不同程度的学生提供程度各异的作业,使其发挥各自的优势,从而培养不同层次学生的自主学习能力[1]。

---

[1] 张仁资,袁东波.核心素养导向的作业与命题设计[M].天津:天津教育出版社,2020:9-11.

第三节 音合教育理念下中学音乐作业种类

音合教育理念下的中学音乐作业应具有轻负担、多元化、实践化、成长性的特点,应结合音乐课堂的教学实际,丰富作业类型,激发学生的探究欲望,应有利于因材施教,发挥不同学生的特长,让他们在作业中获取价值感和存在感。例如,擅长动手能力的学生可以在手工制作类的作业中获得成就感,擅长与人交往的学生可以在合作类作业中体验协作学习的乐趣,擅长创新的学生可以在编创类的作业中获得价值感。作业不仅可以巩固知识技能,更重要的是还可以通过作业激发学生的学习兴趣,增强其实践能力,使其真正提升核心素养。

学生完成作业的兴趣很大程度上受到作业类型的影响,作业设计的高质量和类型多样化是达到良好作业效果的前提。同时,有了好的设计,还要将其实施应用,才能达到作业设计的目的。因此,要注重作业与学生的展示表现相结合,为他们提供一个交流展示的平台,帮助他们树立信心。当然,无论什么类型的音乐作业,都要注意体现音合教育的特点,关注跨学科作业、多样音乐要素融合学习的作业、体现五育融合观点的作业、合作式实践活动作业等。教师不能只是简单地将几门学科的知识叠加在一起,而是要从学科的视角转向生活的视角,引导学生通过生活发现现象、问题,使其尝试综合运用各种知识、多向思维来解决问题。教师要走出学科的界限,真正从培养"完满的人"的角度来思考和设计作业的内容及实施形式。

从作业完成的时间段来分,作业可以分为预习作业、课堂作业、课后作业。其中,预习作业主要是为了提高学生自学能力而设置,一般有针对新课基础知识的预习作业,也有网上搜集相关音视频材料的资料查阅预习作业,还有提前调查或了解、带着问题思考、提升探索精神的调查实践预习作业等。课堂作业是在课堂教学过程中完成的作业,有书面作业、口头作业、实践作业等,具体如问答类作业、阅读类作业、谱例分析类作业、听辨类作业、表演类作业等。课后作业是为了检查学生学习效果,加深其对知识的理解和记忆,提升其思维能力而设置的作业,有及时复习类作业、系统复习类作业、拓展性作业、测试题等。

作业设计要指向明确、重点突出、数量合理、任务明确、内容科学、难度合理、符合学生身心特点、逻辑性强。同时,作业设计还要具有学科特点、融合特点、多元化特点,因为它关系到日常教学评价的准确度,关系到对学生的素养培育是否得当等问题。因此,提升作业设计的科学性极其重要,它是培养学生核心素养的重要途径之一,需要教师不断地研究、创新、提炼、实践。

一 单元类作业

单元类作业是以单元为整体单位,将整个单元的作业进行整体规划、设计、执行、评价,具有统整性、一致性、多样性等特征,很好地体现了音合教育的融合属性。音合教育理念下的单元类作业有自己的主题,它打破了碎片式的作业形式,加强了系统性,引导学生全面地学习、复习,发展其整体性思维品质。

单元类作业以音乐教材中的自然章节为单元,或者围绕某一主题整合为大单元,根据课程标准的要求,基于学生的实际能力,围绕单元主题内容选择合适的学习材料,立足于课堂教学,聚焦核心素养,规划、设计相关作业。单元类作业应先设定单元作业目标,在单元教学目标的基础上,设置作业,设定评价体系,并筛选合适的教学资源,而后在单元的视域下统筹各课时作业的目标、内容、类型、难度、用时等,帮助学生形成单元整体性的认知,完成综合性学习任务。

单元类作业是一个关联性的作业系统,它指向单元学习目标,以单元知识为主线,围绕单元主题和核心内容,以培养审美感知、艺术表现、创意实践、文化理解素养为目的,创设体验性的实践活动,搭建素养成长的平台,实现整体性效应。教师作为设计者,要站在全局的视角来设计单元类作业,需要具备相应的课程思考力、设计力、反思力,同时也要具备对学科整体课程的把握能力及对教学系统的设计能力。

在单元类作业设计中,教师根据特定的单元学习目标和相应的单元教学任务,以多种形式和途径编制、选择、改编或自主开发形成作业。在设计过程中需要遵循以下四大原则:一是一致性原则,单元类作业要保证不同课时内容之间的整体教学功能,体现单元类作业与单元教学目标、内容、重难点的一致性,以及与学生的实际水平和能力的一致性;二是统整性原则,单元类作业设计要注意单个知识技能和多个知识技能的关联与递进,关注知识内容的分布、题型的多样,均衡课时作业量,切勿一边倒;三是多样性原则,单元作业应凸显单元类作业形式的增益教学功能,力求达成作业题型创意化的丰富性、作业形态生活化的体验性、作业过程活动的合作性、作业结果综合化的表现性;四是差异性原则,音乐学科的作业设计有别于其他学科,强调的是学科的实践活动、文化经验、兴趣热点、思维特征,使学生在活动、表现中掌握音乐知识和技能,在体验、感受中提升音乐素养,并以培育"全面发展的人"为最终目标。[①]

单元类作业的设计步骤如下:一是制订单元学习目标和单元作业目标;二是整理单元作业资源和规划作业内容;三是确定作业类型和明确作业属性;四是落实作业实施和优化作业评价。作业是联结新旧知识,重构知识,发展思维能力,形成深度学习的重要途径,通过对作业的及时评价、反馈和跟进,深入分析学生在作业完成的过程中出现的普遍问题,查找原因,调整教学策略,跟进辅导,可以不断地提升教学质效,帮助学生改善学习状态。

二 体验式作业

体验式作业强调的是学生自身的亲历性,重视体验过程的生成性和开放性。这个类型的作业目的是让学生在聆听、表现音乐的同时,被音乐作品所激发、触动,从而处于专注、沉浸的状态,感悟音乐作品所要表达的情感和思想,获得审美体验。音合教育理念下的体验式作业侧重于音乐各要素的体验与感受,让学生通过多方位、多元素体验,提升综合素养。体验式作业需引导学生亲身经历知识的发现与建构过程,亲身感受音乐学习的趣味性和美,形成知、行、意的同步发展,进而唤醒学生内在的情感体验。

体验式作业意在让学生像生活中其他体验活动一样,放松自如地全身心投入,将自我的内心与外在的学习内容融合在一起,这是一种个人化、情感化、直觉式的作业。这种作业要求理性与情感共在,在柔和的学习方式中,让学生有温度地感受和体验学习的丰富多彩,沉浸式地体验活动带来的感受。体验式作

[①] 马燕婷,胡靓瑛.核心素养导向的作业设计[M].上海:华东师范大学出版社,2021:3-4.

业同样以培育核心素养为重任,它也起着自己独到的作用。

体验式作业融情境性、趣味性、实践性于一体,在这个过程中,学生能调动全身的各个感官,手口脑并用,既能观察,又能想象,可以将知识和自身的生活经验相结合,也可以表达自己的个人感知色彩。经历过、体验过的知识,容易让学生牢牢记在脑海中,很难忘记。同时,体验式作业注重情境活动的设置,使学生在活动中感受学习任务的乐趣和困难,引发生活经验的联想,这些体验可以让学生持续地将兴趣转化为更多的需求,使自身处于不断探究的过程中。学生尽可能地利用自己的经验、学习能力、个性、特长等去解决各种问题,有利于激发其多元潜能,更有利于发挥作业对学生智慧生长、学习能力可持续发展的作用。学生可以在体验式作业的活动中巩固知识,提升能力,掌握学习方法,开发潜能,提升智慧和综合运用知识的能力。

体验式作业的设计要注意以下几点:一是重视实践性,让学生在实践中启发思路、不断思考、研究探讨、概括分析、亲身经历、感受情感,强调亲历实践过程。二是重视情境性,唯有在情境中,才能帮助学生更好地全身心投入,促进他们的情感内化,要让他们有身临其境的感觉,因此应该创设多种情境来完成这项作业的设计。三是重视综合性,音合教育强调多样融合,要重视运用多种知识、方法来解决问题,通过分析、表达、总结等方式解决不同情境中的问题。因此,体验式作业的具体设计要注意构建情境,诱发体验;具身体验,触动内心;自主投入,沉浸其中;交流互动,升华体验。

体验式作业可以基于学科单元主题或基于项目式主题,也可以基于其中的某一个知识点,针对学生的听说读写能力设计体验式作业。体验式作业既要适合教材内容,还要适合学生的实际能力。同时适当汲取各门学科的知识内容,倡导学习过程的主动性和主体性,引导学生主动体验,不仅要注重概念判断,也要强调个体的情感、领悟等心理功能的发挥。

例如:歌曲《故乡的小路》教学中的体验式作业。

教学目标:通过编创活动,表现歌曲《故乡的小路》所要表达的情感。

▲情景剧创编"故乡的小路"。

▲在教室里布置一条弯弯曲曲的小路,播放背景音乐《故乡的小路》。

让学生扮演不同的角色走在这条"小路"上:

1."小朋友走的路":有叼着奶嘴蹒跚学步的娃娃;有迷路哭着找妈妈的孩

子；有和妈妈一起走路并述说心里话的小朋友……

2."学生走的路"：有叛逆的离家出走的形象；有边走路边认真苦读的学生；有热力四射的运动健将……

3."成年人走的路"：有离家创业的年轻人；有为养家糊口辛苦奔走的成年人；有相约看电影的伙伴……

4."老年人走的路"：有跳广场舞的人们；有接孙子放学回家的爷爷奶奶；有孤独地散步的老人……

▲根据自己所扮演的不同角色，谈谈不同的人物走在故乡的小路上的所思所想。根据不同的角色用不同的口气或者情绪来演唱，比如用小朋友、成年人或老人的口气，分别带着快乐、回忆、忧伤等情绪有感情地演唱歌曲。

三 合作式作业

合作式作业是最能调动学生自主学习积极性，最能提高其合作学习能力的作业类型，这种作业是学生相互学习、相互促进的一个平台，可以让学生在互动中提升学习效率。合作式作业是学生与同伴在相互作用中构建的，必须与他人共同完成，在这个具体过程中，学生不仅仅是要完成作业，更重要的是要懂得在集体配合中共同完成任务。合作式作业易于激活学生的思维，使其展示才华，发展个性，树立自信，这对于合作能力和沟通交往能力的发展、解决问题能力的提升有着不可替代的作用。

合作式作业同样要以教材内容为基础，根据课程标准的要求，聚焦核心素养。教师要基于学生的实际能力和水平，尤其是合作小组成员的平均水平，围绕单元主题、教学目标，充分利用已有的教学资源，设计符合学生年龄特征的合作式作业，使学生通过合作探讨，共同解决问题，从而实现对学习内容的深度理解。相比其他类型的作业，合作式作业更能体现音合教育的融合特征，这里的"合"不仅有学科综合、与生活的融合，更有同伴之间的融合、协作，特别有利于学生增强人际交往能力，而这项能力正是人类生存发展的必备能力，更是构建和谐社会的必备素养。具有良好情绪和较强交往能力的人，往往是最受欢迎、最能适应社会生活的人，更容易在社会活动中取得成就。

合作式作业很灵活，具有无限的可能性，因为学生的创造力和想象力是无限的。在这个过程中,学生可能会与他人产生不同的意见,因此他们不仅要懂得完成学科作业,还要学会互相协调、采纳别人的意见,懂得交流、学会包容,这对人格素质的塑造有着不可替代的作用。一方面,这类作业有着无限的可能性,学生在与同伴的交流中,可能会碰撞出新的想法和思路,这能很好地调动学生学习的积极性,激发其探索欲望,给他们提供发展个性、施展才华的平台。另一方面,这种开放性的作业也能推动教师积极思考,使其站在学科和育人的角度去研发、设计作业,这对于教师自身提升学科驾驭能力和实施课程能力有着很好的促进作用。

合作式作业设计要注意以下几点:一是开放性,首先,开放性体现在作业完成的时间上,可以是课内短时间的合作完成,也可以是课前或者课后的小组合作活动。其次,从内容上来说,它也是开放的,可以安排不同的教学内容,也可以安排跨学科的内容,还可以安排课内外资源的整合等。最后,从形式上来说,也可以是灵活多样的,学生通过网络、社区、校园等不同环境,以探究、问卷调查、访谈、观察等形式合作完成学习。二是协作共享性,这类作业一定是在与同伴协作的基础上完成的,促进了学生的协作和沟通能力,凸显了全面育人的教育观。学生在合作过程中共享学习成果,通过展示呈现小组合作的风采,增强了集体凝聚力。三是探究性,小组合作的乐趣在于集体探究的过程,不断地发现新事物、新的成果,这种惊喜带来的喜悦是不言而喻的。学生在探究的过程中获得答案,并进行深入交流,形成团队的意见,共同见证学习成果获得肯定,体验集体的力量,这可以促进学生体会知识的价值。

合作式作业设计的步骤:重视分组,选定组长,明确要求,统一认知,分析教材,了解学情,确定目标,统一行动,合理分配,形成意见,共享成果,多元评价。

例如:小提琴独奏曲《海滨音诗》教学中的合作式作业。

教学目标:通过小组合作创编活动,体验《海滨音诗》作品中所要表达的情感。

▲"今天我来当导演"情感体验活动。

要求:自由组合小组,以"拍摄"歌曲MV的形式来表现《海滨音诗》这首作品。根据音乐的意境做好以下准备:

1.确定拍摄的时间、地点、角色,以及所需的道具等。

2.根据音乐的结构与发展,编写小组策划方案。(提示:根据A段音乐的特点和情绪,设计MV作品要出现的画面,例如海浪拍打着岩石、沙滩,海鸥轻盈掠过或者游客在海边漫步等。根据B段音乐的特点和情绪,设计画面中出现的角色和场景,以及编排一定的故事情节。思考再现部分随着时间的推移,故事情节和人物发生了怎样的变化。)

3. 小组合作表演实践编排。

4. 各小组展示自己的"MV"成果(时间不够可以先讲策划案),师生相互评价。

▲欣赏MV作品《海滨音诗》,对比自己的策划案加以整改。

▲教师小结,要求学生做好下周完整展示的准备。

四 游戏类作业

游戏类作业是学生最喜欢的作业类型,它贴近生活,富有趣味性。通过游戏的方式,能让学生饱含热情地参与到知识的探究过程中,并完成知识的学习。游戏类作业以游戏为载体,基于学生的年龄特点和性格特征,将学科知识融入预先设定好的情境中,并与现实生活的真实游戏活动相结合,让作业充满乐趣。这为学生学习学科知识、发展学科素养、完善思维品质提供了有效的途径。

游戏类作业要从音乐学科的知识内容出发,在学生已有的生活经验及知识储备的基础上,设计游戏形式和内容,让学生能独立完成或者与同伴、家长合作完成,以达到熟练掌握学科知识的目的。相对其他作业而言,游戏类作业完成的时间较短,可在课堂上的某一个教学环节,或者在课外的时间完成。学生可以在玩中求知,在乐中实现学习的目标。

游戏类作业最能激发学生的学习兴趣,提高其学习的关注度和持久性,并使其在这类作业中获得愉悦感和满足感。这类作业能让学生快速地融入知识的学习中,学会从其他的角度来观察、思考、寻求解决问题的办法,成为学习的主人。这类作业的实施难度在于前期的设计,先要做好知识点的梳理工作,研读课标,分析教材,基于学情,选取内容,梳理知识,最好是选择知识的难点或重点,学生因为喜欢,所以会更乐意去解决知识难点。在确定具体知识点后,就要考虑游戏的形式,可以借助多媒体教学工具,如"希沃白板"自带的游戏软件,也可以使用具有游戏设计功能的APP软件,还可以借助道具设计活动类的游戏,或者借鉴奥尔夫、柯达伊教学法中的游戏模式。可以是单人独立完成的模式，也可以是双人合作、多人合作，甚至是全班一起共同完成的模式。

游戏类作业的设计要注意以下几点：一是趣味性，作业是为了学习知识而设计的，要注意均衡游戏的趣味性与知识的严谨性之间的关系。优秀的游戏类作业是既能让学生掌握好知识要点，又能让学生充满热情和好奇心地参与其中，切勿为了追求乐趣降低知识难度，也不要因为追求知识难度而失去游戏的趣味性。二是公平性，不少的游戏形式是带有竞争性的，比如单人游戏形式的积分制，双人游戏的比拼，多人游戏的合作，因此在设计之前就要考虑好合理的规则，做到公平公正，让学生在游戏过程按规则有序操作，形成良好的规则意识。三是条理性，游戏作业要便于学生操作，重点在于学习的循序渐进，逐层深入，不要设置太难的操作程序，让学生花费过多的时间学习如何使用，这就丧失了游戏类作业应有的功效了。

教师可以多设计合作类型的游戏作业，让学生在享受乐趣、学习知识的同时，也能享受与同伴、家长共同合作的成就感，鼓励学生将作业带回家与家长共同完成。在玩游戏的过程中，学生成为引领者，带领家长一起学习，既增进了亲子关系，也提升了学生对知识的了解度。同时要注重游戏类作业完成后的评价，让学生学会自我反思，使其不断改进自己的学习策略，在互评和他评中看到自己的进步和同伴们的长处，相互学习，共同进步。游戏类作业也能提升学生的自主学习能力、逻辑思维能力。教师在设计过程中要充分考虑游戏内容的逻辑性，同时要不断更新游戏方式和游戏规则，不能始终如一地使用一种游戏，这容易让学生失去兴趣。

五　自主式作业

自主式作业是最灵活的作业类型，讲究生成性，因为每个学生都是与众不同的，他们的创造力是无法预估的。自主式作业就是学生在教师设计的作业范围内，根据自己的兴趣爱好和实际能力，自主选择作业的内容和形式。这种作业通常在课外完成，可以是独立完成，也可以是小组合作完成。自主式作业要创设在学生已有的知识经验和生活经验基础上，引发学生积极探索、大胆实践，充分发挥中学这个阶段学生的想象力和创造力。在这个过程中，教师要适时引导,帮助学生建构知识,完成学习目标。

自主式作业是一种个性化的作业类型,有更多的机会让学生自主选择、决定、思考、运用、创新,对学生全面发展和个性发展起着重要的作用,其目的在于发现学生的多种可能性,发挥其不同的多元智能。当然,这种作业不是放任不管,随便给个内容,让学生自由发挥。恰恰相反,教师在设计之前对教材的解读和分析要做更多的准备,把所有的可能性都纳入思考范围,评估学生的能力,预设可能出现的问题,尽可能做到面面俱到,这样才能在实际操作过程中,针对所有的突发情况应付自如。因为自主式作业是开放型的,学生的完成情况极具个性,又有很多不确定性,因此,教师要想把控好整体情况,就必须做好充足的备课准备。

根据音乐学科的特点和音合教育的要点,自主式作业可以有以下几种类型:一是素材搜集类自主式作业,学生以网络为媒介,搜集相关文字、音频、视频材料,并汇集成课件或是论文,便于交流展示。二是才艺表现类自主式作业,学生可以根据自己的特长,选择歌唱、器乐、舞蹈、配乐朗诵等形式进行才艺展示。三是语言表述类自主式作业,语言输出是最好的表达方式,学生可以通过语言表达自己的观点,亦可通过戏剧表演的形式在团队合作中充分沟通、交流,展示自己和同伴所理解的知识要点。四是逻辑反思类自主式作业,学生可以通过思维导图、课件、手抄报等,展示智能与逻辑关系的内容,了解知识点之间的关系,梳理知识线索,构建知识体系。

自主式作业的设计要注意以下几点:一是补充性,自主式作业大多是课外完成的,它应与课堂学习的内容相互补充,也可以是课堂教学的拓展,在课堂统一教学的基础上,促进学生的个性发展。二是统一性,自主式作业与课堂学习是基于相同的单元内容或主题内容而设计的,其也是检测课堂学习情况的途径,学生可以根据自己的兴趣点获得更多开阔眼界的机会,进一步完善知识结构,更有针对性地提高自身较为薄弱的一面。三是能动性,自主式作业的内容和形式要考虑学生的实际水平和可操作性,不能太难,让学生产生畏难情绪,这不利于学生自主能动性的发挥。除了难度适中之外,作业布置前,教师要讲清楚具体的要求,方便学生自主选择、决定、思考、体验、感悟、实践、创造、应用,通过自主探究和思考,主动调整自己的作业策略。

总之,自主式作业要内容合理、规则清晰、指导有效、尊重个性、鼓励创新、促进钻研、利于成长。

六　知识类作业

音乐课程中有不少概念性、特征性的知识要点,这部分内容在实践活动中需要学生理解感悟、产生记忆,因此也需要通过最基础的作业类型来加强巩固,检验学生在实践活动中掌握的情况。知识类作业就是以传统的作业形式来完成复习任务,同时也要注意让学生在内化知识时,促进其思维递进发展,将理性知识转化为综合能力。这样不仅记忆、巩固了知识,还能获得更深层次发展的途径。

知识类作业切忌死记硬背,教师要根据教材内容、课程标准、课堂生成资源、体验成果等,基于学生的实际掌握情况,经过观察、分析、选择、创新等过程设计作业,使学生在获得理性认识的同时,能有助于提升开放性思维品质和解决问题的能力。

知识类作业的设计要注意以下几点:一是落实核心素养。要以培养全面发展的人为目标,以音乐要素学习为基础,使学生善于分析作品,充分理解艺术作品及其风格特征的内涵,还要注重在审美感知、艺术表现、创意实践、文化理解素养培育的基础上,奠定学生理性层面的知识基础,使其学会用理论知识指导生活实践。二是重视学生角度。知识类作业要基于学生本身对理性知识的认识,从他们的生活经验、思考问题的角度出发,引导学生积极探索理性层次的知识内涵,优化其解决问题的思维方式和方法。教师不能只是用机械式重复练习的方式,可用师生交流互动的形式,或者抢答、接龙等游戏方式来完成,鼓励学生将个性化的理解融入作业中,将概念式的理性知识转化为生动的、具有生活实践性的、自主探究性的思考。同时让学生学会用内省构建的知识去诠释生活中出现的问题,让教材中的知识内容与其生活实际、原有经验增进联系。还要关注学生内心的需求,提升学生对作业练习的主动性,促进他们保持积极主动的学习状态。三是注重能力转化的过程。知识类作业不能只是单纯地巩固、记忆和反复练习,还要引导学生将开放性思维注入学科知识内化体系,发展其独立思考、扩散性思维、创新观点的能力。教师要用生活化的情境为学生创设宽松的氛围,让他们可以自如地使用基础知识,用自己的眼光去审视、观察、分析,结合自己的生活经验,去不断完善自己的观点。

对于知识类作业,教师可在课前进行搜集、汇总、分析、思考,课中引导学生进行理解、实践、记忆、对比,课后让学生进行巩固、复习、拓展、总结。作业形式要具有多样化、趣味性的特点,吸引学生的注意力,同时可以设计成开放式的套餐式的作业形式,让学生有自主选择、自主决定、自主探究的权利,从而进一步巩固、拓展知识体系。

知识类作业的设计以纸笔书写为主,在完成既定目标的同时,还应追求因材施教,形式多样,多维开放,多元评价。

七 主题类作业

主题类作业主要是围绕某一个主题设计布置的相关作业,使学生通过思考、观察、策划、体验、合作、探究等,在生活化的情境中学习知识、掌握知识、提升能力。主题类作业首先要聚焦核心素养的培育,其次要与生活经验密切关联,以学生的自主学习为主,亦是一种开放性的作业模式。相对来说,围绕一定内容或主题的系列作业,完成时长会较长,它贯穿着某个阶段的学习过程,可以是课前作业、课中作业、课后作业,以相同的主题,再设计出不同的子作业。形式也可以多样,书面作业、口头作业、表演作业、活动作业等。它是一种综合性的作业类型。

主题类作业相对于其他类型的作业,其规模较大,把主题当成切入点,创设一定的生活情境,根据知识点设计多种子作业,目的在于促进学生思维发展、能力提升、素养培育。主题类作业主要是为学生搭建探究性学习的平台,让学生更容易代入知识的学习中,激发学生的兴趣,使其更容易形成学习的内驱力,提高学习效率。同时,因为这类作业规模较大,因此要注意过程的循序渐进,让学生从发现问题做起,逐步深入去解决问题。

主题类作业同样注重实践性,通过具体实践让学生加深对知识的理解和记忆,唤醒感官与心灵,提升感知力、合作力、执行力。主题类作业是开放式的,没有标准答案,在表达和形式上不设限,因此可以鼓励学生在完成作业的过程中用自己喜爱或者擅长的方式进行表达,同时学习别人的表现方式和内容,学会欣赏他人、聆听他人,这有利于学生的思维发展、观点形成、个性塑造。

主题类作业的设计要注意以下几个问题：一是注意作业设计的框架结构，要充分考量、遵循主题类作业整体的系统性，聚焦核心素养和学段的要求，选取合适的切入点，使得作业能真正完成综合能力提升、素养培养的任务，切勿大而空，重点不突出。二是注意同一主题下的各项子作业的层次感，例如考虑同主题下的各项学习任务如何排布，内容多少，侧重点在哪，难度比例如何，需要多少时间完成等问题，要充分考虑各项任务之间的关联性和层次性，使得作业与课堂学习有机融合，体现各项学习任务之间的逻辑关系。三是注意主题类作业下的各项学习任务在内容和形式上的多样性，使得每个学生在完成作业的过程中都能找到自己的兴趣点、擅长点，能最大可能性地展示自己，从而树立自信，体现主体能动性，最终达到各项能力的全面提升。

主题类作业的多样化、灵活性，使得学生在合作完成的过程中能产生无限的可能性，在思维上可以和同伴们产生碰撞的火花。学生在主题类作业的完成过程中，要学会寻找问题、提出问题，并尝试去分析问题。要结合自己的生活经验，与同伴一起观察、比较、推理、想象、交流、创造等，逐步形成一个新的概念和问题框架，在分析问题的过程中再不断生成新的问题。教师要注意激发学生的创新性思维，使其能运用逻辑思维、逆向思维不断地尝试解决问题，以问题为核心，将问题意识贯穿于主题类作业的全过程。主题类作业就是让学生在亲历的过程中掌握必要的音乐知识和技能，使其敢于质疑，敢于发表自己的不同见解，这正是音合教育所追求的教育理想。

主题类作业的设计过程：确认主题、设定目标、设计任务、收集资源、分工合作、确定形式、形成作业、展示交流、互相评价。

八　制作类作业

制作类作业在音合教育中是跨学科教学的充分体现。将音乐与美术手工制作结合起来，可以有独具魅力的体现。制作类作业不宜多，但偶尔使用一两次可以起到画龙点睛的作用。音乐是一门抽象的、感知类的艺术，而手工制作正好能将学生在聆听音乐中的想象具象化，让音乐看得见摸得着，这也是一种创造力的体现。同时，手工制作需要手脑并用，需要一定的生活经验、知识储备和动手能力,在这个过程中可能会出现很多问题,遇到很多困难,但不管如何,要求学生坚持做完,这不仅能培养他们意志品质的养成,也能让他们体会经过不断努力最终取得成果时的喜悦之情。

制作类的作业可以培养学生的观察力、自信心、动手能力,提升其多项技能水平,能将音乐与美术这两大艺术门类融会贯通,它的形式可以是多种多样的,比如剪贴、绘画、粘贴、拼图、编织、润色、泥塑、雕刻等。它可根据学生的实际能力和特长来布置,让他们拓宽视野,并根据课程目标充满乐趣地完成作业,享受不一样的快乐。

制作类作业的设计要注意以下几点:一是目的性,制作类作业同样是为了学习音乐知识而设计的,也就是说,制作类作业是为了达成一定的教学目标,使学生加深记忆、更好地掌握某个音乐内容而设计的,所以它的设计不能脱离音乐性。二是适度性,手工制作的难度一定要适合学生的实际水平,如果难度过大,会给学生造成负担,从而适得其反,导致完成作业的兴趣降低,失去对知识的探究欲望,无法达成教学目标。三是趣味性,制作类作业并不常见,因此每一次的设计要注意能"吊起"学生的胃口,让他们怀着好奇心,保持热情,充满乐趣地学习,使得他们一看到制作类作业就跃跃欲试,这就可以为下一次的作业奠定基础。

制作类作业同样应该基于核心素养的培养,因此在设计之前首先要认真研读课标、分析教材,找出适合布置制作类作业的内容。其次要分析学生的实际情况和手工能力,选择一种或几种手工形式,让学生能够直接上手制作,不用花太多的时间在学习如何制作上。再次要梳理相关知识,制订教学目标和制作类作业的目标,进一步设计制作方案,给学生足够的时间思考、创作作品。最后要提供机会,让学生相互交流、互相学习、互相评价,不断优化、巩固知识。当然要注意的是,这是音乐课中的手工制作作业,不是美术课中的手工制作作业,因此不要过度地强调学生手工作品的艺术性,而应该把重点放在音乐知识的学习和巩固上。

制作类作业的设计过程:研读课标、分析教材、选取内容、梳理知识、选定形式、制定目标、设计方案、手工制作、相互展示、评价作品、优化提升、巩固知识。

九　跨学科作业

音合教育中包含的一项重要的元素就是跨学科融合，即以一门学科为主，多门学科融会贯通、相互渗透进行综合化的教学实践，促进学生的多元智能发展。跨学科作业同样淡化了学科的界限，强调灵活运用知识，拓宽学生的认知视野，着力解决实际生活问题，为培育全面发展的人奠定基础。相对于传统的专科作业，跨学科作业指向"培养人的全面能力"。

跨学科（Interdisciplinary）一词最早出现于20世纪20年代美国社会科学研究理事会的会议速记中，经哥伦比亚大学著名心理学家伍德沃斯首次公开使用后出现在大众视野。在教育领域中发展为跨学科教育（IDS）或整合教育（Integrative）。跨学科作业同样要将学生置身于真实的社会情景之中，改变"学科本位"下割裂的知识体系，体现了对完整知识领域的复原，关注跨学科视野、横向思维、解决问题的能力。[1]

跨学科作业同样以一门学科为中心，以某一个主题或项目为载体，将其他学科的知识、技能、能力培养、价值观等有效地融合在一起，通过不同的实践活动构成一份作业。这样的作业重点在于考虑学科目标的多维度化、多元化，要善于灵活运用学科间的相互交叉、相互融合、相互渗透，让学生在综合性学习中学会全面考虑问题，掌握资源重组、融合使用的方法，并积累灵活运用知识、解决实际生活问题的能力。因此，跨学科作业需要统筹、规划、设计，作业形式与评价同样需要多元化，以培养学生的综合素养。

跨学科作业的设计需要注意以下几个问题：一是知识内容的关联性。跨学科作业是以音乐学科知识技能为主，横向关联其他不同学科的相关知识、技能、价值观等，这些相关联的内容要围绕同样的主题或者项目内容来开展，彼此之间应有一定的关联性，能形成一个整体。二是内容形式的多样性。不仅作业内容要多样，作业形式也要多元化。要在同样主题或项目活动中，让学生亲身经历丰富多彩的生活世界，让学生以积极的心态参与到多样化的学习活动中，完成综合化的作业成果。三是在实践中讲求开放性。跨学科作业与封闭式的单科作业不同，它具备多学科的融合属性，因此，评价时也是开放的，没有唯一的评价标准，每个学生都可以根据自己的特长和喜好，展示自己最优秀的一面。

---

[1] 任学宝.跨学科主题教学的内涵、困境与突破[J].课程·教材·教法，2022，42(4)：59-60.

跨学科作业的设计步骤，首先要基于课程标准，根据学生的个性特征和实际情况，围绕一个主题，融合相应学科知识，从跨学科角度来规划、设计作业，达到不同学科知识体系的整合和优化，发挥多元智能的作用，带动学生全面发展。其次要设定跨学科作业目标，基于教学目标，围绕音乐学科的特点，确立作业主题与具体目标。最后要规划好作业的整体内容，确定作业的形式，把握一条主线，围绕作业目标，将多学科整合在一起相互渗透，结合学生的生活经验和学习水平，确定不同的作业形式。

跨学科的作业设计，要基于课程标准，确立作业主题，依据学生学情并融合多门学科，强调实践活动，创设生活情境，引导学生合作完成任务，进行小组合作展示，最后进行多元评价。

例如：聆听与绘画——融合美术学科

在分析音乐结构时，可以用美术元素表示出来，使用绘图方法例如图形谱、色彩法等画出作品的结构；在欣赏音乐作品时，可以根据音乐展开想象，体会音乐情绪，并用绘画将想象的画面展现出来，或通过画图谱、观赏相关美术作品来辅助了解音乐作品。

音乐与文学——融合语文学科

通过古典文学迁移，理解音乐文化。如欣赏民间乐曲《春江花月夜》时，通过唐代诗人张若虚的同名古诗创设情境，让学生体会古诗作品体现的动与静、远与近、景与情的艺术表现手法，并通过配乐朗诵古诗的展示活动，使其理解以平和恬淡为美的中国古代音乐审美特征。

十　表达类作业

音合教育中的"音"亦可指"每一个主体皆可发声"，也就是在音乐教学中要鼓励每个学生勇于表达自己的看法和感受，同时教师要尊重与包容每一个学生的见解。因此，表达类作业就是一种外显的形式，要让学生通过语言或是肢体动作、艺术表现等，将自己在艺术实践活动、情感体验中所获得的感悟用语言或者非语言的形式表达出来。

表达类作业应从自主发展的角度出发，让学生充分展示自己的个性，要使其懂得在学习实践中反思、领悟，并向同伴和教师表达出来。同学之间也要学会用尊重与接纳的心态,学生要学会包容其他同学的见解,相互学习,互相促进,一起巩固知识、理解知识。

表达类作业的形式可以是多种多样的,最常见的就是语言表达。学生在课堂学习中获取知识,在大脑中形成自己的理解,构建自己的思维模式,用语言表达出自己的所思所想。除此之外,还可以运用其他的外显式的表达方式,比如歌唱、肢体语言表达、戏剧表演、朗诵等,或是其他学科的写作、绘画等多种形式来表达自己的思想。可以说表达类作业就是将自己观察、聆听、实践中获取的知识,经过个人的感知,通过各种形式表达出来。这里的重点是,任何形式的表达,都是为了展现学生的个人理解、个人认知,这是一种独立性的创作。

表达类作业是一种自我表述的、不可预知的作业类型,因此,教师要注意引导学生真实、勇敢地表达自己对知识和问题的见解。首先,要注意表达的真实性,教师创设学生熟悉或者感兴趣的情境,使其参与课堂中的学习,并内化为自己的认知,学生通过大脑的思考,运用精准的语言或者其他艺术表现形式,将自己内心的感受向外输出,这个过程要确保真实、自然地流露,才能达到作业完成的目的。其次,要注意表达的真情实感,音乐是一种情感的艺术,每个人聆听音乐后的感受是不完全相同的。人在听觉、视觉的基础上获得感知,在这个过程中产生内在的情绪和感受,并转换为外在的艺术表现形式。教师要善于引导学生在无法用语言表达内心的情绪情感时,选择动作、歌声等艺术形式来表达自己的个人感受。

表达类作业要重视学生个性化的特征,每个学生都有自己独立、独特的个性,教师要耐心观察,因材施教,设计作业前要了解学生个体的性格特征、学习基础、思维模式,而后制定作业目标,使他们的学习目标更为明确,并有针对性地进行指导。在完成作业的过程中,要鼓励学生勇于表达最真实的自己,并搭建平台,让学生有机会展现个性化的表达成果,使其乐于与他人分享,相互学习,共同促进。在完成表达成果后,教师要多采用正向的鼓励,让他们体验收获的喜悦,同时及时肯定学生在表达中表现出来的独特的视角和观察力,引导他们逐步完善思维,提高自我认知水平,增强学习的内驱力。

表达类作业的实施步骤:以生为本,基于课堂,联系实践,鼓励想象,不断反思,勇于表达,自我评价,相互交流。

例如歌曲《孤独的牧羊人》《大海啊故乡》《故乡的云》等作品教学,可引导学生根据歌词内容表演话剧或小型音乐剧,感受作品所要表达的情感及精神。又如以《春》为主题的音乐作品欣赏,可使用教育戏剧的方法,让学生在课堂上现场即兴表演,感受春天的气息,体会作品里描绘的生机盎然的春天景象。

十一 探究性作业

探究性作业是让学生在探索研究的过程中发现问题、解决问题、获得经验、形成创造力的作业类型。它同样是基于核心素养培育,根据教学内容和学生的实际水平来设计,其对于学生探究力、执行力、创造力、合作能力、组织能力、实施力的提升有很大的作用。

音合教育理念下的探究性作业具有预习性、复习性、拓展性的特点,可以是课前对新知识的自主探究,也可以是课中和同伴们一起的思考,也可以是课后对单元内容的拓展性学习,探究性作业的重点在于学生的自主学习。音合教育理念下的探究性作业就是对音乐知识进行分析、概括,探索新规律的学习过程,这类作业既可以是音乐学科领域中的某个知识内容,也可以从现实生活的情景中选取某个问题,让学生通过与同伴的共同学习、交流获得知识,提升自主学习能力、探究能力、合作能力、创造能力。

探究性作业的设计要注意以下几点:一是作业设计的科学性。对音乐知识的探究过程应该是严谨、客观的,探究过程可以是调查、访谈、搜集、观察、整理、讨论、思考等方式,学生要明确所要探究的内容和任务,组成团队,共同制订计划,通过网络搜集资源,获取相关的信息,整理分析得出有用的结论,并与同伴们一起交流展示。二是成果要有一定的创新性。这类作业没有统一的标准答案,即使通过搜索大量的素材,也有可能出现结论不统一的情况。在这样的情况下,学生要有自己独立的思考,要学会进行辨析,选取有用的材料,加工整理,并发现有价值的结论。教师要鼓励学生在探究过程中提出新的问题、新的发现,并与原有的作业任务进行整合,从而得出不一样的结论。三是形式要多样化。可以是个人探究、小组探究、亲子探究,甚至可以邀请相关方面的专家共同探索,通过搜集材料、查找文献、调查问卷、名家访谈等途径来解决问题,并通过撰写小论文、制作PPT、表演、口头汇报等来进行展示交流。四是要注意学生的主观能动性。这类作业是以学生为主体的,学生的主动参与很重要,所以要重视他们的经验和知识基础,不能设计过难的作业让他们望而却步,也不能设计过于简单的作业以致失去了探究的深度。难度应适中,让学生通过自己的探索和发现、体验和实践,用自己的规划和学习方式,将所得的新知识结合自己的经验,尝试去解决问题。

探究性作业亦是一种开放性的、有很多不确定性的作业类型,因此,要预先设定好作业目标,使得作业内容与教学目标以及教学内容保持一致,不能让学生的探究太过随意,要让他们明确,探究必须在指定的内容范围内来进行。可以建议学生制定任务单或者成长手册,及时记录探究的过程和阶段结果,并针对作业目标适时做调整,这样在完成作业的时候就能有清晰明了的记录过程,学生就会有收获的成就感。探究性的作业评价同样应该是多元的,可以从学生的探究积极性、兴趣、态度、能力、情感、成果等多方面、多维度进行评价,进行评价的人可以是自己、同伴、老师、家长等。在探究的过程中教师要及时发现学生的优秀表现,及时表扬,让学生在探究中体验成功的乐趣,使其身心得到健康的发展。

十二 可视化作业

音乐是一门抽象艺术,看不见摸不着,学生主要通过听觉来学习音乐,聆听音乐后讲究的是一种内心的感觉,同样是看不见摸不着的。可视化作业就是针对音乐的这种特性而提出的,要将抽象的艺术转化为可以看得见的、能显示出来的东西,对学生而言,这种外显性的作业更便于他们理解音乐知识,能辅助他们加深印象,方便记忆。

音乐课程中的可视化作业可以是文字、绘画、图片、思维导图、戏剧表演等,用视觉结合听觉,让学生多感官地感受音乐作品。当然这些作业同样要遵循核心素养的基本理念,要关注作业设计的原则,关注学生的个体差异和实际水平,以及作业的趣味性、统整性。设计要符合他们的年龄特点,同时要保证作业设计的思路流畅,真正以适当的难度,使其恰好地完成实践。

可视化作业的设计要注意以下几点:一是系统性,它一定是配合课堂教学的需要,紧紧围绕教学内容而设计的作业,不能为了采用这种形式,而跳脱出了单元教学内容,要注意整体的系统性。二是可操作性,每一个知识点、每一种可视化作业的设计,都应该符合学生的认知水平,让他们易于理解,方便操作。三是可理解性,可视化作业要站在学生的角度,针对目前作业设计中存在的问题,通过一系列的操作方式,进行合理的设计。应强调可视化路径的简洁、便于理解,避免过于深奥。[①]

可视化作业可以让作业设计的理念、方法与实际行动完美地统一起来,通过一系列"可视"的形式,对作业进行设计、分析、反思和调整,对音乐作业来说,增添了许多的乐趣,让质量也有了保障,激发了学生多联觉感官的融合应用。可视化作业并不仅仅是眼睛看得到,更是可理解、可操作的,要让学生能够真正看得到就做得到。因此,可视化作业就需要教师系统、理性地思考作业设计的各种要素,思考作业与教学、课程的关系,通过整体化、系统化的思考,保证作业具体实施的效果。

音合教育理念下的可视化作业,就是通过一系列看得到的形式,让学生表达听觉上的感受和思考。展现出作业完成背后的思考,有助于学生自己和同伴能够清楚地了解为什么这么思考,为什么这么设计,达到了什么效果等,这样就提高了作业完成的效率,促进了学生成长。

可视化作业设计的形式,要基于课程标准的要求,明确作业设计的内容和基本要素,形成可视化作业的基本框架要求,结合音合教育的特点,使用一种或多种适合本单元教学的"可视化"形式,将学生的听觉和视觉完美地融合在一起,促进其思维的发展。可以说,可视化作业兼具计划性与灵活性的特点。学生还可以使用设计流程图、思维过程记录表、思维导图、反思评价表等可视化途径记录自己的思考,通过绘画、造型展示、动作表演、教育戏剧等展示自己的理解,让大家"看得见"。

十三 想象类作业

想象类作业是以想象力和创造力培养为设计依据的作业,它涵盖了学生的审美、情感、价值观、生活经验、知识储备等多种元素,可以充分地体现出课堂教学的效果。它必须以扎实的学识为基础,也是课堂教学的一种升华。想象类作

[①] 王月芬.课程视域下的作业设计研究[D].上海:华东师范大学,2015:161-162.

业是审美教育的重要途径,因为它可以充分展现学生对世界美好憧憬的表达。

想象类作业具有很强的独创性,每个人的想象力都是不同的。因此这类作业所呈现出来的结果是不可能有完全相同的两份作业,它可以记录学生某一时刻的灵感,具有鲜活性、新颖性,特别有利于学生个性化的发展。想象类作业的实践过程,事实上是一个享受有趣、放飞自我的美妙体验。当然它同样必须基于教学内容、教学目标、学生的实际能力,但它是一种自由的,没有约束的作业,可以充分激发学生的想象欲望,表达心中所想。

想象是创新的基础,而社会的发展、时代的进步都离不开创新。因此,想象力的培养是未来社会发展的根基和助力器。想象类作业是根据不同的教学内容,创设相应的情境,营造想象的氛围,在特定的环境中,吸引学生的注意力,提升其学习兴趣,鼓励他们充分发挥想象,为自己的思维插上想象的翅膀,从中获得快乐的体验。想象类作业可以拓展学生思维的宽度和广度,发挥学生具有强烈的好奇心这一年龄特征,开阔学生的眼界,使其秉持着对外界事物的好奇心,从不同角度去思考。教师还可引导学生使用其视角下的新元素,使其作业完成得更加新颖独特。

想象类作业的设计要注意以下几点:一是自主性。想象类作业要从学生的角度出发,符合学生的想法和需求。要引导学生自主学习并自我内化,将创造性的构思与想象融入作业,自由发挥想象,以表达自己的内心世界,充分发挥思维的独创性和灵动性,这有利于学生自主精神的培养。二是层次性。由于每个人的想象力不同,创造的能力水平各有千秋,因此,想象类作业要有递进式的层次感,由简到繁,由易到难,逐层深入,环环相扣,要使得作业内容呈现阶梯感,一步一步来,慢慢渗透,不能一下对学生有过高的要求,这会使一部分学生产生畏难情绪。三是多样性。学生的想象空间是无限的,如何充分挖掘他们的想象力,需要认真思考。教师可以通过灵活多样的作业形式,多元化的课内外资源,丰富多彩的制作手段,帮助学生观察、发现、模仿、思考,寻找出自己独特的视角,并大胆探索和实践,使学生的学科核心素养得到充分提升。

想象类作业设计的步骤:分析教材、明确目标、基于学情、创设情境、确定主题、设计作业、创新形式、丰富资源、启发想象、积累经验、积极鼓励、交流展示、相互评价、共同成长。

十四　展示类作业

展示类作业是一种能凸显音合教育特征的作业,因为合作式艺术实践活动中有很多的技能、实践是需要通过展示表现出来的,因此,需要为学生提供一定的平台进行展示交流。在音合教育中,我们更强调的是合作类的展示作业,让学生相互协作,共同完成学习任务,展示出小组最好的风采。

展示类作业的形式有好多种,一是音乐技能的展示,比如演唱、演奏、舞蹈、配乐诗朗诵等。二是研究性学习成果展示,比如课件、小论文、调查报告等。三是编创作品的展示,比如校园剧及音乐剧编创与表演、新创作的歌曲及器乐曲的表演等。展示类作业的目的就是让学生能够充满信心地把自己最好的一面展示给同伴和老师、家长,这对于核心素养的培育有着不可替代的作用。

展示类作业的设计要注意以下几点:一是形式要多样。要根据教学内容来设计,注意学生多样能力的培养,无论用哪种方式展示,使其树立自信心是最重要的方面,让他们在展示的同时,提升知识水平和能力。二是鼓励合作式展示。学生组成小组共同完成展示,可以让展示的内容和形式更加丰富多彩,可看性更强,更加生动,而且合作式的展示更容易让学生记忆深刻,因为在合作练习的过程中,会发生很多小故事令人难忘,学生可以在合作中感受团队的温暖。三是多鼓励。每个学生的展示欲望各不相同。有的学生从小有经验,经常上台表演,因此在展示中经验丰富,又善于表现,积极性会较高;有的学生没有这方面的经验,性格较为内向,就要鼓励他们增强自信,在与同学的配合中释放自我,勇敢地表现自己,为未来走向社会积累经验。

展示类作业容易活跃课堂的教学气氛,能够充分体现学生自主合作学习的能力,可以促进学生学习的交流活动。同时,在课堂上展示学生合作的"艺术作品",可以激发他们对音乐学习的兴趣与期待,树立学习的自信心,还能使学生在相互的交流学习中,更加明确自己的学习目标,使其在下一次展示中能更加从容,让作品表现得更加完美。在课堂上展示各种音乐作品,可以为教学环境营造一个良好的艺术氛围,富有美感的展示环境对学生的审美意识和能力的培养可以起到潜移默化的作用,可以让学生更加有信心地学习音乐。

展示类作业是最能发挥学生的音乐特长,施展他们的音乐才能的作业类型,更是全员参与的很有意义的作业类型。通过展示的平台,学生相互学习、交流,互相评价,可以很好地培养其综合素养,尤其是组合展示的形式,更有利于提升他们的团队协作能力。在短短几分钟的展示中,学生的表演力和心理调节能力得到提高,也能让现场的同学们更加直观地感知音乐,这比单纯欣赏音频和视频内容,更有现场的视觉、听觉冲击。加上是熟悉的同学们的展示,学生欣赏时的注意力会更加集中,因此,展示类作业对学生的学习热情有着较强的促进作用。

展示类作业中的活动型作业是以音乐实践活动为载体统筹设计的作业类型,它同时具有音乐性、情感性、愉悦性、合作性等特点,可联系学生已有的知识基础和生活经验,激活学习方式,让学生充满热情地参与音乐学习的过程,切身感受音乐学习的乐趣和价值。展示类作业注重活动过程中学生的知行合一、协调发展,强调沉浸式学习的特点,创设活动情境引领学生亲身经历知识的建构过程。展示类作业的形式多样,可以是有趣的音乐游戏,也可以是小组合作式的表演、体验、探究活动,还可以是主题式、项目式活动,有条件的学校亦能开展校外的参观交流、音乐名家访谈点评、走进音乐厅表演等活动。展示类作业的成果比较灵活,可以是一次演出、一次快闪活动、一段音乐视频、一段即兴表演等,多样的作业成果形式可以激发学生完成学习任务的积极性。展示类作业注重任务的多样性和综合性,可涉及姊妹艺术的跨学科知识融合运用,同时除了关注学生基本知识的掌握情况外,也重视活动中提升学生获取信息、团队协作、分析解决问题等能力,使其在过程中树立正确的价值观,最终指向核心素养的提升。

十五　个性化作业

音乐的个性化作业不只是传统的书写作业、背唱歌曲、分析音乐作品等,还是用独特的形式来完成作业,让学生在完成作业的同时既有收获也有乐趣。个性化的作业对学生核心素养的培养提出了新的要求,对教师设计作业的创新性也极具考验。

个性化作业并不是要刻意地标新立异、与众不同,它同样要基于课程核心素养的培养,基于学生的实际情况,用新颖的作业形式让学生眼前一亮,使其充满好奇心,充分调动学习的热情,在愉悦的心情中完成作业。比如,"我为妈妈唱首歌""学唱春晚最喜爱的歌曲""放松操"等。这些内容与生活紧密联结,又具有新意,让作业不再只是枯燥地书写,不再只是进行简单的技巧训练。

个性化作业设计的目的就是激起学生的学习热情,推动学生更积极主动地完成学习任务。学习兴趣是学习动机的重要心理成分,是学习的强大动力和内在力量。如果学生对作业感兴趣,那他整个人的心理活动就会变得积极起来,他会处于最佳的状态去吸收各种信息,开动脑筋思考,可以使学习任务事半功倍。因此,个性化作业的设计最重要的就是要关注学生的兴趣和好奇心,让他们在无忧无虑的轻松的气氛中放松精神,尽情表达,把课堂上所学的知识真正和生活联系起来。

个性化作业的设计要注意以下几点:一是新颖性,作业形式既具有音乐学科特色,又是学生没有做过的类型,很容易吸引他们的注意力,激起他们的好奇心并主动探究,有了兴趣,作业也就迎刃而解了。二是审美性,个性化作业不是为了追求与众不同而刻意脱离音乐的审美要求,而是要注意音乐作业的美感,让学生在产生兴趣的同时,能接受到美的熏陶,感受音乐的艺术美,培养他们的审美情趣,使其变得更加自信。三是具有可选性,所谓的个性就是与其他人不同,每个人是一个独立的个体。因此,在同班级中,可以根据学生的学习情况、兴趣爱好、能力层次等有针对性地布置作业,给予学生充分的自由,尊重每个学生的自主权和选择权,使其可以根据自己的能力水平和兴趣爱好在作业的数量和深度上有自己的选择,真正彰显个性化作业的特点。

十六 创造类作业

音合教育理念下的中学音乐教学具有较强的实践性与技能性,因此,音乐教学除了音乐基础知识教学外,还要重视艺术实践活动。新的课程改革强调学以致用,学生在掌握了知识点后还要懂得将其应用到实际生活中去,因此,教学中对于学生实践、创新能力的培养就显得尤为重要。

当今社会,国际的竞争主要是人才的竞争,而创造力又被认为是人才竞争的核心力。音乐的非语义性特点,给人以无限想象的空间,对人的创造力的培养有着不可替代的作用。无论是全新音乐作品的创作,还是表演者对音乐作品的再创造,或是观众对音乐作品的鉴赏,都是进行创造的过程。创造也指音乐学科教学内容中的其中一类艺术实践活动,而创造类作业是以培养、提高学生的创造力为重要目标的。

创造力的培养主要受这些因素的影响:一是前期准备;二是思维酝酿;三是提前学习;四是感觉提示;五是易接受性和冒险性;六是动机因素;七是双极活动。创造类作业的设计要注意以下几点:一是要有"问题意识",先设问,引发思考,有这样的心理情绪,再往下去思考如何创造。二是灵活性,创造类作业一般都不拘泥于形式和固有想法,学生要抛开课堂上所学和教材所限,要有自己独特的思考,推陈出新,让思维活跃起来。三是要充分发挥想象力,创造力的源泉就是想象,要有把这件事物和别的事物联系起来进行思考的能力。四是要收集、积累足够的素材,在此基础上进行分析、整合,选取可用的素材,作为想象和创造的基础。[①]

音乐课中的艺术实践,事实上是对现实生活的一种艺术化呈现。反过来,音乐中的创造也应来源于生活,而又超越生活,它是引领生活的一种创意性、艺术性的表现。因此,创作类作业要紧靠生活,联系生活,开发更多的学习资源,使得知识不仅仅是限于教材。创造类的作业可以有音乐创作、歌词创作、即兴表演、设计音乐活动方案、拍摄音乐作品MV等,形式要尽可能丰富多彩,贴近生活,便于学生将自己所学实际运用到生活中。这既可以激发他们的学习热情,又能让他们扎实地学习知识,还能使其在创造性活动中提升多种能力,进而提高核心素养。

同时,创造类作业还要注意它的可操作性,不能太难,影响了学生的创造动力。音乐源于生活,亦是对生活的总结,学生在动脑动手的过程中,既是对知识进行探索、理解、应用,也是对生活进行观察、探寻,作业的设计要便于学生操作,让其在此基础上进行探究和创新。当然,在评价创造类作业的过程中要留意学生之间的客观差别。学生是存在个体差异的,因此,应针对学生的实际情况,分层布置,多元评价,让不同发展水平的学生都能在适合自己的作业中获得满足感和成就感,得到轻松、愉悦的心理体验,最关键的是使其通过这类作业的学习,能学以致用,获得成长。

[①] 佟贺.小学音乐创造教学的现状及对策研究:以C市小学为例[D].长春:东北师范大学,2014:9-16.

音合教育不仅要培养学生感受美、欣赏美、表现美的能力,更要培养学生创造美的能力。创造类作业旨在让学生学会自主学习,引导他们把音乐融入生活,深化音乐与生活的联系。可以让学生在课中聆听感受作品后,课后根据聆听感知乐曲的音乐要素(节拍、乐句、体裁风格等)进行体态律动创编。还可以让学生探寻生活中的声响,使用学习用品、不锈钢盆、桌板、筷子等模拟打击乐器,为音乐作品创编节奏型进行伴奏。此外,低年级学生可联系生活情景为歌曲创编歌词,高年级学生则可利用课堂乐器进行简单的旋律创编,或让他们与同伴一起合作创编音乐作品进行表演。

十七 分层性作业

分层性作业与统一的作业要求相对立,可以说也是一种个性化的作业,其内容和形式因人而异,不同水平、不同层次的学生可以根据自己的实际情况来选择不同的作业,学生有自主选择的权利,其艺术特长可以得到充分的发展。这类作业最重要的就是,教师要事先对学生有充分、全面的了解,这样的分层才有意义。

当然,在这类作业中,基础性的知识是必不可少的。任何的学习都要建立在扎实的学习基础之上,因此首先要明确基础知识的重要性,知识体系是环环相扣的,不能为了拔高,而忽略了基础,更不能为了体现难度,仅仅将作业浮于表面。只有基础知识掌握好了,才能在较难知识上获得提高。要明确教学目标,任何层次的作业都要能够达到教学目标的要求,在此基础上,再进行分层设计。

分层性作业首先要注意形式的灵活多样,可以有基础性的知识作业,也可以有灵活的开放性的作业,可以将知识点放在生动有趣的生活情景中,提升学生的学习兴趣,强化学生对知识的理解和记忆,也可以用生动的语言和亲切的教态来鼓励学生继续深入探究。当然,在这个分层的过程中,基础题要能达到教学目标的要求,要从教材的知识内容入手,从日常学习生活中的常识入手,使得作业有一定的针对性和选择性,尤其注意选择知识重点或者学生理解有困难的知识点去设计作业,从而引导学生理解和积累知识。同时可以从资源的搜集、素材的扩展整理入手,让学生学会积累素材、归类整理,增加自己的知识容量,开阔视野。而提高类的作业不能过于难,使学生丧失兴趣,这类作业主要针对学习能力强,有一定学习基础,思维活跃,基础扎实的学生而设计的,也就是我们常说的,让学生"吃饱"的问题。基础的巩固类的作业对他们而言不费吹灰之力,他们需要有挑战性的作业来开动脑筋。当然,这个难度的把握是需要有分寸的,要结合学生的实际学情而设计,针对教材内容和教学目标而设计,主要从应用能力、文化意识、自主学习等方面入手,以提升学生多方面能力为目标,提升其应用知识的能力,同时要保护他们学习的积极性,不能挫伤他们的自信心。这类作业不仅要强调实践性,将知识转化为生活中的实践,将学习能力转换为生活能力,要突出形式的多样化、丰富性,摆脱固定思维,激发他们的探索欲望,还要突出开放性,让学生充分发挥发散性思维、个性化想象。要基于其生活经验,完成独具特色的个性化作业,使其将课本中的知识真正运用到生活实际,懂得学以致用。

提高类作业可重点放在学生创新意识和创新能力的培养上,在设计作业之前,要对全班学生的实际情况有全面的了解,不仅是知识内容的掌握情况,还要具体到每个个体的学识和能力水平,只有这样才能真正做到因材施教。让每个学生在发现问题、制订学习计划、整理分析相关资源、得出结论展示交流的过程中能发挥出最大的能量,得到最大程度的进步,这样的作业设计才是有效的。使学生不仅能完成教学目标,还能得到最大化发展,这样的作业才是有意义的作业,学生才能充分发挥思维的发散性和创新性,个性才能真正得到发展。

音乐学科的知识浩如烟海,很多的知识技能学生都只知其然,而不知其所以然。因此,在设计作业的时候,要充分挖掘知识内容的内涵,多问为什么,在这样的基础上,设计出不同层次的作业内容。一方面使学生掌握了扎实的基础知识和音乐技能,另一方面又能激发学生的探究热情。当然这类作业同样不用拘泥于音乐学科,可以将视野放得更宽广一些,协同其他学科一起,综合设计跨学科作业,充分体现核心素养的培养要求。可以将各门学科之间相互依赖、相互补充、相互促进的关系很好地融合在一起,以音乐学科为主,从最接近日常生活和社会生活实际的角度来设计作业,让不同层次水平的学生都能找到最适合自己的作业内容和类型,从作业完成中获得充足的自信心。

十八　表演类作业

表演是音乐学科特有的一种表现形式,也是音乐学科教学内容中的一个重要组成部分。音乐表演是音乐的再次创作活动,具体的形式有歌唱、器乐演奏、配乐诗朗诵、音乐剧表演、舞蹈等,表现成可听可看的音乐作品。表演类作业就是用表演形式完成的作业类型。

因为表演类作业是对音乐作品的二度创作,因此,表演类作业也是一种开放式的作业类型,学生可以在表演的过程中充分地展示自己的个性。每个人对作品的理解是不一样的,相同的作品,不同人可以演绎出不同的效果。表演类作业的重点在于鼓励学生敢于用自己对音乐的理解表现出具有鲜明个性的表演。

音合教育中的表演类作业强调的是合作式的表演方式,比如歌唱中的重唱、小组唱、对唱、合唱、表演唱、联唱等,器乐演奏中的重奏、室内乐、小合奏等,朗诵中的齐诵、分声部朗诵等,舞蹈中的双人舞、三人舞、群舞、歌舞等,以及音乐剧、小品、相声等。多人合作表演对学生的要求更高,不仅要能完成自己的部分,还要懂得跟别人合作,控制好音量,同步做好音乐处理,不能太随性、突出个人主义,个人好并不代表集体表演类就会好。所以合作式的表演作业需团队的成员齐心协力,目标一致,为完成好一件音乐作品,共同朝一个方向努力,才能达到最佳效果。

表演类作业与表达类作业虽然仅差一个字,但是二者有着本质上的区别。表达类作业主要是表达学生自我内心的理解,侧重的是自己的思维和想法,表现的是自我的内心;而表演类作业更多的是表现别人的感情、别人的作品,更侧重于对原作品的尊重,比如作品风格的把握,表现出作曲家在作品中所蕴含的感情等。当然,在尊重原作品的基础上,可以融入自己的思考和理解,但大方向是不能改变的。比如欢快情绪的作品不能表现出忧郁的情绪,但可以在欢快的基础上加入一些小细节的变化,融入自己对作品的理解。比较来看,表演类作业更能体现音乐学科的特性,音乐就需要通过外显的表演展示出来,将一个一个音符变为生动活泼的艺术表现形式。

表演类作业的设计应注意以下几点:一是表演要基于教学内容,比如教材上的歌曲、乐曲等,要将教材上的纸质内容变为学生自己的展示内容,这比直接放音频、视频更能吸引学生,也能给学生提供平台展示自己的才能,但切勿任由学生自己随意演唱或演奏自己喜欢的作品。二是表演要有一定的要求,根据艺术课程标准的要求,在音准、节奏、速度、情感表达上,根据学生的实际水平提出相应的要求。但要求不能太高,让学生感觉困难,以致不敢当众表演;要求也不能过低,达不到作业的目标要求。三是作业的设计要尽可能提供合作的机会,让学生通过与同伴的相互配合更好地完成作业。四是表演类作业的评价要尽可能多元,表演的形式本来就比较多样,相同主题中用不同的表演形式就很难去量化排比。因此,要从作品整体的演绎情况、完成的配合情况、表演的创意等来评价,多以鼓励为主,让学生充满自信,使其敢于在众人面前表现自己。

表演类作业的步骤:基于课标、了解学生、鼓励合作、确定内容、多元表演、提倡创新、协作完成、相互交流、树立信心。

表演类作业可以在学生已知已会的基础上,设计课后作业来巩固学生的音乐基础知识与基本技能,这类作业是音乐学科课后作业的主要形式之一。内容可以是学生演奏课外经典乐曲、简单乐谱(节奏)视唱、歌曲演唱、器乐作品练习、舞蹈或歌唱表演等,亦可以巧用课堂乐器,布置符合学生年龄特点的短小乐曲创作,根据学生能力特点进行分层设计作品。

十九 生活化作业

教育从产生的那刻起,就与人类生活、生产劳动有着密不可分的联系。教育就是要让学生善于发现问题,懂得解决问题,将课堂上所学转化为一种具体的能力,进而解决生活中的实际问题。音合教育离不开生活实际,它源于生活,又回归生活,且高于生活。实现知识的生活化是学校教育的一种趋势,也是音合教育理念的一个方向,因为教育最终都要回归生活。音乐教育必须从生活中来,到生活中去,也就是要在教育与生活中搭建一座"桥梁",实现"生活—教学—生活"的循环[1]。

生活化的作业类型就是在知识学习与生活实践之间建立起联系,让学生在学习音乐知识后,能顺利地应用到生活中,提高解决问题的能力。如何更好地

---

[1] 林叶舒,文雪.教育知识的生活化与情境化探讨[J].中国教育学刊,2015(2):161.

设计生活化作业,首先,教师要融入生活,善于在生活中寻找教育资源,发现教育问题,挖掘教育原理,通过生活实践把教育内容有序地串联起来,使得知识更富有生命力。其次,学生要在生活中学习,成为学习的主体,并在各种生活化的活动中实现学习目标。因此教师要关注学生相关的生活经验,让学生走进生活,回归生活实际,学会关注自己的生活,懂得在日常生活中寻找资源,再应用到生活中去,要使其懂得将知识变为解决生活问题的工具,将知识与生活完全地融合在一起。

在音合教育中,要从学生熟悉的生活常识入手,进而导入新知识的学习,再与课堂教学内容相结合,让学生感受知识的无处不在。在学生熟悉的生活范围内导入学习内容,学生会有一种熟悉感,能自然而然地靠近,进而自觉地接纳新知识。同时要将作业内容设置在现实生活的背景中,因为生活的素材能激发学生的探究兴趣和参与的热情,同时也要注意设置的作业目标要能转化为学生生活中的内在需求,让学生在学习中生活,在生活中学本领,获得有生命力的知识。

为了使作业更贴近生活,具有多样性特征,引发学生的学习内驱力,可以增加一些生活化的准备活动。比如,组织学生开展社会调查、社会访谈,走进社会生活,让学生亲身经历、体验生活,感受生活中真实存在的一些问题,让学生身临其境,将生活实际与课本内容联系起来。也可以在课堂教学中增设生活化的环节,比如讲生活小故事,表演生活小品,用音乐表现生活等,将生活中的问题有声有色地在课堂上展示出来。还可以通过课后延伸活动,例如社会公益活动,参观艺术馆,走进音乐厅等,深入生活中的艺术环境,让学生用所学知识在生活中验证,反思课堂中的体验,找到解决问题的办法。

例如曲坛音韵——《江南好》一课,主要教学内容为介绍苏州评弹。教师可以以中央电视台《曲苑杂坛》的片头曲导入,让学生根据自己的生活经验说出片段中有哪些艺术表现形式,进而导入中华民族的说唱艺术曲艺的概念。还可以选择和学生一起观看电视连续剧《都挺好》中的一个片段,让学生讨论片段中的表演形式是哪一种曲艺表演形式。通过观看熟悉的电视剧中的地方景点,拉近课堂与生活的距离,进一步引导学生深入学唱歌曲《江南好》,了解苏州评弹的特点。最后的环节可以欣赏具有苏州评弹元素的作品《知否知否》,这首歌曲学生耳熟能详,教师可结合作业讲解,对本课的教学重点苏州评弹的特点进行分析和总结。

此外,民歌的学唱教学可以模仿方言演唱,用口传心授的方式教学生逐句学唱;或者引导学生想象唱山歌的情境,模仿并体会对唱形式;舞蹈教学中,让学生感受藏族舞蹈的动作特征,可以对比藏族人民在生活中如何弯腰劳作,以使其感受少数民族人民的劳动生活对音乐文化的影响。

二十　情境式作业

《辞海》中对"情境"的解释是"一个人在进行某种行动时所处的特定背景"。教学中的情境,就是建立的某种生动、具体的场景,可以激发学生的学习兴趣,使之在相关的环境中更容易进入学习的状态,提高学习效率。而情境式作业就是创设一定的情境,与知识内容相关联。学生在这样的情境中完成作业,有身临其境的感觉,同时也可以是学生根据作业内容自己布置相关的场景,有助于加强其学习的主动性。

情境式作业是以情境为依托而存在的,它需要创设一定的教学情境,推动整个作业目标的顺利实施,其更强调作业内容的连贯性和整体性,目的是为作业完成提供一种画面感,让学生产生亲切感,放松情绪,从而全身心地投入到作业完成中。

情境式作业的设计应注意以下几点:一是情境作业创设要具有真实性。情境并不是片面地用图片、视频、故事或者多媒体课件的形式展示在学生面前,教师应该充分了解学生的思想动态和实际学习水平、个性特征、兴趣爱好等,才能创设学生喜闻乐见的真实情境。同时要熟悉教学内容和教学目标,掌握学情,与学生坦诚交流,真正了解学生的喜好,通过情境创设让他们眼前一亮,这样才能增加他们学习的兴趣,使其在熟悉的情境中真情流露。二是情境创设要注意不要超越学生的实际生活经验。我们正处在一个信息化、数字化、智能化的现代社会中,学生获取知识的途径是丰富多彩的,也是十分便捷的,他们渴望更多的新鲜感,因此情境创设要把握好度,既要有新颖的特点,又要注意是否适合学生的需要,是否能真正触发学生的兴趣点、疑点、困惑点等。如果创设的情境偏离了学生的认知经验,应用起来学生的参与度降低了,就起不到好的作用。

情境式作业设计中情境的创设有以下几种方法:一是用生活展现情境,生活体验本身及其内在蕴含的意义就是最好的教育资源。要加强学生和社会的关联,引导学生感悟生活,在结合生活的感悟中更好地"学思践悟"。新课程改革后,教材本身就蕴含着丰富的生活气息,丰富多彩的设计形式紧扣学生的生活现实,可以很好地设计情境式作业。二是影音渲染情境,丰富的网络资源跨越时空界限,延伸了音乐教育活动的触角和范围,提供了拓展情境资源的广阔天地。多媒体教学设备结合视频、音频等等,在生动形象的画面中融入音乐,再现知识体系,可以使枯燥乏味的学科知识变得丰富有趣,从而引起学生的注意力和思考。三是模拟体验情境,可以通过编排教育戏剧的方法,通过场景预设、角色扮演,让学生身临其境地感受知识情境,使其成为课堂活动的主角。也可以在教室里用实物布置场地创设情境,"角色扮演"可以促使学生从"本我"转向"他我",学生对所扮演的角色产生亲切之感,就可以以角色的身份感受情感和情绪。四是实物演示情境,实物演示应当作为一种辅助工具,教师要根据教学内容进行取舍,当然实物的取材要来源于现实的社会生活,贴近学生的认知范围,也要具有典型的代表性,才能有助于学生抽象思维能力的提升[①]。

情境式作业设计的步骤:选择具有情境代入感、具有鲜活气息的教学内容,合理创设情境,情境编排要科学合理,并进行调整、加工和打磨,明确指向性,一个情境针对一个知识内容和一项作业主题,要与教学目标相一致。同时教师要运用语言、表情、教态、动作等引导学生更快地融入情境之中。情境设置要注意聚焦教学主题,有针对性。对情境作业内容要概括性阐述,用多样呈现模式,如视频导入、动画、音乐渲染、角色扮演、辩论、游戏等方式。情境式作业的评价同样也应多元化,一方面可以来自学生的直接反馈,另一方面也可以是其对作业本身的反思,对参与情境中的活动的所得所感。

例如演唱不同情境中的《雪绒花》,学生可以根据剧情设计布置情境,并在其中参与表演活动,分组模仿并表演剧中不同场景下演唱的《雪绒花》。这种将音乐与角色、剧情结合的方式,可以让学生们身临其境地感受主人公面对纳粹时坚强不屈的精神与爱国主义情感。

又如欣赏《图画展览会》时,可以让学生自主设计画展的情境。学生随音乐"漫步",模拟观画展,表演、步伐与音乐契合。教师要让学生在情境中分析漫步主题四五拍和四六拍变化节拍的特点,感受参观者悠闲自得、充满哀思的心情。

---

① 宋琳娜.情境教学在初中道德与法治教学中的应用研究[D].长春:吉林外国语大学,2022:35-36.

第四节

音合教育理念下中学音乐单元作业设计实践

本节的音乐作业设计案例均以单元作业设计为主要内容,按作业完成的时间段为轴,呈现形式多样化、体现音合教育理念的音乐作业。单元作业是检验学生学习成果、巩固知识、提升技能的重要环节,教师要关注学生的个性化需求,注意跨学科整合、与生活情境融合,凸显音乐学科情感教学的特性。在音乐单元作业设计中,要强调知识结构的系统性,重视合作式作业的开展,变革学生的学习方式,发现学生发展的多种可能性,并开展科学评价,推进实现全面教育的目标。

一、人音版《音乐》七年级下册第一单元"行进之歌"单元作业设计

【单元教学目标】

能用饱满的声音、热情的情绪演唱歌曲《一二三四歌》,在教师指导下欣赏进行曲体裁的作品《中国人民解放军进行曲》《拉德茨基进行曲》《婚礼进行曲》《葬礼进行曲》等。知晓进行曲音乐的基本特点,能听辨出进行曲体裁的音乐,并了解其所适用的演出场合及功能。认识管风琴、钢琴,能听辨其音色;认识管弦乐队、管乐队,了解主要乐器名称及乐队编制。乐于参与体验音乐的各项实践活动,乐意主动探究进行曲体裁的相关作品。

(一)课前作业

我的艺术清单:

自由组合学习小组,课前搜集、观看新中国成立70周年阅兵仪式及2022年北京冬奥会入场式相关视频资料,并尝试听辨出阅兵仪式及入场式中所使用的音乐作品哪些是进行曲体裁的,课前与同学进行交流。

【设计意图】使学生了解进行曲所适用的演出场合及其所起的作用。丰富学生的音乐素养,培养学生乐于探究的意识,提高其听辨能力。

(二)单元前检测

开门大吉:

学生任意点击课件中的一扇"门",根据"门"后所播放的音乐,说出曲名。答不出来的可有一次机会求助班上的一位同学,答对了,"门"自动开启。作品皆为进行曲体裁。

【设计意图】模拟央视节目"开门大吉"的形式,听辨进行曲体裁的作品,了解学生对这类作品的积累情况。

(三)课时作业

1.基础性作业

音乐告诉你:

(1)根据歌曲《一二三四歌》C段的演唱设计声势动作,鼓励学生在原有拍手动作的基础上,发挥想象力,自主创编新的声势动作(根据节奏特点增加捻指、拍肩、跺脚等动作),增添演唱时热情的情绪。

(2)人手两把小红旗,设计简单的旗语,配合音乐《中国人民解放军进行曲》做出动作。选出最有特色的创意动作,全班学生随着音乐边原地踏步,边整齐划一地做旗语的动作,体验进行曲的特点和作品所蕴含的精神。

(3)人人争当指挥家,边聆听音乐边指挥,体现出管弦乐曲《拉德茨基进行曲》的强弱变化。

【设计意图】每一首音乐作品都会表达特定的情感,学生要通过体验式学习,在多感官的参与中感受作品所要表达的情绪情感,进而准确地表现出来。

(4)欣赏《婚礼进行曲》和《葬礼进行曲》,随着音乐踏步前进,心中默数两首进行曲每分钟各演奏多少拍,并选择合适的速度标记,完成表格的填写。

曲名	每分钟几拍	速度
《婚礼进行曲》		
《葬礼进行曲》		

【设计意图】速度的体验是理解同为进行曲的两首作品在情感表达及功能上有着不同的关键,从数字上进行分析更加清晰明确。

2.综合应用性作业

梦想剧场:

即兴表演校运会入场式:以班级小组为单位,跟随着《运动员进行曲》音乐的节拍踏步行进。鼓励配上口号及表演动作。

【设计意图】在即兴表演中让学生体会进行曲体裁的特点,感受进行曲统一步伐的功用,并培养其团队协作及应变的能力。

3.探究拓展性作业

联合对抗:

对比《中国人民解放军进行曲》《婚礼进行曲》《葬礼进行曲》三首作品,理解进行曲所适用的场合及不同的功能。思考为什么它们同为进行曲,但表达的情感却完全不同。引导学生尝试从乐曲的情感节拍、节奏、速度、力度、调式等音乐要素方面进行分析,并分小组,以抢答的形式完成下列表格,答对最多的小组获胜。

曲名	情感	节拍	节奏	速度	力度	调式
《中国人民解放军进行曲》						
《婚礼进行曲》						
《葬礼进行曲》						

【设计意图】对音乐要素进行分析,使学生理解进行曲体裁的基本特征,同时加深其对进行曲社会功能的认识。用快速抢答的形式,激发学生的兴趣和关

注度。

4.跨学科作业

音画时尚：

设计一款乐器。在了解西洋管弦乐队主要乐器的构造及其音色特点基础上，用文字或者绘画的方式，设计出一款自己心目中的乐器。也可改造传统的乐器，并说说自己改造的原因及改进后的优点。

【设计意图】设计乐器是为了促进学生主动探究乐器的音色特点，从而提升其器乐音色听辨的能力，并在设计过程中开发学生的想象力和创造力。

(四)单元复习作业

精彩音乐汇：

1.全班分为四个大组，每个大组自主设计多种演唱形式，比如领唱、对唱、轮唱、齐唱、合唱等。用饱满的声音、热情奔放的情绪、小快板的速度演唱歌曲《一二三四歌》，鼓励使用其他的表现形式，例如喊口号、设计声势动作或行进动作等。

2.结合本单元所学知识，选择符合进行曲体裁特点的选项。(多选)

A 结构工整　　B 节奏鲜明　　C 旋律铿锵有力　　D 富有强烈号召力

E 使队列行进步伐一致　　F 声乐曲或器乐曲　　G 常用二拍子或四拍子

答案：ABCDEFG

【设计意图】让学生掌握多种演唱形式，能表现进行曲的风格特点，并能总结进行曲体裁的特点。

3.连线题

将乐器图片与相对应的名称用线连起来。

小提琴　　　　　定音鼓　　　　　大管　　　　　圆号

4.听辨连线题

聆听一段音乐，听辨这段音乐是由什么乐器演奏的，并将音频与其演奏乐器的图片用线连起来。

音频1　　　　　　　　音频2

【设计意图】认识乐器名称并能听辨乐器的音色,在判断选择当中提升聆听分辨能力。

(五)课后作业

回声嘹亮:

搜一搜、听一听、唱一唱自己喜爱的进行曲体裁音乐作品,课外与同学一起分享。

【设计意图】让学生对本单元学习的进行曲曲目感兴趣,乐于主动学习新的进行曲体裁作品,善于分享,提升音乐的自学能力。

(六)作业评价

评一评:

1.审美感知

★★★愿意聆听进行曲体裁音乐作品,与同伴一起参加实践活动,懂得部分管弦乐器名称。

★★★★较为认真地聆听进行曲体裁音乐作品,较积极地参与各项体验活动,能说出一定的进行曲体裁知识,懂得管弦乐队及管乐队主要乐器名称及乐队编制。

★★★★★认真聆听进行曲体裁音乐作品,积极主动参与各项体验活动,能准确说出进行曲体裁的艺术特征,不仅懂得管弦乐队及管乐队主要乐器名称及乐队编制,还能听辨不同乐器的音色。

2.艺术表现

★★★节奏、音高基本准确地演唱歌曲。

★★★节奏、音高较为准确并有感情地演唱歌曲。

★★★★节奏、音高准确并能有感情、投入地演唱歌曲。

3.创意实践

★★★能与同伴一起参与即兴表演和设计活动。

★★★★能与同伴共同完成即兴表演和设计活动。

★★★★★在即兴表演和设计活动中能充分发挥想象力和创造力,表现突出,作品新颖。

4.文化理解

★★★能参与讨论进行曲作品的社会功能。

★★★★能主动参与探究、讨论进行曲作品的社会功能。

★★★★★乐于探究进行曲在不同场合中所起的不同社会功能,并能提出自己的见解。

【说明】

本单元作业设计可根据课时安排的需要以及学生的实际学情,酌情选择作业内容。作业设计要围绕单元教学目标,注重以学生为主体,从学生的兴趣点出发,侧重于实践、体验活动相结合。内容上既有音乐基础知识的学习巩固,又有音乐素养能力的提升。要在律动、游戏、演唱、表演、设计活动中让学生感受进行曲体裁的艺术特征,并使其了解进行曲的社会功用,还可以引导学生提出自己的见解。

二　人音版《音乐》八年级上册第二单元"多彩音乐剧"单元作业设计

【单元教学目标】

能用深情的歌声准确演唱二声部合唱曲《雪绒花》,在教师指导下欣赏音乐剧选曲《回忆》《云中的城堡》《总有一天》等作品。知晓音乐剧的概念,理解音乐剧所包含的元素及其艺术特征,体验音乐剧歌曲易学、易唱、易记的特点,并能积极参与创编、表演等实践活动,增强对多元文化的接纳和包容意识。

(一)课前作业

搜一搜:

自由组成学习小组,课前搜集音乐剧相关资料,并制作成PPT,课前播放交流。

【设计意图】学生可根据自己的兴趣爱好,提前预习音乐剧相关知识,并在小组合作学习中,学会与他人分工、协作。课前作业既为本单元学习做好铺垫,又能提升学生团队协作能力。

(二)单元前检测

辨一辨:

老师用钢琴弹奏几个音乐剧选曲片段,让学生说出这些选曲片段的曲名及选自哪部音乐剧。

【设计意图】老师可弹奏教材中的音乐剧选曲片段,亦可弹奏课外流传较广的音乐剧作品,一方面了解学生已有音乐剧知识的基础情况,另一方面也让学生了解这些家喻户晓的音乐均选自音乐剧作品,进而激发他们的学习兴趣和探究欲。

(三)课时作业

1.基础性作业

动一动:

(1)根据歌曲《雪绒花》设计声势动作,作品为二段体结构,可用不同的动作表现两部分的不同情绪。两声部的演唱也可设计不同声部的动作。

(2)为歌曲《云中的城堡》中固定的节奏型 $\frac{3}{4}\underline{X\ XX}\ XX\ \underline{XX}\ |\ \frac{2}{4}X\ 0\ \|$ 设计不同的声势动作。并用接龙的形式,分小组进行歌曲的演唱,每个小组演唱一个乐句,串联起来。

【设计意图】无论是声势动作设计还是接龙游戏,都是为了辅助学生对歌曲准确地演唱、有感情地表达。可以要求学生用不同的方式多练习,加深记忆。

跳一跳:

模仿日常生活中猫的动作,学跳音乐剧《猫》中简单的舞蹈动作。

【设计意图】模仿生活中猫的动作可以激发学生的参与热情,学跳剧中的舞蹈动作,可以让学生体验音乐剧中的重要元素之一舞蹈的特点,同时使其深刻体会艺术来源于生活且高于生活。

画一画：

(1)用各种图形分别表示歌曲《雪绒花》的乐句结构,鼓励学生充分发挥每个人的想象力,用相同、相似、不同的图形,表现出歌曲四个乐句的特点。

(2)画出歌曲《总有一天》的曲式结构(再现三部曲式 $A+B+A^1$ 结构),可分别用色块、几何图形、线条等来表示。

摆一摆：

聆听音乐,用不同的颜色方块摆出歌曲《回忆》的曲式结构。

$$\|:A:\| + B + A + (间奏) + B + A$$

【设计意图】用具象的图形、色块来表示音乐的结构,既可形象化表示作品的曲式特点,又能充分发挥学生的想象力。

挥一挥：

按照三拍子指挥图示,边演唱歌曲《雪绒花》边指挥图示。

【设计意图】边指挥边演唱,可以让学生通过舒展的动作感受作品节拍特点,也能促进其三拍子歌曲演唱的准确性。

2.综合应用性作业

演一演：

经典重现——表演《雪绒花》

场景一：上校与孩子们在家中的演唱。

场景二：上校一家在音乐会上的演唱。

在此基础上,也可以鼓励学生发挥想象力,重新设置人物及场景,注意刻画同样的歌曲在不同场合中演唱所表现出来的不同情绪。

【设计意图】演唱、表演音乐剧作品,可以让学生在参与中体验音乐剧的艺术特征,理解音乐剧的构成元素。在模仿的基础上,要鼓励学生大胆想象,根据自己的理解,超脱原有剧本的局限,表达自己的想法。

3.探究拓展性作业

议一议：

1.欣赏金沙遗址博物馆中的"太阳神鸟金箔""七彩玉盘""金面具"等,说说音乐剧《金沙》是如何体现作品深厚的人文底蕴和文化内涵的?

2.对比文学巨著《悲惨世界》与同名音乐剧在剧情上的异同点,说说作品所蕴含的思想内涵。

【设计意图】结合历史文化、文学著作来分析音乐剧作品,可以提升学生的文化底蕴,拓宽视野,提升文化理解素养。

4.跨学科作业

做一做:

设计制作音乐剧《猫》中的角色面具,使用自己擅长的美术技能如绘画、手工制作、电脑制图等方式完成。可以以剧中角色为原型,也可根据自己的想象,设计其他性格特征的"猫"的面具。

【设计意图】协同美术学科,不仅能激趣,还能加深学生对音乐剧综合性特征的理解,对促进学生全面发展具有独特的作用。

(四)单元复习作业

练一练:

1.老师拍打歌曲《云中的城堡》A部分中的固定节奏型,学生记录在作业本上,并写出拍号。

(　　) X XX XX XX | (　　) X 0 ‖

2.结合本单元所学知识,选择符合音乐剧特点的选项。(多选)

A 音乐剧是一门综合性舞台艺术。

B 音乐、舞蹈、戏剧是音乐剧的三大要素。

C 音乐剧以美声唱法为主。

D 音乐剧是一门现代通俗艺术。

答案:ABD

3.设计歌曲《雪绒花》的演唱力度,并填写在方框处,并根据自己的设计,和同伴一起有感情地演唱。

1—16小节	17—24小节	25—32小节

【设计意图】单元复习作业重点在于了解学生是否掌握了本单元的重难点问题,亦是对单元学习的一个总结。

(五)课后作业

编一编:

根据本单元所学音乐剧概念、艺术特征等知识点,以校园生活为内容编写一部小型音乐剧作品,并尝试表演。要求总时长不超过12分钟,角色数量可根据剧情需要酌情安排,至少含有三段音乐,鼓励使用舞蹈元素。

【设计意图】编创、表演小型音乐剧作品,是本单元的拓展性练习。学生可将课堂中所学的知识应用到实操当中,既能深刻理解音乐剧的特点,又能提升创造力、协作能力。每个学生在编创、表演中都有机会充分发挥各自的特长。

(六)作业评价

评一评:

1.审美感知

★★★愿意聆听、观看音乐剧作品,参与一定的体验活动。

★★★★较为认真地聆听、观看音乐剧作品,较积极地参与各项体验活动,能说出一定的音乐剧相关知识。

★★★★★认真聆听、观看音乐剧作品,积极主动参与各项体验活动,能准确说出音乐剧的概念及其艺术特征。

2.艺术表现

★★★演唱的节奏、音高基本准确,能完整演唱单声部歌曲。

★★★★演唱的节奏、音高较为准确,能完整且有感情地演唱单声部歌曲。

★★★★★演唱的节奏、音高准确,能完整且有感情地与他人合唱二声部作品。

3.创意实践

★★★能与同伴共同参与小型音乐剧的表演或组织工作。

★★★★在音乐剧表演中担任一定的角色任务。

★★★★★除担任音乐剧表演任务外还参与小型音乐剧的编创活动。

4.文化理解

★★★能参与讨论音乐剧相关文化知识。

★★★★能主动参与探究、讨论音乐剧相关文化知识。

★★★★★乐于探究音乐剧相关文化内涵、历史背景知识,并能提出自己的见解。

【说明】

根据本单元教材内容及学习要求,教师应在作业设计中侧重于音乐体验活动的开展,将音乐能力的培养及音乐知识与技能的教授融合在游戏、律动、演唱、创编等实践活动中,协同美术、文学等学科知识与技能培养,完成本课的教学目标。本单元的作业设计,可根据各个单元课时内容安排,酌情选择部分活动作业,并依据学生的实际学情,考虑是否选用课前作业及课后作业。

三 人音版《音乐》七年级下册第三单元"天山之音"单元作业设计

(一)作业设计思路

学科实践是新一轮课程改革的重点和亮点,《义务教育艺术课程标准(2022年版)》对艺术实践的概念和内容进行了具体的阐述,艺术实践包括欣赏、表现、创造、融合。2023年12月教育部出台《关于全面实施学校美育浸润行动的通知》,提出了艺术实践活动普及行动的要求。基于对文件精神和课标的学习、理解,结合本单元新疆地区各少数民族音乐的民族与地域风格、文化价值、表现形式等,围绕音乐学科实践活动的形式和特点,协同姊妹艺术如美术、舞蹈、文学、戏剧等设计相关作业。

(二)作业设计

1.手工制作小花帽

花帽是中国维吾尔族服饰中的特色之一,形制丰富多彩,通常为下圆上方,图案和色彩明亮、艳丽,对比强烈。

准备材料:彩色卡纸、水彩笔、剪刀、胶水、亮片珠钻等。

制作要求:根据自己的头围大小定制帽型,设计花纹与色彩,并达到可以佩戴的标准,用于课堂上小型歌舞剧表演时使用。

【评价标准】

水平3:制作的花帽色彩鲜艳,图案凸显民族特色,为小型歌舞剧表演增添亮点。

水平2:基本能完成花帽的制作,并能设计一定的图案。

水平1:只能完成帽型的制作,没有设计图案,色彩单一。

【设计说明】

花帽的设计制作是与美术学科的融合运用,一方面是为了促进学生主动了解维吾尔族人民的风俗习惯与文化特点,另一方面也是为了本单元实践活动之一小型歌舞剧表演的舞美元素做准备。在设计过程中可以充分开发学生的想象力和创造力。

2.歌舞乐表演

(1)根据歌曲《青春舞曲》亲切、活泼、充满青春活力的特点,设计简单的维吾尔族舞蹈动作,边歌边舞。(可先由老师教授一些基础的维吾尔族舞蹈动作,也可由学生即兴编配具有生活特征的舞蹈动作。)

要求:表现出维吾尔族人民的能歌善舞的特点,以及他们热情、活泼的性格特征。

(2)歌舞表演《青春舞曲》,同时另一部分学生用书模仿手鼓演奏,为演唱伴奏,增添歌曲的活泼、欢快情绪。

手鼓演奏节奏型:$\frac{4}{4}$ X. X X X   X X X X X ‖

【评价标准】

水平3:歌曲演唱准确富有感情,舞蹈动作富有表现力;"手鼓"演奏节奏感强,能很好地表现出歌曲所要表达的情绪。

水平2:能基本准确演唱歌曲,能用简单的舞蹈动作配合演唱;"手鼓"演奏节奏准确。

水平1:演唱时会出现部分节奏、音准不准确,不会运用舞蹈动作表现作品;"手鼓"演奏节奏基本准确,但有时跟不上歌曲的演唱。

【设计说明】

歌舞乐表演是与舞蹈学科的融合实践,学生可以通过演唱、舞蹈、演奏来感受维吾尔族音乐活泼、欢快、节奏鲜明的风格特征,能以富有朝气的青春气息来表现《青春舞曲》这首作品。

3.配乐诗朗诵

自由组合学习小组,课前搜集描写大美新疆的诗句,或是自己撰写相关诗句。

课堂中,在欣赏完乐曲《阳光照耀着塔什库尔干》后,从作品的引子、第一部分"纵情高歌"、第二部分"热烈起舞"中选择与事先准备的诗句情感表达相配的音乐片段,作为诗朗诵的背景音乐,与同学一起配乐朗诵,感受新疆的美好和音乐作品所表达的热爱生活、乐观向上的情感。

要求:配乐朗诵的形式可以是独诵、对诵、齐诵、多声部朗诵等,选择合适的音乐片段结合朗诵有感情地表演。

【评价标准】

水平3:朗诵的形式多样,富有感情,音乐选配合理。

水平2:朗诵形式较为单一,音乐选配较为合理。

水平1:能基本完成朗诵,音乐选配需进一步斟酌。

【设计说明】

配乐诗朗诵是音乐学科与语文学科的融合运用,学生可以通过语言、文字的抒情,配合音乐的渲染,感受新疆这片沃土的民族风情及特色,增进对新疆地区音乐艺术的认识,激发对少数民族音乐的喜爱之情。

4.合作式节奏游戏

学生围成一圈,跟着老师敲击手鼓的节奏声按节拍边打篮球边绕圈走。当听到"赛乃姆"节奏型 $\frac{2}{4}$ 冬. 大 0 大 | 冬 冬冬 ‖ 时,学生快速与身边的同伴合作摆一个新疆人民生活情境的造型,如摘葡萄、摘哈密瓜、吃烤全羊和同伴跳舞等等,等到"赛乃姆"节奏型 $\frac{2}{4}$ 冬. 大 0 大 | 冬 冬冬 ‖ 再次出现时,再继续边打篮球边继续往前走,不断反复,直至老师叫停为止。

要求:注意聆听,区分老师敲击手鼓的节奏型,快速做出反应,并能与同伴一起摆造型。篮球可以作为道具合理使用,可事先与同伴商量好造型的内容,但不能每次的造型都一样。

【评价标准】

水平3:能对"赛乃姆"节奏型迅速做出反应,并能与同伴一起合作完成生活情境造型。

水平2:能辨认出"赛乃姆"节奏型,能与同伴一起摆造型。

水平1:对"赛乃姆"节奏型的分辨较不敏锐,需要跟在其他同学后面做出反应,不知道与同伴摆什么生活情境造型。

【设计说明】

这项作业的设计融合了多方面的元素。一是打篮球,即音乐学科与体育学科的融合,初中生喜欢打球,按照节拍来打,就像节拍器一样,更有利于辨别节奏型;二是与同伴完成生活情境造型,可以加深对新疆地区人民文化和生活习俗的了解。学生在生活化情境的设计中感受音乐特征,不仅考验乐感、合作能力、分辨能力,还考验一定的运动能力。

5.小型歌舞剧表演

剧情:放假了,小红到新疆找好朋友小兰玩,恰逢那里举行"麦西来甫"活动(维吾尔族人民的一种聚会活动)……

要求:自由组成学习小组,现场即兴编创、表演小型歌舞剧。剧情可在老师提供的内容范围内进行拓展;舞美可以使用课前制作的手工小花帽;音乐建议使用本单元教材内容的作品,如歌曲《青春舞曲》《我的金色阿勒泰》《赛乃姆》《在那银色的月光下》《歌唱吧,我的库木孜》以及乐曲《阳光照耀着塔什库尔干》等,也可选用课外的具有新疆少数民族音乐特点的作品;可用歌舞乐形式,配乐诗朗诵形式,或用节奏游戏的方式等等,将课堂中的艺术实践活动整合在一起,也可根据需要现场即兴采用新的形式。

【评价标准】

水平3:能与同伴一起完整表演小型歌舞剧,形式多样,能表现出一定的主题和思想内涵。

水平2:基本能与同伴完成小型歌舞剧,完整使用课堂中学习的艺术实践活动形成作品。

水平1:不能流畅地表演小型歌舞剧,需要在老师的指导下完成。

【设计说明】

小型歌舞剧的作业设计融合了戏剧、舞蹈、美术、语文、体育等多门学科,不同的学生可以根据自己的学科特长在其中充分发挥自己的优势,在与同伴的合作表演中感受艺术的魅力,并最终将课堂中所学的知识与技能融合运用到生活实际中。

(三)作业点评

小型歌舞剧表演是融音乐、舞蹈、美术、文学等元素于一体的综合性舞台表演艺术,表现一定的故事情节,能表达剧中角色的思想感情,这种艺术表现形式特别有助于加强音乐与其他姊妹艺术的联系,提高学生的跨学科实践能力和综合表现能力。本作业设计以最后一项作业小型歌舞剧的合作表演为最终目标,在前面几项作业的设计中,事实上是围绕着歌舞剧每个元素的表达而展开的,无论是小花帽的设计制作,还是《青春舞曲》的歌舞乐表演,以及节奏游戏、配乐朗诵等等,这些作业内容均可应用于最后的小型歌舞剧表演中。这几项作业看似各自独立,却是循序渐进、环环相扣、深入浅出的一个积累过程,为最后的小型歌舞剧表演作业提供了最有力的保障。本作业设计还具有开放性的特征,当中有很多环节需要学生充分发挥想象力和创造力,不同的学生可以根据自己的兴趣及素养能力,充分发挥特长,在艺术实践活动中结合自己的生活经验与同伴一起合作完成每一项作业。同时,在跨学科作业的设计当中注重凸显音乐学科的特性,无论是歌舞乐的表演还是节奏练习、配乐朗诵、歌舞剧表演,这一系列音乐实践活动有机地融合在一起,很好地培养了学生的合作意识与创造能力,在整体单元教学中提升了学生的音乐素养。

第六章

音合教育理念下中学音乐教学案例及评析

音合教育理念的运用为中学音乐教学实践提供了新的思路和方法，本章通过具体的教学案例及评析，展示音合教育理念在中学音乐教学实践中的实际效果和价值，主要包含中学音乐课堂教学和音乐学科特有的合作式艺术实践活动的相关案例及评析。其中，针对音乐课堂的教学设计分别从如何体现音合教育元素、音合教育特征、音合教育资源开发及音合教育教学策略四方面进行了评析，并针对小型歌舞剧及合唱教学这两项最具有合作式特征的艺术实践活动，从内容体系及创编应用、实践体系及方法应用等不同方向进行了阐述，为中学音乐学科课堂教学及课外艺术实践活动教学提供借鉴和参考。

第一节　音合教育理念下中学音乐课堂教学设计及评析

一　音合教育理念下鉴赏体验类音乐教学设计及评析

(一)《巴西音乐之旅》教学设计及评析

【教材来源】

花城版高中《音乐鉴赏》第三单元第二节"绚丽的世界音乐之舞曲篇"。

【教学目标】

(1)了解巴西桑巴及波萨诺瓦的特点,体验巴西音乐的风格特征。(审美感知)

(2)认识桑巴音乐中的常用打击乐器,并能尝试演奏。(审美感知,艺术表现)

(3)知晓巴西音乐特点形成的原因,理解巴西文化在欧洲、非洲、印第安文化的相互融合及依存中造就出的独特风格。(审美感知,文化理解)

【教学重难点】

了解桑巴的艺术特征,理解巴西音乐特点中所反映出的文化渊源。

【教学准备】

巴西音乐相关资料、桑巴音乐常用打击乐器。

【教学过程】

课前播放NIKE广告——《机场足球》

1.组织教学,了解巴西文化

(1)讨论。

思考:课前播放的这则广告体现了哪个国家的文化?你从哪里看出来的?

小结:视频里有巴西队的五位球星——罗纳尔多、罗马里奥、罗伯特·卡洛斯、儒尼尼奥、德尼尔森,他们在机场踢足球。在巴西,足球不仅是运动,还是他们的文化代表,巴西几乎人人都是球迷,一有重大比赛,巴西人都要举家前往观看,城市里街道上几乎没人,赛场上人山人海。巴西队是世界杯历史上最成功的球队,曾五次夺冠,夺冠次数排名世界第一。

除此之外,还有背景音乐具有桑巴风格,机场的文化标记等等。

(2)观看一组图片。

讨论:你所了解的最有代表性的巴西文化有哪些?

小结:除了足球外,巴西的狂欢节、桑巴也是这个国家最有特色的文化。每年二月的中下旬,巴西都要举行狂欢节,全民狂欢三天,欢快、热情的桑巴音乐响彻大街小巷,游行的队伍中人们穿着华丽的服装,戴着羽毛头饰,跳着桑巴舞。桑巴是巴西的一种全民性舞蹈,有着鲜明的自娱性和即兴性,它以非洲黑人舞蹈为基础,融合了葡萄牙人、印第安人的民间舞蹈。

巴西是南美最大的国家,四百多年前那里的原住民是印第安人,16世纪初葡萄牙在巴西登陆,大批移民从欧洲迁入。巴西沦为葡萄牙的殖民地后,大量的黑奴被贩卖到巴西。巴西是拉美国家中唯一以葡萄牙语作为官方语言的国家。因此,巴西的民间音乐兼受了多重文化的影响,融葡萄牙的旋律和非洲节奏于一体,加上南美洲原住民印第安人的音乐特点,构成了巴西音乐独有的特色。

2.欣赏电影《里约大冒险》中的主题曲《Real In Rio》

(1)观看视频。

思考:这部电影的故事发生在什么地方?这首歌曲包含了几种音乐风格?演唱形式是什么?

小结:这部电影的故事发生在巴西里约热内卢。这首歌曲源自巴西里约热内卢地区的土著民谣,它热情奔放,具有强烈的节奏感,让人不禁随着音乐翩翩起舞。鼓点巧妙地融入了鸟儿清脆的叫声,模仿鸟儿跳舞的步伐节奏与鼓点节奏高度一致,实现了画面与背景音乐的完美结合。

主歌部分:桑巴节奏——巴西土著民谣(齐唱,外加伴唱)

副歌部分:桑巴节奏——波萨诺瓦(两只蓝色金刚鹦鹉对唱,金丝雀跟乌妈

妈对唱、齐唱）——Rap——桑巴节奏

这首歌曲融合了多种音乐风格，包含了桑巴、巴西土著民谣原生态音乐、波萨诺瓦、嘻哈音乐中的说唱。

歌曲开始时，伴随着几声清脆的鸟叫声，鸟儿出场，桑巴节奏随之响起，鸟儿开始翩翩起舞。在一段欢快、热情的桑巴之后，电影拉开序幕，歌曲以巴西土著民谣音乐作为铺垫。女声领唱用柔和、委婉的音色诠释了一段波萨诺瓦，紧接着一段说唱，最后歌曲在桑巴节奏中结束。短短三分钟音乐将巴西音乐文化展现得淋漓尽致。

（2）桑巴节奏练习，感受桑巴音乐的律动感。

$$\frac{4}{4}\underline{X.\ \ X}\ \underline{X\ X}\ \underline{X\ X}\ \underline{X\ 0}\ |\ X.\ X.\ \ X\ \ \ X\ \ X\ 0\ \|$$

3.了解桑巴

（1）观看桑巴舞蹈视频。

思考：桑巴舞蹈动作有什么特点？桑巴音乐的情绪是怎样的？在视频中你看到了什么乐器？

小结：桑巴是音乐加舞蹈的混合体。桑巴舞起源于非洲，"桑巴"一词据说是从非洲的安哥拉第二大部落基姆本社语中的"森巴"演变而来的，原是一种激昂的肚皮舞。桑巴舞蹈受非洲舞蹈的影响，其动作特点是舞步的速度极快，跳舞时，摆动双臂，舞者的腹部、腰部和胯部不断地扭动和抖动，双脚快速跳动，全身上下都像波浪般抖动。

尝试学习桑巴的基本舞步。

桑巴音乐的情绪欢快、热烈、活泼。

视频中出现的打击乐器有康佳鼓、类似小军鼓的Caixa（葡语中译为"盒子"）。

（2）了解桑巴音乐中常用的打击乐器。

①认识桑巴音乐中常用的苏多鼓、库加鼓、巴西铃鼓、巴西框鼓、廷豹鼓、阿哥哥铃、桑巴沙筒等打击乐器。

★苏多鼓：一种低音鼓，演奏时一只手拿大木槌敲击鼓面，另一只手拍击鼓面,交替进行,可同时演奏两个声部的节奏。

★库加鼓:摩擦一根固定在鼓内部的鼓棒来获得声音。

★巴西铃鼓:一种小金属鼓,用拇指、指尖、指关节交替敲打,或者用手指拍、手腕靠着鼓面用指尖拍、两只手一起拍等等,有着多种演奏方式。

★巴西框鼓:一种没有配备摇铃的单面皮鼓,外壳多为木质、金属等。常用手掌、拳头、手指等来演奏。

★延豹鼓:类似圆锥形,大小不一,重量轻,用双手拍,不同位置发出的声音不同。

★阿哥哥铃:双锥体响铃,由一根弯曲的焊接棍连接。用棍子敲打,两个响铃有不同的音调,可以同时敲打。

★桑巴沙筒:摇奏体鸣乐器,为非固定音高乐器,发出清脆且略带沙沙的响声。演奏时单手摇晃,能奏出各种节奏型。

桑巴音乐常用打击乐器

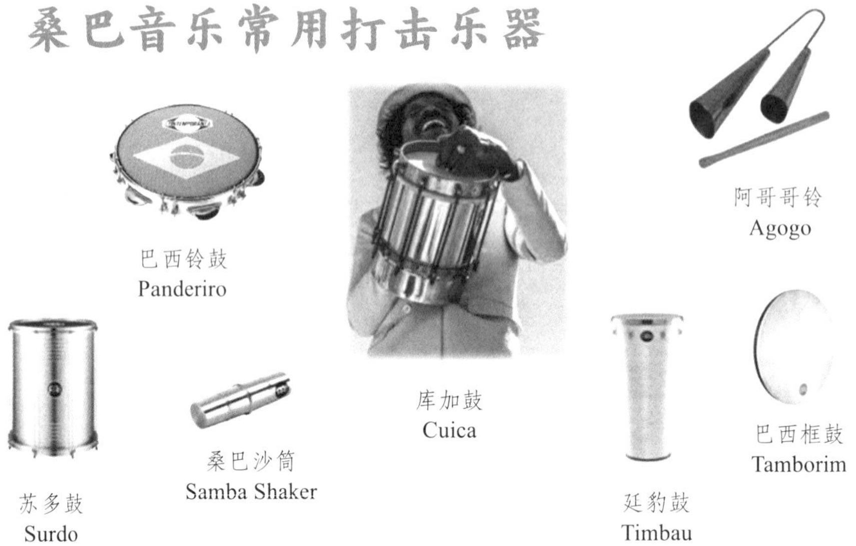

巴西铃鼓 Panderiro

库加鼓 Cuica

阿哥哥铃 Agogo

苏多鼓 Surdo

桑巴沙筒 Samba Shaker

延豹鼓 Timbau

巴西框鼓 Tamborim

②欣赏巴西鼓乐队及库加鼓的演奏,并尝试用巴西打击乐器演奏桑巴节奏。

鼓励学生尝试演奏各种巴西打击乐器,并自己编配具有桑巴风格的节奏,有能力的同学建议以小组合奏的形式,演奏多声部打击乐。

4.欣赏2014年巴西世界杯主题曲《全世界》

(1) 根据谱例,通过音乐要素分析作品的特点。

$1=\mathrm{D}\ \frac{4}{4}$

```
3 3  3 2  1 4 | 4· - - - | 3 3  3 2  1 2 | 2 - - 1 2 |
3 3  3 2  1 4 | 4  2 - 0 2 | 3 3  3 2  1 2 | 2 - - 1 1 |
3· 1 1  1  | 4·  1 1  5 | 5·  4 4  3 | 2 - 3 4 |
3· 1 1  1  | 4·  1 1  5 | 5·  4 4  3 | 2·  2 2 1 | 1 - - - ‖
```

(2) 视唱歌曲旋律,并圈出旋律中的切分音

$1=\mathrm{D}\ \frac{4}{4}$

```
3 ③  3 2  ①④|④· - - - | 3 ③  3 2  1 ②|② - - 1 2 |
3 ③  3 2  ①④| 4  2 - 0 2 | 3 ③  3 2  1 ②|② - - 1 1 |
3·  ①①  1  | 4·  ①①  5 | 5·  ④④  3 | 2 - 3 4 |
3·  ①①  1  | 4·  ①①  5 | 5·  ④④  3 | 2·  2 2 1 | 1 - - - ‖
```

(3) 观看《全世界》MV作品。

(4) 了解作品《全世界》。

尝试跟唱歌曲。

(5) 总结桑巴音乐特点。

①桑巴音乐主要是由打击乐、弦乐(来自欧洲的吉他、葡萄牙的四弦弓弦乐器)和歌手共同完成。

②桑巴音乐的三大特点:二拍子(或四拍子)、大调和轻快的速度。

③旋律接近欧洲的演奏风格,短小而对称的乐句,前后相呼应。同时运用

典型的下行乐句或简单重复的乐句。

④歌曲音域比较窄,主歌和副歌交替进行,采用七声音阶,也有采用五声音阶的种类。

⑤受非洲音乐影响,桑巴音乐多使用切分节奏及附点节奏。

5.了解波萨诺瓦

(1)观看演唱视频。

(2)简介波萨诺瓦。

波萨诺瓦由葡萄牙语"Bossa Nova"的音译而得名,于20世纪50年代出现在里约热内卢,是桑巴和爵士乐的混合音乐,音乐情绪比较冷静,略带感伤。听起来明快简洁,给人柔和、惬意的感觉。节奏温和,旋律线条悠长、抒情,适合室内聚会及沙龙。

(3)了解演唱者小野丽莎。

小野丽莎出生在巴西,1989年发表首张葡萄牙语专辑,擅长演唱将巴西桑巴舞音乐与爵士乐融合的波萨诺瓦曲风。

电影《天下无贼》片尾曲改编自小野丽莎的代表作《玫瑰人生》。

(4)分析波萨诺瓦的特点。

波萨诺瓦音乐的特点:伤感,冷静,文雅,温柔舒缓,慵懒惬意,漫不经心,浪漫音调,让人听了精神放松。它是巴西桑巴与美国爵士乐的混合体。

6.探讨巴西音乐文化的多元性

巴西是唯一讲葡萄牙语的拉丁国家。巴西音乐节奏欢快、热情奔放,由非洲舞蹈音乐、土著印第安人音乐、葡萄牙传统音乐融合而成。经过了数百年的相互影响、依存、融合,最终孕育出独具特色的巴西音乐,这说明文化具有很强的包容性、独特性,这也是我们学习各国各民族音乐文化的目的和意义所在。我们不仅可以增长知识,拓宽眼界,从中我们更可以懂得不仅要学会做自己,同时也要懂得如何去学习别人的优点和长处,学习、融合、贯通,才能使自己变得更好。

【评析】

1.体现音合教育的元素

(1)五育融合。

足球是巴西最有代表性的文化之一。因此,在导入部分可结合体育相关知识的教学,与学生交流足球对于巴西人的影响力,以及讨论在日常生活中,巴西人是如何热爱足球的,使学生了解文化对一个国家的影响。通过观看耐克广告及图片,引发学生思考为什么一看到这个广告就知道它体现出了巴西的文化。要让学生知晓文化特色的功用,进而引入巴西另一个文化代表——桑巴。

(2)跨学科融合。

主要体现在与历史学科的融合。巴西原为印第安人居住地,16世纪30年代沦为葡萄牙殖民地,因此有了一部分欧洲移民以及非洲黑人、混血儿。人种的多样性也对他们的音乐文化产生了影响,从历史的角度切入,易于理解并记忆巴西音乐的综合性特征。它具有欧洲、非洲、印第安音乐的混合特征,教师引导学生从音乐作品的要素分析入手,可以找到巴西音乐作品中欧洲音乐的七声音阶、大调式特征,非洲音乐的切分节奏、热情情绪特征,印第安音乐的同音反复、乐句重复特征,帮助学生理性认识巴西音乐形成的特征的由来。

(3)合作式艺术实践活动。

巴西的打击乐器丰富多样,教师用实体乐器让学生亲眼看、亲手演奏、亲耳聆听,使其能根据课堂上所学桑巴音乐的特征,即兴演奏打击乐器。一方面让学生感受体验巴西乐器的音色、演奏方式及音乐特征,另一方面也鼓励学生合作演奏,在相互配合中演奏出多层次多色彩的打击乐合奏曲,更显动感和动听。

2.体现音合教育的特征

实践性特征。巴西的歌、舞、乐都极富特色,具有鲜明的特征,在分析完历史成因及音乐要素特征之后,如何让学生深刻地记忆并理解巴西音乐的特征是这节课的重点。《全世界》这首歌曲有典型的切分节奏、附点节奏,教师可让学生通过视唱旋律、跟唱歌曲,感受这些节奏特点所带来的音乐情绪与律动感,同时让学生主动找出这些节奏型。其中,切分节奏在这首歌曲中并不是很容易能找得出来,因此,可以重新复习切分节奏的概念,让学生先有理性的认识,再有感性的体验,这样的学习最为深刻。桑巴舞蹈也独具特色,可让学生在观赏之后,先分析出动作的特点,然后跟着老师学习最基础的舞步。即使没办法做得特别标准,也可以初步感受桑巴舞蹈的热情及其主要的艺术特征。巴西的打击乐器在音乐中起了特别重要的作用,教师可通过给学生介绍各种乐器的不同演奏方式,激发学生的探究热情,并让其亲身演奏、合奏、创作,点燃他们的学习积极性。在沉浸式体验巴西音乐的歌舞乐特点后，总结出巴西音乐的艺术特征，完成本课重点的学习。

3.体现音合教育的资源开发

基于多元性的资源开发。本课以课本作品《全世界》为主要课堂资源，同时增加电影《里约大冒险》中的主题曲《Real In Rio》、桑巴舞蹈视频、小野丽莎演唱的波萨诺瓦歌曲，使学生全面了解巴西音乐的风格特征。其中的《Real In Rio》最具特色，它是电影《里约大冒险》的主题歌，但在影片中并不是完整出现的，而是在影片的开头和结尾各出现一半，整合起来才是完整的一首歌。电影《里约大冒险》是学生较喜爱的电影之一，因此，一开头就吸引了学生的注意力，同时电影里也出现了很多巴西的文化特色，比如雕像、桑巴、打击乐器等等，让学生感受到浓浓的巴西风情。桑巴舞蹈与波萨诺瓦是拓展资源的一部分，但它们同时也是巴西音乐中不可或缺的部分，因此资源的整合，完善了对巴西音乐的探究。

4.体现音合教育的教学策略

(1)体验式学习教学策略。

体验是音乐学习中最为重要的策略方法之一，本课的重点在于了解巴西音乐的风格特征，通过感受其歌曲、舞蹈、器乐的特点，学生可以全方位理解巴西音乐的艺术特征。而关于特征的学习，最有效也最容易理解知识点的方法就是体验了。因此，设计了聆听音乐、观看电影片段、视唱歌曲旋律、演唱歌曲、模仿桑巴舞蹈动作、演奏巴西各种打击乐器、即兴合奏打击乐等一系列体验活动，旨在让学生深度感受巴西音乐的风格特征，使其在艺术实践当中提升理性认识，进而记忆特征要点，完成教学目标。

(2)跨学科学习教学策略。

本课融合了体育及历史学科的学习，跨学科的融合教学对于发展学生核心素养有着不可替代的作用，对于提升学生解决问题的能力更是有其特殊的功效。学科与学科之间建立在有意义的联系上，可以使学生在更广阔的领域中学习。立足于生活真实问题，实现课程资源互融互通，聚焦教学目标，实现学科内容之间的深度融合，可以丰富学生的学习经验。巴西的足球是学生们在日常生活中十分关注的运动，因此这方面的体育知识他们非常熟悉，通过这方面的学习导入,一方面可以激发运动兴趣,另一方面又可以融通巴西文化的学习。而结合历史学科的知识对于了解巴西音乐的特征也非常重要,因为音乐文化特征的形成离不开历史的积淀。

(3)五育融合教学策略。

在五育融合的背景下,将美育、体育、智育、德育相融通,可以丰富教学内容。在美育活动中传递体育的理念及精神,充实智育的深度和广度,可以培育学生美的表达、美的辨别能力、美的性格、美的身心,实现真善美的统一。本课结合了巴西足球的相关文化,使学生体会体育精神,通过分析作品、即兴编创演奏提升其智力水平和创造力,充分彰显了音合教育课堂的融合特性。

(二)《中国少数民族民歌》教学设计及评析

【教材来源】

人音版高中《音乐鉴赏》第二单元"腔调情韵——多彩的民歌"第四节。

【教学内容】

1.苗族飞歌

2.蒙古族民歌《辽阔的草原》及呼麦

3.侗族大歌《蝉之歌》

4.苗族、蒙古族、侗族民歌的特征

【教学目标】

(1)通过聆听苗族、蒙古族、侗族等少数民族传统民歌,从曲调、节奏、节拍、作品结构、语言腔调等方面感受"飞歌""长调""短调""侗族大歌"等少数民族民歌体裁及"呼麦"唱法的独特艺术特征和民族风格。(审美感知)

(2)通过创作苗族飞歌、视唱长调旋律、演唱短调歌曲、集体创编侗族大歌等活动,在参与实践表现的过程中,学会少数民族传统民歌中的典型音调、节奏和其独特的表现形式。(创意实践,艺术表现,审美感知)

(3)通过对少数民族的人们所处的地域环境、生活方式、文化传统、民俗习惯、语言等因素的了解和学习,分析这些因素和少数民族民歌之间的紧密关系,理解音乐中民族风格形成的主要原因。感受少数民族民歌的艺术价值和魅力,从而热爱我国的少数民族音乐文化。(文化理解,审美感知)

【教学重点】

了解我国少数民族民歌的艺术特征。

【教学难点】

理解我国少数民族民歌风格的形成原因。

【教学用具】

多媒体教学设备、课件、钢琴等。

【教学过程】

1.组织教学,导入新课

(1)创作飞歌。

跟着老师的手势演唱具有苗族飞歌特点的旋律。

思考:这段旋律有什么特点?

小结:旋律以 do、mi、sol 为骨干音,节奏较为自由,用了比较多的延长音。

请同学现场即兴演唱飞歌。

(2)观看视频片段。

知晓苗族飞歌的演唱特点:高亢嘹亮、音域宽……

小结:"飞歌"的"飞"字在苗语中就是"喊"的意思,苗家人在山里远距离对话对歌,声音高亢嘹亮,传得远,几里外都听得到。飞歌有很多长音,歌者柔和地自然地唱出,音域范围宽广,常见八度以上,甚至能达到三十度。

(3)了解苗族飞歌风格形成的原因。

模仿"山对山"的喊叫,找出喊叫声的特点。

小结:苗族飞歌的特点与地理环境有关,苗族聚居的苗岭山脉和武陵山脉气候温和,山环水绕,在山间田野中,彼此之间的言语交流需要高亢的声音、拖长的音调。

2.欣赏蒙古族民歌

(1)欣赏蒙古族长调《辽阔的草原》。

①视唱歌曲旋律。

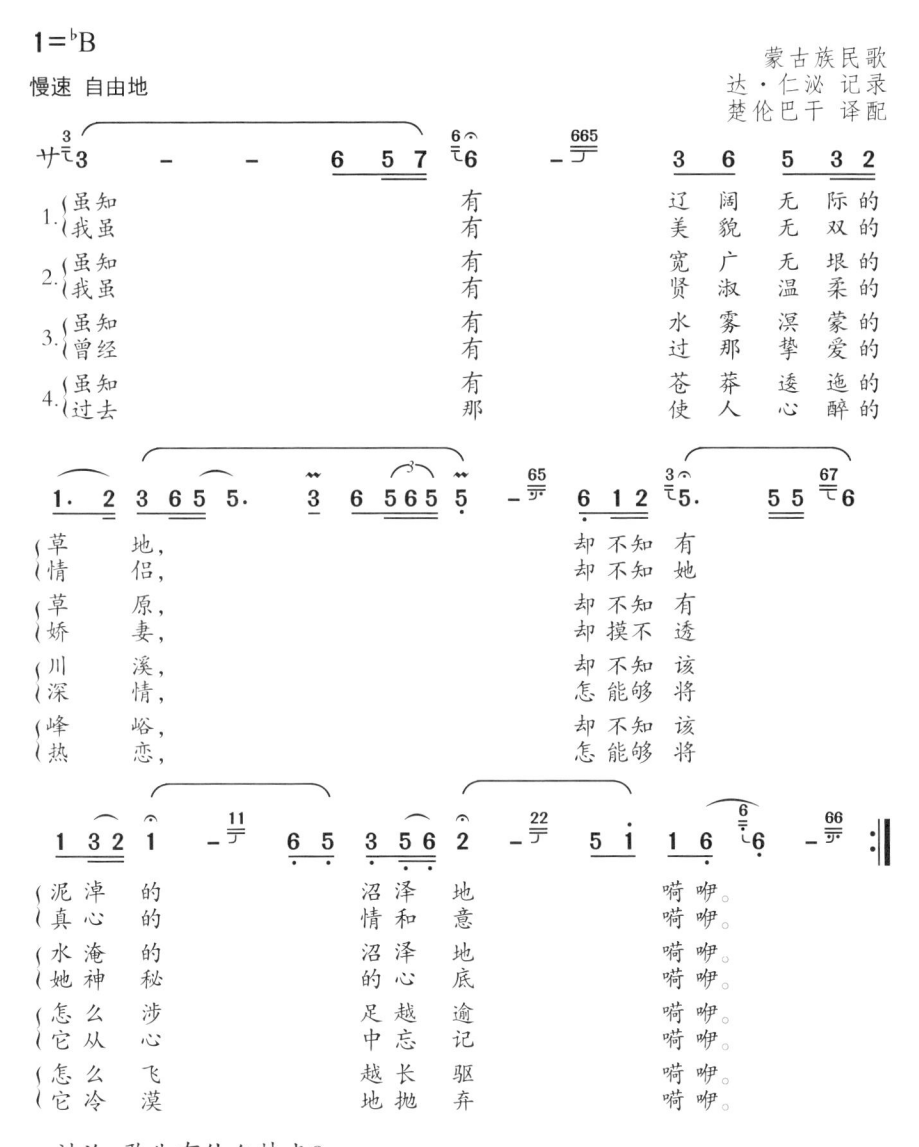

讨论:歌曲有什么特点?

小结:这首歌采用了上下句单乐段的结构形式,上下句之间形成一种并置、对比、呼应的关系。歌曲是散板,没有小节线,节奏自由、舒缓,旋律悠长、起伏大,富有装饰音,要用比较长的气息来演唱,给人以宽广、颇具草原特色的印象。作品采用了羽调式作为旋律发展的基础,使音乐更富有蒙古族色彩。

②欣赏歌曲《辽阔的草原》。

思考:这首歌曲属于蒙古族民歌中的长调还是短调?歌词表现了什么思想内涵?用什么乐器来伴奏?演唱风格上有什么特点?

小结:这首歌曲是蒙古族的长调,表现了蒙古族年轻牧民对爱情生活的珍视和追求。歌词采用了边比喻边点题抒情的方法,抒发自己的感情。歌词先借喻草原中的种种自然状况,然后表现自己对爱情生活不够一帆风顺的惆怅不安心情,借此来抒发自己的感情。歌中每两句形成一个小段落,两个小段落形成一个完整的内容整体。其内容格局是单数段落用比喻的内容寄情,偶数段落点明主题以抒情。

歌曲用马头琴伴奏(马头琴是一种两弦的弦乐器,有梯形的琴身和雕刻成马头形状的琴柄)。蒙古族长调里有一种特殊的发声技巧叫作"诺古拉",蒙语就是"弯转"的意思,译作汉语可称为颤音。长调里的颤音是自动发出的,是演唱者发自内心的演唱,自然而然地唱出来。颤音可以自由地使用,但一般不会为了发出颤音而故意颤动。

(2)了解呼麦唱法。

①讨论:视频中伴唱部分的呼麦唱法有什么特点?

小结:呼麦就是歌手纯粹用自己的发声器官,在同一时间里唱出两个及以上声部。基本结构为一个持续低音和上面流动的泛音组成。

②欣赏呼麦唱法。

小结:蒙古族有三宝——马头琴、呼麦、长调。

三者都被列入国家级及联合国教科文组织非物质文化遗产代表作名录,是中华优秀传统文化中的珍贵财富,我们要好好保护并传承。

(3)演唱蒙古族短调《嘎达梅林》。

①演唱歌曲。

说说歌曲所讲述的故事:蒙古族英雄嘎达梅林为了保护草原和百姓,率领人民奋起反抗的故事。

②讨论:对比长调和短调的特点。

小结:

	旋律	速度	节奏	歌词	演唱特点	风格
长调	起伏较大,悠长舒缓	慢	疏散自由	两行一段,腔多词少	装饰音多	草原气息浓厚
短调	起伏较小,曲调简洁	较快	规整紧凑	两句一段,字多腔少	装饰音简单易唱	具有鲜明的叙事性

3.欣赏侗族大歌

导入语:国际音乐界一度认为中国没有多声部合唱艺术,多声部音乐仅存于西方,直到1986年这个民族组织11人,首次出国赴法国巴黎参加演出,她们的现场演出非常受欢迎,仅谢幕就达37次。此次演出让音乐界惊叹这是中国音乐史上的重大发现,从此扭转了国际上关于中国传统音乐中没有多声部艺术的说法。这就是侗族大歌,侗族大歌是侗族民歌中最著名的一种。

(1)聆听侗族大歌《蝉之歌》。

①聆听作品。

思考:这首歌曲的演唱形式是什么?有伴奏吗?歌曲有什么特点?

小结:这首歌曲的演唱形式是领唱——齐唱——合唱;它是没有伴奏、没有指挥的多声部演唱,是一种自然和声的民间合唱形式。

②讨论侗族大歌的特点及其形成的原因。

小结:侗族大歌是中国侗族地区的一种多声部、无指挥、无伴奏、自然和声的民间合唱形式。演唱大歌分男女歌队,每个歌队至少三人,多则十几人,由老歌师严格训练。

侗族大歌节奏自由,较为频繁地变换拍子,四三拍与四二拍两种节拍交替进行。即兴性强,没有周期性的节拍循环,音乐时值供歌者自由地咏叹,衬词可以自由添加,并频繁使用。使用领唱与合唱结合的演唱形式。

在侗族,祖祖辈辈过着日出而作、日落而归的农村田园生活,田园生活的自由惬意造就了侗族大歌节奏灵活多变的特征。

③朗读歌词。

思考:侗族大歌歌词有什么特点?

小结:歌词中衬词可以自由添加,并频繁使用。蝉的叫声对于侗族人民来说,是世界上非常美妙的歌声,因此,侗族人民常常模仿蝉的叫声自娱自乐。

④尝试演唱侗族大歌。

哼唱出这首歌最常出现的一个延长音6(La),配合音频作和声的伴唱,体验多声部演唱。

这首歌曲的特点:低声部有一个持续的长音,高声部采用频繁换领唱的手法,表现蝉虫一只跟着一只鸣叫起来,此起彼落,生机勃勃。

⑤多声部即兴演唱侗族大歌。

歌词可以模仿蝉的叫声,各声部自由发挥、即兴演唱,形成多声部的演唱。

(2) 介绍侗族大歌及其国际影响力。

侗族大歌 2006 年被列入第一批国家级非物质文化遗产名录，2009 年被列入联合国教科文组织人类非物质文化遗产代表作名录。

侗家人常说"饭养身，歌养心"，也就是说，他们把"歌"看成是与"饭"同样重要的事物。侗族人民视歌为宝，认为歌就是知识、就是文化，谁掌握的歌多，谁就是有知识的人。在侗族地区，歌师是被社会所公认的最有知识、最懂道理的人，因而很受侗族人的尊重。

思考：侗族大歌的多声部合唱艺术形式是受什么因素影响的？

小结：侗族是一个爱好和平且团结的民族，他们的各种民俗活动都以集体为主，例如集体做客、集体对歌等等，这些充分体现了侗族人民的团结与友谊，显现出群体意识较强的文化精神，这些民俗活动和民俗精神就是侗族大歌生存的良好土壤。可以说大歌与侗族人的社会生活、文化精神息息相关，不可分割。

(3) 欣赏另一个版本《蝉之歌》。

《蝉之歌》是一个系列的民歌，不同村寨，不同村民，对蝉的鸣叫声会产生不同的理解和模仿，所以也产生了不同的演唱方式。

4. 总结

每个少数民族民歌的艺术特征跟他们的风俗、生活环境、性格特征、文化精神息息相关。所以通过民歌的学习我们还可以了解各民族的历史、风俗、性格、文化传统等等，希望大家能进一步关注和了解其他少数民族的音乐。

我们今天所学习的蒙古族长调和侗族大歌都是非物质文化遗产名录中的项目，都是我们中华优秀传统文化的重要组成部分，因此，我们要从自身做起，一起用实际行动保护、传承丰富多彩的传统音乐文化。

最后欣赏一首藏族、朝鲜族、彝族、维吾尔族、蒙古族、苗族的酒歌串烧，感受各种少数民族民歌的不同风味。

【评析】

1. 体现音合教育的元素

(1) 跨学科融合。

中国少数民族民歌各具特色，它们的形成与地理环境、风俗习惯、文化背景、方言等等息息相关，因此，在探究民歌特点的时候，要结合地理学科知识，分析当地的地域特征。例如，在探究苗族飞歌特点时，融合地理知识，了解到苗族居住的山区地形起伏大，苗族人民生活在山岭间，为了达到交流的目的，他们在交流中会使用高亢的声音,拖长的音调。又如根据蒙古大草原一望无际的特点,进一步引申了解蒙古族长调旋律悠长、演唱气息长等特点。

(2)音乐与生活融合。

让学生结合自己的生活经验,感受向远处喊人时的声音特点。学生会发现此时的声音是又高又嘹亮,音拉得很长,最后还会往下滑音。教师可结合这种情况讲解苗族飞歌的特点,引导学生找出民歌艺术特征形成的缘由。教师让学生学习并了解侗族人的日常生活情况,使其知晓侗族人民团结友爱、群体意识强的精神对侗族大歌多声部演唱方式形成的影响,并进一步理解侗族大歌无伴奏、多声部演唱的特色。

(3)合作式艺术实践。

本课中设计了较多的艺术实践活动,需要全班同学合作完成,可以让学生共同体验各个少数民族民歌的艺术特征。例如,让学生跟着科尔文手势演唱具有苗族飞歌特点的旋律,了解苗族飞歌的旋律以"do、mi、sol"为主;又如让学生即兴演唱侗族大歌,在了解侗族大歌具有即兴性、多声部特点的基础上,学生们现场即兴合作自己的侗族大歌,演唱时歌词可以模仿蝉的叫声,各声部自由发挥,合作形成多声部的演唱。此外还有视唱歌曲《辽阔的草原》的旋律,演唱歌曲《嘎达梅林》,朗读《蝉之歌》的歌词,这些艺术实践活动都是需要学生们一起齐心协力共同演绎的,这个过程可以培养他们团队协作的意识和能力。

2.体现音合教育的特征

(1)课程的生成性。

每一首民歌的学习,都是以体验为主。学生在亲身感受民歌特征的同时,经过思考并说出不同民族民歌的特色,在这个过程中,每个人的感受会稍有不同,课堂上会有很多不确定性。因此,教师的引导就特别重要,要根据课堂现场的实际交流情况,引导学生逐步深入探讨,得出结论。此外,在即兴合作创编侗族大歌环节,每个班级的情况各不相同,有的班级有较多音乐技能基础较好的学生,创作起来效果特别好,此起彼伏的歌声很好地表现出侗族大歌的特点。有的班级音乐素养整体比较薄弱,编创起来较为困难,教师要根据实际情况降低难度,完成不了的可以让学生分声部分开演唱,或是与老师合作,或是编创较短的演唱。这些都是课堂中生成的情况,很多是教师在设计时无法预设的,因此教师的临场应变和把控能力很重要。

(2)课程的生活性。

民歌起源于劳动人民的劳动生活中,因此,民歌特征的形成大多与生活息息相关。教学中要让学生结合自己的生活经验,结合音乐要素的分析,使其在体验实践中共同探究民歌的艺术特征。课堂教学内容要突出生活性特点,让学生理解音乐来源于生活,且高于生活。

3.体现音合教育的资源开发

(1)基于大单元的资源设计。

本课内容选自人音版高中《音乐鉴赏》模块的第二单元"腔调情韵——多彩的民歌"的第四节"少数民族民歌",教材内有四首民歌作品《辽阔的草原》《宗巴朗松》《牡丹汗》《蝉之歌》。教材内容简要介绍了蒙古族、藏族、维吾尔族、侗族民歌的特征。在明确学习任务、教学目标和重难点后,本课选择了《辽阔的草原》《蝉之歌》作为主要学习内容,引导学生深入分析作品,了解相关文化,并通过体验活动亲身感受。此外课程中还增加了初中学习过的歌曲《嘎达梅林》,通过对比分析蒙古族民歌长调与短调的区别,让学生加深了解蒙古族民歌的艺术特征,理解民歌《辽阔的草原》的特点。以及增加不同版本的《蝉之歌》的欣赏,在对比中让学生了解民歌《蝉之歌》是一个系列,不同村寨、不同人对蝉的鸣叫会产生不同理解和模仿,从而使学生能更加自信地进行创作实践活动。

(2)地方性文化的资源统整。

地方性文化资源是中华文化传承与创新的重要内容,学习地方性文化对学生素养提升具有重大而深远的意义。地方性文化具有很强的独特性,每一个民族的本土艺术文化资源都是一部历史的文化结晶,因此,要充分利用各民族的艺术资源,让学生去感受各民族的绚丽文化。本课选取的教学资源都是很具代表性的少数民族民歌,并补充了丰富多彩的课外资源。不管是人文地理还是自然风光,这些独特的地方性文化,都成为了课堂教学中的亮点,激发了学生美的灵感,启迪了学生的思维,培养了学生对民族文化的热爱。

4.体现音合教育的教学策略

(1)体验式学习教学策略。

体验式学习教学策略是本课的重点,无论是演唱歌曲、视唱旋律、朗诵歌词还是编创苗族飞歌、侗族大歌,学生都亲身体验并感受了各个民族民歌的艺术特征。要充分发挥学生的主体性,引导学生去逐步体验,同时注重创设情境,让学生在设定的情境中丰富音乐情感体验。以少数民族民歌为主题,创设一个个生动活泼的教学情境,调动学生的各种感官,提高学生的学习兴趣,激发学生学习的主动性和积极性,为后续的学习任务承接做好充分准备。

(2)生活情境式教学策略。

创设山间田野的情境,模仿"山对山"的喊叫,找出喊叫声的特点。这些任务来源于生活经验,教师可以把这种情境素材作为生活背景,让学生犹如身临其境,感受山间交流的声音特点。此外还有模仿蝉叫声的教学,用生活化的歌词创编多声部合唱,简单易行效果好。

(3)具身认知教学策略。

本课中学生使用了视、听、想、动、唱等多种方式,在情境中学习音乐知识、技能,全身心投入其中,音乐认知、音乐活动、音乐审美有效地融为一体,从而获得了对音乐的深度体验。让学生用身体感官来体验音乐、表现音乐,全身心感受中国民歌的艺术特征,音乐学习就会变得生机勃勃。

(三)《会跳舞的音乐》教学设计及评析

【教材来源】

人音版《音乐》七年级上册第二单元"缤纷舞曲"第一课时。

【教学内容】

1.探戈舞曲《小伙伴》

2.交响乐《雷鸣电闪波尔卡》

3.黎族竹竿舞音乐

【教学目标】

(1)欣赏《小伙伴》《雷鸣电闪波尔卡》和竹竿舞音乐,感受体验三种舞曲的音乐情绪、音乐风格及典型节奏。(审美感知)

(2)掌握探戈、波尔卡等舞曲体裁的风格特点,了解约翰·施特劳斯在音乐艺术上做出的贡献。(审美感知,文化理解)

(3)通过念白、声势动作、舞蹈动作模仿、节奏练习体验舞曲音乐的艺术特征。利用生活中常见的学习用品作为道具,体验竹竿舞的跳法。(艺术表现,审美感知)

(4)设计声势动作,各小组跟随音乐合作完成,体验舞曲的节奏特征。(创意实践,审美感知)

(5)探究舞曲音乐的表现形式和文化内涵,初步了解舞曲音乐的社会功能。(文化理解)

【教学重难点】

了解不同舞曲体裁的节奏特点。

【教学准备】

多媒体教学设备、钢琴、课件。

【教学过程】

1.组织教学,导入新课

(1)观看赵丽蓉表演的小品片段。

讨论:这个小品主要讲的是哪个舞蹈种类?(探戈)

(2)学习小品中的念白片段。

$\frac{2}{4}$ X X | X X | X X X X | X X |
探 戈 就 是 趟呀趟着 走 哦,

X X | X X | X X X X | X X ‖
三 步 一 蹭(嘛) 两呀两回 头 哦。

①模仿视频中的念白。

②边念白,到下划线处时拍下肩膀。

③边念边用手拍节奏,到下划线处时拍肩膀。

④不念词,拍节奏。

⑤老师即兴演奏旋律,学生拍节奏伴奏。

⑥根据老师演奏的特点,分组设计声势动作。

⑦老师钢琴即兴演奏,各小组合作声势动作。

(3)节奏练习。

节奏型:$\frac{2}{4}$ X X | X X | 0 X X X | X X ‖

用手拍出节奏型,练习整齐后,老师弹奏旋律(《小伙伴》),学生用手循环拍出节奏型。

教师提问:刚才老师弹奏的这首曲子叫什么呢?

学生回答:这是一首探戈舞曲,曲名叫做《小伙伴》。

【设计意图】用小品中的语言学习,掌握探戈音乐的节奏型,引入探戈舞曲的学习。

2.欣赏探戈舞曲

(1)了解探戈。

探戈是阿根廷最具代表性、并在世界享有盛誉的音乐体裁,实际上它是一种集音乐、歌唱、诗词和舞蹈于一体的综合艺术。它被普遍认为产生于布宜诺斯艾利斯市郊,但严格地说,它是起源于非洲,流行于阿根廷的一种双人舞蹈。特点是节奏多为四二拍或四四拍,切分节奏突出。

(2)观看探戈舞蹈《小伙伴》。

①思考:探戈舞蹈动作有何特点?

小结:探戈舞是一种表现人的豪放和粗犷个性特征的交际舞,头部的快速甩动是探戈舞风格和魅力所在。除此之外,它的舞态刚劲,步法顿挫,动作利落。

教师带领学生做探戈舞的基本舞步及甩头动作。

②这段音乐有什么特点? 能听出音乐中固定的节奏型吗? 它的旋律进行有什么特点?

小结:《小伙伴》是阿根廷最著名的探戈舞曲,旋律中七、八度大跳和半音级进并存,大跳表现一种紧张、激越的情绪,级进表现一种平稳持重的情调,二者的结合表现了一种矛盾的心情。

(3)感受探戈舞蹈动作。

边按节奏拍手边做甩头动作

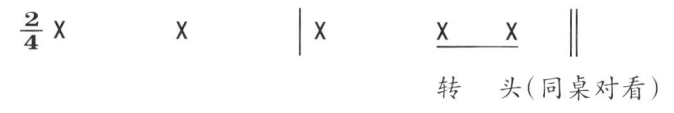

$\frac{2}{4}$ X   X | X   X X ‖

　　　　　　　 转　头(同桌对看)

思考:像《小伙伴》这样为舞蹈伴奏的音乐,我们称为什么?(舞曲)

舞曲应该怎样来定义,有什么特点?

(4)总结舞曲的概念。

舞曲(Dance music)是根据舞蹈节奏写成的器乐曲或声乐曲。由于时代、民族特点、功能、用途的不一而有多种类型。一般舞曲都具有特性鲜明的节奏。在舞曲里,某种典型的节奏型贯穿始终,这种典型的节奏型,正是区别各种舞曲的最重要的标志。比如圆舞曲、恰恰等。

【设计意图】通过节奏练习及模仿探戈舞步,学生进一步感受探戈舞曲的节奏特点及动作特征,了解什么是舞曲。

3.欣赏《雷鸣电闪波尔卡》

(1)听音乐画画。

根据A部分主题音乐,老师在黑板上画出简笔画。

讨论:老师画的这幅图是什么内容的?请你为这段音乐取标题。

你能听出这段音乐的节奏型吗?

$\frac{2}{4}$ X X | X X | X X | X - ‖

(2)节奏律动练习。

①思考:在这段交响乐中,用了什么乐器模仿雷电的声音?

注意聆听,钹鼓共出现了几次?

②根据B部分主题音乐,在钹、鼓演奏的位置加上动作(拍手、踩脚)。

$\frac{2}{4}$ X X　X X | X X　X X | X X　X X | X X　X X ‖
　　　拍　踩　　　　拍　踩　　　　拍　踩

(3)完整欣赏作品(卡拉扬指挥版本)。

思考:作品分为几部分(ABA),表现了什么内容?

(4)介绍作品和作者。

这是奥地利作曲家约翰·施特劳斯(圆舞曲之王)创作的一百多首波尔卡中最著名的一首,叫《雷鸣电闪波尔卡》。作者意在表现,在一个兴高采烈的节日里,人们聚集在一座金碧辉煌的大厅里跳舞,此时,外面狂风大作,暴雨倾盆,雷鸣电闪,而舞池里的人们却兴致正高,全然不顾外面的雷雨交加,依然翩翩起舞。

波尔卡:19世纪30年代起源于波希米亚的一种两拍子舞蹈。

大家非常熟悉的《甩葱歌》就是根据一首波兰波尔卡舞曲改编的。

【设计意图】通过律动练习,学生感受波尔卡舞曲的节奏特点,体验音乐作品的结构、内容、风格特征。

4.欣赏我国少数民族舞曲

(1)观看视频片段。

①思考:在这个片段中,画面中的人物在跳什么舞?(竹竿舞)

你能不能听出这段舞曲的节奏型?

$\frac{4}{4}$ X X X X X ‖

②讨论:什么是竹竿舞?

小结:竹竿舞又称竹杠舞,持竿者姿势有坐、蹲、站三种,变化多样。在有节奏、有规律的撞击声里,跳舞要在竹竿分合的瞬间,不但要敏捷地进退跳跃,而且要潇洒自然地做各种优美的动作。它是各民族同胞在重要节日中的一项娱乐活动。

最出名的就是黎族的竹竿舞,此外京族、瑶族、壮族、佤族、苗族、畲族等也都有本民族的竹竿舞。

(2)学跳竹竿舞。

①两位同学双手握竹竿,根据节奏进行开合练习,请部分同学上台尝试跳竹竿舞,注意跳的动作与节奏的配合,小心脚被竹竿夹住。

②用两支笔代替竹竿,两位同学一组,一位同学两手拿笔做开、合、开开、合的动作,另一位同学用食指与中指代替脚步,跳竹竿舞。由慢到快,最后配上音乐。

(3)欣赏黎族竹竿舞。

【设计意图】在实践活动中让学生感受竹竿舞的节奏特点,鼓励学生创造出新的舞曲节奏型。

5.小结

舞曲的世界是缤纷绚丽的,正是有了这些节奏感鲜明、动感的舞曲,才让我们的生活变得丰富多彩。

复习总结:什么是舞曲,有什么特点,本节课共学了哪三种舞曲节奏型。

【评析】

1.体现音合教育的元素

(1)合作式艺术实践。

本课设计了多项合作式的艺术实践活动,比如,老师钢琴即兴演奏,各小组合作声势动作。这一动作是学生和同伴一起现场即兴创作的,他们跟着老师所弹的探戈节奏旋律设计动作。因为探戈是双人的舞蹈,讲究的就是合作、配合,所以学生从简单的声势动作入手,在动作中感受探戈音乐的节奏特点,还要学会与同学合作,包括模拟简单的探戈动作,同桌之间甩头对看,都是一样的教学目的。再如,在学跳竹竿舞环节中,无论是用长竹竿跳竹竿舞,还是两个同学之间用两支笔代替竹竿掌握开、合、开开、合的节奏动作,同学之间都必须要配合好,才能让竹竿舞跳得生动有趣,并无限循环不中断。竹竿舞特别考验彼此之间的配合,稍有不慎,就不得不终止,因此学生在合作中会因挑战性十足而兴趣盎然,在快乐中感受了舞曲的特征。

(2)多样教学法融合。

本课重点在于使学生了解什么是舞曲,并能懂得探戈、波尔卡及我国少数民族竹竿舞曲的特点,知道每种舞曲都有一个特色的固定的节奏型。为了让学生更好地体验舞曲的风格特征,教师在教学过程中要通过不同的教学方法,加深其理解及记忆,以更好地完成教学目标。在导入部分,通过节奏念白,学生掌握探戈节奏的特点。节奏念白是奥尔夫教学法中常用到的方法,通过语言来学习节奏特征,节奏难点的掌握变得简单易行。同时学生通过模仿的方法,跟着老师尝试着做探戈舞的基本舞步及特色动作——甩头,了解探戈舞蹈的动作特点。教学中结合美术学科的简笔画,在听音乐画画环节,画出电闪雷鸣的画面,用点和线按节奏画出云朵、闪电、雨点等构成作品的主题内容,吸引学生的注意力,让抽象的音乐可视化。

2.体现音合教育的特征

(1)课程的实践性。

教师在教学中要注重遵循知行合一的教学模式,知是认识,行代表实践,要使学生达到认识和实践之间的统一,引导其学会自主创造。教学过程中需要注重对学生的启发，发挥学生的主体作用，让学生可以充分投入到学习中，将自身的个性及才华充分显示出来，从而使其在课程中感受成功的体验。教师还要指导学生领悟知识要点。为了更好地让学生了解探戈、波尔卡等舞曲体裁的风格特点，设计模仿舞蹈动作、声势律动合奏、玩竹竿舞等实践活动，让学生在活动中体验不同舞曲的特点，总结出理论知识点，深入探究艺术的魅力。

(2)课程的趣味性。

本课由观看小品导入，幽默风趣的内容激发了学生的学习兴趣。学生通过学习小品中的念白片段，快速地了解了探戈节奏的特点。最有趣的就是学跳竹竿舞环节，刚开始的时候学生还不太熟练，容易被竹竿夹住脚，学生就会爆发出一阵一阵的笑声，乐趣无穷。在慢慢地熟练了节奏脚步后，又会被成功的喜悦所代替，心情特别愉悦。无论是真正的竹竿舞，还是两两配合用笔来代替竹竿的实践，学生们都乐在其中，整堂课笑声不断，充满着趣味性。

3.体现音合教育的资源开发

(1)基于多元性的资源开发。

本课主要选择教材中的教学内容交响乐《雷鸣电闪波尔卡》，增加大家所熟悉的探戈舞曲《小伙伴》以及极富特色的我国少数民族黎族竹竿舞音乐，从古典音乐到拉丁音乐再到民族音乐，整合了多个音乐种类中的舞曲资源，让学生了解不同音乐风格的舞曲的共性，就是始终有一个固定的节奏型，让舞者可以随着这个节奏型翩翩起舞，这就是舞曲的最重要的特点。此外通过观看赵丽蓉老师的小品及周杰伦电影中的竹竿舞视频片段，激发了学生的兴趣及探究欲望，丰富了整堂课的内容。

(2)地方性文化的资源统整。

竹竿舞是黎族最富有特色的舞蹈表演，这一表演形式情绪热烈，深受欢迎，不仅仅在黎族，各地的旅游景点等都常见这一表演形式。表演者可以邀请旁观者参加，场面热闹、有趣。因此，在本单元中统整了这一学生们都十分熟悉的、富有地方文化特点的、风趣好玩的竹竿舞，既提升了学生的学习热情，也让学生身临其境，体验了舞曲与舞蹈之间的关系，理解了舞曲的特征。相比其他舞蹈，竹竿舞的一大优势是能让所有的学生都参与到实践活动中来。

4.体现音合教育的教学策略

(1)体验式学习教学策略。

在舞曲教学中学生除了认真聆听音乐,听辨出音乐中的固定节奏型外,还要了解舞曲与舞蹈动作之间的关系,这只能靠自身的感官体验来达成。通过体验节奏型来感受舞曲的动感,体验探戈节奏的魅力,跟着老师尝试着做探戈舞的基本舞步及甩头动作,体验探戈的舞蹈动作特征及探戈音乐的特点。还有亲身体验竹竿舞,完整参与竹竿舞的表演过程,都可以使学生充满自信地与同伴共同享受舞曲的魅力,在沉浸式的体验活动中学习、掌握不同舞曲的风格特征。

(2)生活情境式教学策略。

很多学生都在日常生活中了解或者参与过竹竿舞,竹竿舞对他们来说并不陌生,甚至有不少同学有这方面的生活经验。因此,本课用这个环节让所有学生完整参与到舞蹈体验的活动中来,让他们用生活中的物品两支笔代替竹竿,同桌互为一组,一位同学两手拿笔做开、合的有节奏感的动作,另一位同学用食指与中指代替左右脚的脚步,配合跳竹竿舞。这个环节用生活最常见的物品让他们体验所熟悉的竹竿舞,整个场面生机勃勃、教学效果好。

(四)《非洲掠影》教学设计及评析

【教材来源】

人音版《音乐》九年级下册第四单元"非洲灵感"第一课时。

【教学内容】

1.复合节奏与复合节拍

2.中非民间歌谣

3.非洲鼓的功用

4.非洲民间乐器姆比拉

【教学目标】

(1)学会复合节奏和复合节拍,通过聆听、节奏律动、模唱、创编、合作等途径,乐于探寻非洲音乐的主要特点。(审美感知,艺术表现)

(2)学唱中非民间歌谣,了解非洲音乐"一领众和"的演唱形式。了解非洲民间乐器姆比拉,并尝试演奏。(审美感知,艺术表现)

(3)尝试进行多声部复合节奏、复合节拍合奏。知晓非洲鼓的不同功用,能

现场即兴创编多声部鼓乐合奏,尝试用鼓语与同学进行交流。(艺术表现,创意实践)

(4)乐于接受多元音乐文化,感受非洲文化的特色和魅力。在艺术实践活动中积极与他人合作,感受即兴节奏创编带来的快乐。(文化理解)

【教学重点】

了解非洲音乐的特点。

【教学难点】

能用复合节奏或复合节拍与同伴即兴创编多声部鼓乐。

【教学用具】

多媒体教学设备、课件,非洲鼓若干。

【教学过程】

课前欣赏迪士尼动画电影《狮子王》主题歌《生生不息》。

思考:狮子王的故事发生在哪里?

小结:非洲大草原。

1.组织教学,导入新课

(1)整齐节奏练习。

$\frac{2}{4}$ X X X | X X X ‖

①注意重音记号的位置,用手拍出强弱。

②在重音位置喊"hou"。

全班几十位同学拍相同的节奏型,而且不断地反复,要拍得整齐划一,喊声统一,给人气势磅礴的感觉。

(2)复合节奏练习。

$\frac{2}{4}$ X X X | X X X ‖

$\frac{2}{4}$ X X X | X X X ‖

$\frac{2}{4}$ X X X X | X X X X ‖

全班分为三个声部,先分声部练习,再合练,注意每条节奏的重音位置,把重音的地方拍重些。

两个以上声部节奏,重音位置都在弱拍或是强拍的弱位置,每个声部的重音出现在不同的位置上,给人此起彼伏的感觉。合奏后节奏变复杂了,称之为复合节奏。

配合音乐南非世界杯歌曲《旗开得胜》,练习复合节奏。

2.学唱中非民间歌谣

(1)用模唱的形式学习中非民间歌谣(三个声部)。

$\frac{6}{4}$ 1 1 1 1 0 3 1 2 - | 2 2 2 2 0 2 3 1 - :||
嗨呀 嗨呀　嗨呀哎　　嗨呀 嗨呀　嗨呀噢

$\frac{6}{4}$ 5 5 5 5 0 5 5 5 5 0 | 5 5 5 5 0 5 5 5 5 0 :||
喵喵 喵喵　喵喵 喵喵　喵喵 喵喵　喵喵 喵喵

$\frac{6}{4}$ 0 0 6 5 0 0 6 5 | 0 0 6 5 0 0 6 5 :||
　　咕咕　　咕咕　　咕咕　　咕咕

讨论:每小节几拍? 演唱形式是什么? 旋律和歌词有什么特点?

小结:老师先领唱第一声部,全班同学紧跟着老师一起唱,叫作"一领众和",一人领唱,大家应和着演唱。旋律简单只有"123"三个音,不断地反复。非洲民歌中的衬词,没有具体的意思,但是歌曲表达了一种思念的情绪,听起来也有特别热情、冲动的感觉。

(2)用"一领众和"的演唱形式演唱歌谣。

尝试三个声部同时演唱。

(3)尝试演奏多声部六拍子节奏练习。

$\frac{6}{4}$ X X X X X̄ - | X X X X X̄ - :||

$\frac{6}{4}$ X X̄ X X X X | X X̄ X X X X :||

边念第一声部节拍"12345-"边拍手,第五拍拍重拍,第六拍不拍手。

边念第二声部节拍"123456"边拍手,第二拍拍重拍。

分声部合作,感受各声部不同的重音位置。

(4)复合节奏与复合节拍混合练习。

$\frac{6}{4}$ X X X X X̄ - | X X X X X̄ - :||

$\frac{6}{4}$ X X̄ X X X X | X X̄ X X X X :||

$\frac{4}{4}$ X X X̄ - | X X X̄ - | X X X X | X X X̄ - :||

全班分为三个声部进行合作练习;也可请两位同学跟全班比赛,全班第一声部,两位同学分别用复合节奏及复合节拍拍鼓,两位同学两个声部,与全班同学形成三声部。

3.了解非洲音乐的特点

(1)讨论非洲音乐的特点。

小结:

①节奏复杂多样,常使用复合节奏及复合节拍。

②演唱形式多为"一领众和",歌曲曲调比较狭窄,乐句比较短小,较少装饰音,常做反复。以自然的多声性演唱为主。

③音乐风格热情、冲动。

④以鼓为代表的打击乐器在非洲音乐中具有重要位置。

(2)了解非洲鼓乐。

欣赏非洲鼓图片:非洲鼓的形状各异,外形有的像陀螺,有的是圆柱形,有的是圆锥体形,有的像沙漏一样中间凹进去,有的做成人的形状,还有飞禽一样的形状。最高的鼓七八米高,最小的像小茶杯。非洲鼓上有图案花纹、几何图形,刻上花草鸟兽。鼓面由牛皮、羚羊皮、象皮、豹皮、斑马皮、蜥蜴皮等各种兽皮做成。

非洲鼓在生活中随处可见,是非洲人民日常生活中必不可少的乐器,也是非洲黑人文化的象征。

思考:非洲鼓有什么作用?

4.认识非洲民间乐器

(1)非洲鼓的功用。

①传递信息,通话工具。

鼓在传递信息时,是有讲究的,节奏、力度、敲击的位置不同,代表不同的意思。

请两位同学斗鼓,一问一答,或者两位同桌用鼓对话,体验非洲鼓语传递信息的功能。

②祭祀活动,仪式场合。

③象征权力。

④歌舞表演,器乐演奏。

(2)观看视频鼓舞表演。

思考:在这段舞蹈中,我们可以感受到非洲音乐什么特点?

小结:都是用鼓来演奏,鼓点复杂多变,舞蹈粗犷热情。

(3)认识姆比拉。

①认识姆比拉的构造。

②尝试演奏姆比拉。

③欣赏姆比拉演奏的乐曲。

5.小结

非洲音乐中的复合节奏、复合节拍对现在流行音乐影响特别大。例如,重音在弱位置上,摇滚乐的弱位置是重拍……

欣赏克南演唱的《飘扬的旗帜》,感受非洲音乐的动感。

这首歌曲表达了对非洲这片土地的热爱之情,请几位同学随着这首歌曲现场即兴演奏非洲鼓乐(使用复合节奏及复合节拍),其他同学用整齐节奏拍手伴奏。

最后我们在《旗开得胜》的音乐声中结束我们今天的这堂课,希望下课后,大家可以通过网络或其他途径了解非洲音乐的其他特点。

【评析】

1.体现音合教育的元素

本课最突显的特点就是合作式艺术实践的开展。为了让学生更好地体验非洲音乐的特征,了解复合节奏及复合节拍的动感,在整节课中用了一定的时间让全班同学合作多声部的节奏练习。从整齐节奏开始,紧接着标出不同的重音,让学生完成多声部复合节奏的合作,并配上南非世界杯歌曲《旗开得胜》,使其感受复合节奏的动感。教师可由歌曲演唱引入复合节拍的概念,将复合节拍及复合节奏混合一起,让全班进行多声部的节奏练习,形成复杂多变的节奏训练。最后一个环节,让全体学生用整齐节奏、复合节奏、复合节拍即兴为歌曲伴奏,既巩固了本节课的各个节奏重点,又检验了学生对本课知识难点的掌握情况,课堂也在热闹的气氛中完成目标。从中可以发现,合作式艺术实践的开展有一定的难度,从课堂组织、课间练习、成果展示,都需要学生相互配合、服从集体要求,但是合作式艺术实践却最能激发学生的学习热情和探究精神。在同伴们的配合下,获得的成就感是成倍增长的。

2.体现音合教育的特征

(1)课程的整合性。

首先体现在教学资源的整合上,以了解非洲音乐特征为主线,选取课本中的中非民歌、非洲鼓乐作为教学内容,增加器乐姆比拉、鼓舞表演,歌曲《生生不息》《飘扬的旗帜》等内容资源,通过歌、乐、舞让学生全面了解非洲音乐的特点。其次是在学科知识与活动形式上进行了整合,为了让学生更好地体验非洲音乐中最为典型的节奏特征,整堂课有一半以上的时间,学生都是在不停地演奏、演唱、律动中,为的就是更好地体验非洲音乐动感、热情、豪放的特点。再次是在教学角色上将教师角色与学生角色进行了整合,整堂课中,教师与学生共同完成"一领众和"的演唱、复合节奏及复合节拍的演奏,所有人都是合作式艺术实践活动中的一员,相互配合、合作,共同完成演奏和演唱。最后是在教法和学法上进行整合,倡导学生在实践中合作探究,提升学习效率,亲身体验音乐特点,完成合作式的表演。

(2)课程的实践性。

实践性是新课程方案的一个重要特点,课堂中应合理规划、科学设计实践活动,注重让学生经历活动的过程,加强知识学习与实践经验之间的联系,加深记忆,倡导做中学,引导学生在实践探究活动中发现问题、解决问题、构建学科知识。因此,在本课中教师要注重知识重点的实践化设计,内容上保障学生的实践活动机会,教学形式上重视实践活动,让学生亲身经历活动的过程,创造性地解决知识难点。为了让学生更好地掌握非洲音乐的艺术特征,本课设计了大量的实践活动,例如通过师生配合演唱,了解非洲音乐"一领众和"的特点;通过多声部节奏练习,掌握非洲音乐的复合节奏及复合节拍特点等等,让学生在亲身经历后理解知识、掌握知识、记忆知识。

3.体现音合教育的资源开发

(1)基于多元性的资源开发。

本课以教材中的中非民歌《阿伊亚——非洲的灵感》、非洲鼓乐及其功用为重点内容,同时增加了非洲音乐复合节奏及复合节拍等知识点,常见乐器姆比拉,以及迪士尼动画电影《狮子王》主题歌《生生不息》、克南演唱的《飘扬的旗帜》两首歌曲等内容,共同组成本课的教学内容资源。课内外资源的整合可以有效地深化教材内容,让教师能设计出生动、丰富的音乐课,充分有效地突出教学重点,并有利于学生去探索、自主学习。同时,教师还要注意增补的资源应为学生所喜欢、能接受的,才能起到事半功倍的作用,要让学生在课堂学习中有思考、有创新,让课堂始终处于动态生成中。

(2)基于大单元的资源设计。

本课为人音版《音乐》九年级下册第四单元"非洲灵感"第一课时,重点在于让学生了解非洲音乐的主要特征,因此,从教学资源的选择上,应涉及较为全面的歌、乐、舞等方面内容,从宏观上全方位了解其艺术特点。当然,由于非洲音乐中无论鼓乐、舞蹈或是歌谣,其节奏都是丰富多彩、动感十足的,因此本课以让学生感受体验其节奏特点作为主线,串起所有的教学内容,使其在歌舞乐中体验非洲音乐的特色。

4.体现音合教育的教学策略

(1)体验式学习教学策略。

体验式学习是本课的重要教学策略,例如全班的整齐节奏练习、复合节奏及复合节拍练习;学生跟着老师模唱非洲民间歌谣,用"一领众和"的形式演唱歌曲;学生尝试用鼓对话,体验非洲鼓语传递信息的功能;学生学习演奏姆比拉;全班即兴演奏非洲鼓乐为歌曲伴奏等等。多种形式的体验活动,目的都是为了让学生能在实践活动中更好地理解、记忆非洲音乐的特点,完成本课的教学目标,这也是体验式学习的核心所在。

(2)具身认知教学策略。

在教学中强调亲历性,让学生亲身参与到学习过程中,既有拍手的合作式节奏训练,也有师生配合的演唱,还有鼓乐的演奏。在这些活动中,学生的主观能动性得到提升,多渠道参与其中,具有很强的实践性。教师要明确课堂中学生的主体地位,构建平等和谐的师生关系。具身认知的方式有助于丰富学生的感知能力,发展学生的思维能力,提升学生的实践能力及认知参与的深度,使其达到身、心、境的和谐统一。学生全身心投入学习、感悟、体验、理解,才能更好地完成教学目标,取得好的教学效果。

(五)《奥运会主题歌》教学设计及评析

【教材来源】

人音版《音乐》八年级下册第一单元"生命之杯"第一课时。

【教学内容】

1.2008年第29届北京奥运会主题歌《我和你》(《You and Me》)

2.2000年第27届悉尼奥运会主题歌《The Flame》(《圣火》)

3.1988年第24届汉城奥运会主题歌《Hand In Hand》(《手拉手》)

【教学目标】

(1)分析北京奥运会主题歌《我和你》的音乐特征,了解其诞生背景。理解奥运会主题歌《The Flame》《Hand In Hand》所表达的奥运精神及文化特色。(审美感知,文化理解)

(2)能有感情地演唱北京奥运会主题歌《我和你》。(艺术表现)

(3)了解奥运会主题歌的音乐特点与作用,知晓奥运会会歌和奥运会主题歌的不同,深入理解奥运文化及奥运精神。(审美感知,文化理解)

【教学重难点】

理解奥运会主题歌与奥运文化及奥运精神的关系。

【教学准备】

多媒体教学设备、钢琴、课件。

【教学过程】

1.组织教学,导入新课

(1)听歌识曲。

聆听以下几个音乐片段,说出它们的曲名。

①《北京欢迎你》。

②《我和你》。

③《Forever Friends》。

④《为生命喝彩》。

讨论:这些歌曲都被收录在哪张专辑中?(北京2008年奥运会歌曲专辑)

哪首是奥运会主题歌?哪些是奥运会歌曲?有奥运会会歌吗?它们之间有什么区别?

(2)探究奥运会会歌与主题歌的区别。

★奥运会会歌:

会歌是固定不变的,现名为《奥林匹克颂歌》,是一首古典管弦乐曲。

会歌的功用:使用在每一届的奥运会开幕式上,即升奥运会会旗时奏响。

会歌的由来:原先是一首古希腊歌曲《奥林匹克圣歌》,希腊人萨马拉斯作曲,帕拉马斯作词。最早在1896年第一届雅典奥运会上,由合唱团唱起,庄严而又动听,是献给第一届奥运会的赞歌。

1958年第55届国际奥委会全会正式决定将这一赞歌作为奥林匹克会歌,在每一届奥运会的开幕式、闭幕式上演奏。

★奥运会主题歌:

每一届的奥运会主题歌都不一样,由主办国或者主办地自行创作全新的一首歌曲。

奥运会主题歌的功用:集中反映主办方的人文特色,或是体现奥林匹克精神。

奥运会主题歌的由来:由奥运会组委会负责征集遴选,一般一届奥运会只确定一首主题歌。

根据奥运会传统,奥运会主题歌演奏是开幕式的组成部分。

2.欣赏2008年第29届北京奥运会主题歌《我和你》(《You and Me》)

(1)聆听作品《我和你》。

①思考:这首歌曲有什么特点?演唱形式是什么?

小结:这首歌旋律简单好听,舒缓温情,容易传唱,歌词内涵丰富、温暖抒情;国际风格较强,表现了中国人的内敛含蓄,其温和委婉的风格与开幕式创意相得益彰。演唱形式是男女声对唱。

②视唱歌曲旋律。

思考:这首歌曲由几个音组成?作者的意图是什么?

小结:5个音,即使用了中国民族五声调式(宫、商、角、徵、羽),为的是使这首歌具有中国特色,中国味道浓郁。

(2)学唱歌曲。

①分析歌曲。

思考:这首歌曲的旋律可以分成几句? 音区有多宽?

小结:共分四个乐句,其中第二跟第四乐句是一样的,音区也只有九度——简单易唱,易于传唱。

②把歌词带入演唱。

思考:歌词表达的是什么思想内涵?

小结:《我和你》歌颂的是全世界人民紧密无间、亲如一家的和谐盛景——体现奥林匹克精神。

③用温和、柔美的声音演唱歌曲《我和你》。

(3)介绍北京奥运会主题歌产生的过程。

北京奥组委于2003年4月15日面向全世界启动奥运会歌曲征集活动,总共举办了四次征集评选活动,历时五年,在这个过程中,共有近5000首歌曲参与了评选。最终,《我和你》被确定为主题歌。

(4)小结:

歌曲《我和你》旋律简单、歌词易记——便于传唱;

旋律的柔美温和、歌词的内涵——体现奥林匹克精神;

中国民族五声调式的运用——展现中国的民族文化。

(5)讨论:

说说我们该如何来继续传唱北京奥运会主题歌、传播中国文化? 从而让更多的人记住《我和你》,记住2008年北京奥运会。

3.欣赏2000年第27届悉尼奥运会主题歌《The Flame》(《圣火》)

(1)聆听作品。

(2)讨论:这首歌曲使用了什么乐器伴奏? 与《我和你》对比,它又是给人一种什么样的感觉? 演唱形式是什么?

小结:这首歌曲听起来大气磅礴,伴奏音乐以管弦乐、电钢琴、爵士鼓为主,营造的音乐氛围将奥运的激情展示得很明确,演唱形式是女声独唱。

(3)讨论:在历届奥运会主题歌中给你留下最深刻印象的是哪一首?(1988年第24届汉城奥运会主题歌《Hand In Hand》(《手拉手》))

4.欣赏第24届汉城奥运会主题歌《Hand In Hand》(《手拉手》)

(1)学跳一段舞蹈。

①跟着间奏音乐拍打鼓的节奏。

尝试着拍出间奏中鼓的节奏：$\frac{4}{4}$ X X X 0 X X ‖

②随着音乐学习简单的朝鲜族舞蹈动作。

说说这段音乐和舞蹈动作具有哪种民族音乐的风格？（朝鲜族）

(2)完整聆听歌曲《Hand In Hand》。

思考并讨论以下几个问题：

①它的演唱形式是什么？（男女声领唱、高利亚纳组合齐唱）

②这首歌可以分为几部分？（主歌部分、副歌部分）

③每部分分别有什么特点？

主歌部分：旋律由五个音"1、2、3、4、5"组成，顺着音阶上行、下行（简单的旋律音阶走向是为了便于传唱）。风格自由。

副歌部分：节奏发生了变化，更加欢快，旋律使用模进的手法发展而成，然后又是使用"1、2、3、4、5"五个音，顺着音阶上下行产生了新的旋律。句子的尾音落在了"5"上，方便不断反复演唱，这个乐段被反复了六次（多次反复便于记忆）。

④这首歌曲的思想内涵是什么？

表达了人类共同的心声：人们手拉手勇敢拼搏的精神将超越时间和空间而获得永恒。很大程度上诠释了奥运的和谐及团结精神。

⑤整首歌中给你留下最深刻印象的是哪句？

最后一句在原文演唱中用的是"阿里郎"，阿里郎原本是朝鲜族人民最为熟悉和喜爱的民歌，但在这个歌曲中，阿里郎仅仅只是一个虚词，没有真正的含义。使用了这个词，可以突显民族文化特色。

(3)介绍曲作者：乔吉奥·莫里科内。

莫里科内是美籍意大利作曲家，他曾为23届奥运会、24届奥运会创作过奥运会主题歌《全力以赴》《Hand In Hand》，大获成功，名声大振。1990年的意大利第14届世界杯足球赛主题歌，同样出自他之手。

2008年北京奥运会中，备受欢迎的奥运歌曲《永远的朋友》也是莫里科内的作品。

5.小结

奥运会主题歌既能表现奥林匹克精神（相互了解、友谊、团结和公平竞争的精神),又能弘扬举办国的民族文化特色。

我们也期盼奥林匹克精神不仅仅是体现在体育竞技上,在我们的学习、生活中同样需要弘扬"参与比取胜更重要"的精神,愿奥林匹克精神能激励我们以平和的心态不断进步。

【课后反思】

每一届的奥运会主题歌都是备受关注的项目,好的主题歌甚至能让人因此而长久记住这届奥运会。当然,它最为重要的功用还是弘扬奥林匹克精神,凸显主办国的民族文化特色。本课通过欣赏三首奥运会主题歌,学生了解了奥运会主题歌、奥运会会歌、奥运会歌曲的区别。通过作品分析,学生可以体验音乐要素,探究歌曲如何展现本民族文化特色,如何将民族元素与国际元素完美融合,如何在创作上推陈出新,如何使歌曲既容易传唱,又独具特色。学生可以在分析的基础上,有感情地演唱歌曲,体会北京奥运会主题歌所蕴含的"和谐"之美。在本课的结束部分,可以让学生为北京奥运会主题歌《我和你》的传唱献计献策,为让北京奥运会主题歌成为无人不知无人不晓的歌曲奉献自己的力量,从中提升学生的传承意识,增强其民族自豪感。

【评析】

1.体现音合教育的元素

(1)五育融合。

首先融合了五育中的体育,通过了解奥运文化及奥运精神——相互了解、友谊、团结和公平竞争的精神,学生懂得了"参与比取胜更重要",这是本课的一个重点,培养学生正确的价值观。其次融合了德育,从北京奥运会主题歌《我和你》的艺术特征及演唱中,教会学生理解"和合之美",使其懂得包容,深入体会奥林匹克精神,即努力创造全世界人民紧密无间、亲如一家的和谐盛景。最后融合了智育,通过对比不同国家奥运会主题歌的不同特点,使学生懂得奥运会主题歌的功用,以及了解各国文化的特征。

(2)音乐与生活融合。

奥运会是学生日常生活中最为熟悉的体育盛事,与生活紧密相连。学生可以结合生活经验,深入了解奥运会主题歌的作用,结合文化特色,理性分析每首主题歌的艺术特征,并通过实践活动培养音乐表现力和审美能力。在参与讨论中,学生能结合自己的生活经验,将自己的所思所想畅所欲言,从而使得课堂中的作品分析环节更加生动、热烈。

2.体现音合教育的特征

充分体现了音合教育课堂的生活性特征,音乐课堂教学的生活化即在课堂教学中。通过启发学生运用已有的生活经验和知识背景,学生的生活经验与音乐知识、技能学习紧密联系在一起,再通过师生之间的平等互动与交流,架起生活与音乐之间的桥梁,激发学生的学习热情,培养他们的创造力和想象力,让课堂充满生命活力,从而让学生能根据日常自己的运动体会,感受奥运会精神,进而理解、分析奥运会主题歌的功用。

3.体现音合教育的资源开发

(1)基于多元性的资源开发。

本课重点是学习北京奥运会主题歌《我和你》,同时增加其他深受欢迎、传播较广泛的奥运会主题歌,2000年第27届悉尼奥运会主题歌《The Flame》及1988年第24届汉城奥运会主题歌《Hand In Hand》。这两首主题歌各具特色,分别彰显悉尼国际化大城市的特点及朝鲜民族音乐的特色,学生可以在多元化的资源中对比分析奥运会主题歌是如何来表现本国、本民族的文化特色的,并学习如何在体现文化特点的同时又蕴含奥运会精神。

(2)基于情境化的资源整合。

分析奥运会歌曲、奥运会会歌、奥运会主题歌的区别也是本课的一个重点。为了能让学生更好地了解它们之间不同的作用,可以以大家最为熟悉的北京奥运会歌曲征集活动及开幕式盛况作为情境内容,让学生在熟悉的情境、音乐中,去理解自己所熟悉的不同音乐作品分别属于哪个种类,它们在奥运会中分别担当了什么样的任务,进而使其理解奥运会音乐作品的不同功用。

4.体现音合教育的教学策略

(1)体验式学习教学策略。

学生在体验奥运会主题歌《Hand In Hand》的风格特征时,跟着歌曲间奏拍打鼓的节奏型,并跟老师学习几个简单的朝鲜族民族舞蹈动作,随着音乐一起跳,感受朝鲜族音乐艺术的特征。同时通过有感情地演唱歌曲《我和你》,懂得用柔美的音色、恰当的音量和速度演绎作品,表现出全世界人民紧密无间、亲如一家的和谐盛景,进而体会奥林匹克精神,感受作品所要彰显的和与美。学生可以通过演唱、舞蹈、节奏律动等途径亲身体验作品特点,以较为直接的方式感受作品的美和精神。

(2)生活情境式教学策略。

奥运会是学生最为熟悉的体育赛事,尤其北京奥运会,媒体、网络都有相关的报道。因此,奥运会相关的知识和音乐也是学生所熟知的。在授课过程中,创设一定的生活情境,可以引导学生深入其境,不断思考,并将自身的生活经历融入其中,用自己的经验来分析、探究,这样的学习是非常有意义的。学生可以在熟悉的情境中学会发现问题、解决问题,在兴趣盎然的学习过程中掌握新的知识。

(3)五育融合教学策略。

在五育融合教学中,相比体育,美育与德育、智育的融合更为常见,本课的主题内容恰好是个最好的桥梁,将美育与体育也完美地结合在了一起,通过音乐的美感,学生可以理解体育运动所追求的精神境界,同时也通过体育精神反过来理解音乐作品的特征,二者相辅相成。学生在课堂学习中开阔了眼界,提高了格局,更为重要的是提升了精神境界和人格品质。

二 音合教育理念下融合创造类音乐教学设计及评析

(一)"多彩音乐剧"教学设计及评析

【教材来源】

人音版《音乐》八年级上册第二单元"多彩音乐剧"第一课时。

【教学目标】

(1)知晓音乐剧的概念,理解音乐剧的艺术特征。(审美感知)

(2)欣赏音乐剧《猫》的选曲《杰利柯的歌献给杰利柯的猫》与《老甘比猫》、音乐剧《狮子王》的选曲《生生不息》、音乐剧《悲惨世界》的选曲《你可听见人们在歌唱?》等,感受音乐剧中音乐、舞蹈、舞美、戏剧等元素的特点。(审美感知)

(3)通过演唱歌曲《雪绒花》、模仿踢踏舞步、演唱作品《你可听见人们在歌唱?》,分别体验音乐剧的音乐、舞蹈、戏剧元素的特点。并能在感受体验音乐剧选曲中积极参与欣赏、演唱、探究等艺术实践活动。(艺术表现,审美感知)

(4)通过自己的想象从服装、道具、化妆、头饰等入手设计音乐剧《狮子王》的角色形象,并能表述出来缘由,能理解音乐剧的舞美元素特征。(创意实践,审

美感知)

(5)以开放的心态,积极参与到音乐剧的学习中,增强对多元文化的接纳与包容意识。(文化理解)

【教学重点】

了解音乐剧的概念及其主要构成元素。

【教学难点】

理解音乐剧中音乐、舞蹈、舞美、戏剧等元素的特点。

【教学构想】

把通过跨学科教学提升学生综合素养作为主要教学理念,注重课外资源的整合。让学生在聆听、观看、感受、思考、演唱的过程中了解音乐剧的基础知识。通过欣赏颇具音乐剧特征的《猫》《狮子王》《悲惨世界》等作品,学生深入了解音乐剧中的音乐、舞蹈、舞美、戏剧等元素的艺术特征,为走进"多彩音乐剧"单元教学拉开第一幕。

教学中要注重以学生为主体,将学生对作品的感受和教学活动的参与放在首位,在实践中激发学生的分析能力及想象力。

【教学准备】

多媒体教学设备、课件、相关资源。

【教学过程】

1.组织教学,导入新课

(1)聆听一段音乐(由老师用钢琴弹奏《雪绒花》旋律)。

讨论:你听过这个音乐片段吗?能说出曲名吗?

小结:这段耳熟能详的旋律选自音乐剧《音乐之声》中的选曲《雪绒花》,音乐剧中有许多音乐都流传得很广,为我们所熟悉。

(2)演唱歌曲《雪绒花》。

讨论:你看过音乐剧吗?你对音乐剧了解多少?

小结:今天让我们一起走近音乐剧,共同探讨什么是音乐剧,并了解其艺术特征。

【设计意图】了解学生对音乐剧的熟悉情况,同时让学生知晓音乐剧的音乐在我们的生活中无处不在。

2.了解音乐剧的概念

(1)观看音乐剧《猫》中的《杰利柯的歌献给杰利柯的猫》。

思考:音乐剧里包含了哪些艺术成分？你认为什么是音乐剧？

小结:首先音乐剧是一门舞台艺术,它综合了音乐、歌唱、舞蹈、戏剧、舞美(服装、化妆、雕塑、建筑、声光等)等艺术,除此之外还包括杂技、魔术等。

(2)小结音乐剧的概念。

音乐剧是一门集音乐、舞蹈、戏剧、舞美等多种元素于一体的综合性舞台艺术,其中音乐、舞蹈、戏剧是音乐剧的三大要素。

【设计意图】通过作品《猫》中最具音乐剧典型特征的歌曲让学生了解什么是音乐剧,音乐剧包含了哪些主要的元素。

3.感受音乐剧的艺术特征

(1)音乐、舞蹈元素的特点。

①聆听一段音乐(选自音乐剧《猫》中的《老甘比猫》音频片段)。

思考:这是音乐剧《猫》里面的一个音乐片段,你认为这段音乐的情绪是怎样的？这段音乐所要描述的是一只有着怎样性格特征的猫？你能想象出它正在做什么事吗？

小结:这是一只老甘比猫,叫珍妮点点,一到晚上它便来到地下室,把蟑螂训练成一队规矩的童子军。从情绪活泼轻松的音乐中可以感受到它是一只性格开朗的猫。

②观看《老甘比猫》视频片段。

讨论:这段音乐属于什么风格？用什么乐队演奏？这段舞蹈是什么风格的舞蹈？请你尝试用手指代替脚步学跳《老甘比猫》中的舞步。

小结:乐曲具有爵士风格,由电声乐队跟管弦乐队演奏,这是一段踢踏舞。

③小结音乐剧音乐、舞蹈元素的特点。

音乐剧的音乐通俗易懂,不仅有严肃音乐,还有大量流行音乐(爵士乐、摇滚乐、乡村音乐等),除用交响乐队演奏外还使用电声乐队等。舞蹈在音乐剧中是一种极为重要的表现手段,有踢踏舞、芭蕾舞、民族舞、爵士舞等。

【设计意图】让学生了解音乐剧中音乐的通俗性特点,以及舞蹈元素的多样性、灵活性特征。

(2)舞美元素的特点。

舞美即"舞台美术",主要包含舞台场景、人物造型(服装、化妆)、灯光、道具等等。

①探究音乐剧舞台场景的风格。

A.写实风格

观看音乐剧四大名剧的舞台场景图片。

思考:这四张图片分别是音乐剧四大名剧中哪一部的舞台场景?你的判断依据是什么?

小结:

a.街垒——音乐剧《悲惨世界》。

b.迷宫般结构复杂的剧院地下建筑——音乐剧《歌剧院的幽灵》。

c.直升飞机停在舞台上——音乐剧《西贡小姐》。

d.垃圾场——音乐剧《猫》。

音乐剧的舞台场景非常逼真,使人一看就一目了然,并能知晓音乐剧剧情内容所发生的地点及环境。这种仿真的写实风格在音乐剧的舞台美术中占主导地位。

B.写意风格。

(老师在黑板上画简笔画:太阳、月亮、棍子……)

师:在音乐剧《异想天开》中,舞美设计者采用了另一种设计风格来表现舞台场景,大家能猜出老师所画的图案分别代表什么场景吗?

小结:太阳代表白天,月亮代表夜晚,竖立一根棍子代表墙,挂上一段灰绸子代表深秋的冷云……这种手法是写意风格。

讨论:写实风格与写意风格的舞台场景各有什么不同的效果?

小结:写意风格——成本低、小制作,换场容易,但是因抽象较不容易看懂,视觉效果较差。

写实风格——大投入、大制作,场面豪华、设计精细、制作考究,场次更换频繁,给人以强烈的视觉震撼。

②探究音乐剧中的角色造型——以音乐剧《狮子王》为例。

A.了解音乐剧《狮子王》。

a.思考:卡通电影《狮子王》的剧情是什么?剧中都有哪些角色呢?

小结:《狮子王》讲的是小狮子王辛巴遭遇了人生中最艰难的挑战,在众多热心、忠心的朋友们的陪伴和帮助下,它历经种种考验,最终登上了森林之王的宝座,迎来了生命中最荣光的时刻,也在周而复始生生不息的大自然中体验出生命的真谛。剧中主要角色有辛巴、刀疤、土狼、娜娜、木法沙、丁满、沙祖、朋朋,还有一些小动物等。一般而言,像《狮子王》这样的故事并不非常适合搬上舞台,最难的地方在于如何将人装扮成栩栩如生的动物们,而且还要让这些"动物们"在舞台上又唱又跳。

b.讨论:假如你是舞美设计者,你会怎样来设计这些剧中的角色形象呢?提示大家可以从服装、道具、化妆、头饰来考虑……

B.观看音乐剧《狮子王》选曲《生生不息》。

小结:著名导演和设计师茱丽·泰默将主人公的造型分为以下几类。

a.非洲式面具:如辛巴、木法沙、娜娜等。(加了电动机关,在必要时通过面具的放下和抬起,来表现狮子之间的争斗)

b.人偶:如丁满、沙祖、朋朋等。(多重人偶组合的方式主要表现大型动物,如犀牛乃至4米多高的大象等等;操作人偶的演员要一边唱一边控制手中的人偶做出相应的动作,还要通过一定的脸部表情来补充完善角色的情绪)

c.皮影:主要是一些小动物,如老鼠等。

师:音乐剧的舞美艺术根本任务就是为戏剧演出创设一个逼真的视觉空间,无论是舞台场景还是人物形象的塑造都必须随着情节的发展和戏剧冲突的推进,创设出种种与之相适应、相匹配、相映衬的戏剧氛围,帮助观众理解剧情,给观众视听感官以强刺激,从而吸引他们的感官。

【设计意图】充分激发学生的想象力,使其通过图片与视频了解音乐剧舞美元素是如何来表现角色形象、塑造戏剧场景的。

(3)戏剧元素的特点。

音乐剧要有一个好故事,可以是全新的故事,或是采用家喻户晓的名作改编成音乐剧,也可以是选择重大历史事件作为音乐剧创作的主题内容。内容上普遍要突显积极的社会责任感和生活态度,以深刻的思想内涵留给观众思考和启迪。

①简介音乐剧《悲惨世界》。

音乐剧《悲惨世界》改编自法国文学巨匠雨果同名小说,1980年首演于法国巴黎,1985年被改成英文版登上伦敦舞台,1987年亮相美国百老汇,是当今世界音乐剧"四大名剧"之一。该剧获得了1987年托尼奖的最佳音乐剧奖、最佳导演奖、最佳词曲奖、最佳编剧奖、最佳布景设计奖等八个奖项,以及1987年戏剧课桌奖,1988年获格莱美奖的最佳百老汇原剧录音奖等。此外还包括许多金唱片、白金唱片奖。

②简介剧情并了解音乐剧故事发生的历史背景。

音乐剧《悲惨世界》讲述了主人公冉·阿让的坎坷经历。冉·阿让在多年前遭判重刑,假释后计划重新开始,他帮助别人、努力改变社会,却遇上了种种的困难……

故事以1830年巴黎七月革命和1832—1834年的工人起义为背景。此时的社会千疮百孔,社会问题愈加严重,统治阶级与人民之间的矛盾到了水火不容的地步,人民对自由民主的呼声也越来越大。在这样的局势下,底层民众生活在贫困和压迫之中。与此同时,正值欧洲民主革命运动的高涨时期,许多工人阶级和学生加入了革命军,不断地发起对封建统治的挑战。在这样的背景下,《悲惨世界》以真实的历史事件为素材,刻画了一群悲愤的角色,真实反映了那个时代的悲剧。

③欣赏并分析音乐剧《悲惨世界》中的歌曲《Do You Hear The People Sing?》。

这首歌曲在音乐剧中的多次重要时刻出现,可以说是贯穿了整部音乐剧,最重要的两次是在剧中青年学生游行前和整部音乐剧结束的时候。

这首进行曲式的战歌伴随着音乐剧《悲惨世界》传播到了世界各地,所到之处,观众们无不为这首歌曲所展露出的无畏气概及磅礴气势所震撼。这首歌曲已超越了音乐和戏剧本身,成为了世界各国人民对和平及美好未来的共同呼唤。整个作品气势磅礴、铿锵有力、情绪激昂,给人以鼓舞和力量。

1995年10月8日,音乐剧《悲惨世界》英语版首演成功10周年纪念音乐会在伦敦艾尔伯特音乐厅举行。在整个音乐会中,最激动人心的是当演出接近尾声时,观众身后的通道上,来自英国、法国、德国、日本、匈牙利、瑞典、波兰、荷兰、加拿大、捷克、澳大利亚、挪威、奥地利、丹麦、爱尔兰、冰岛、美国17个国家的扮演冉·阿让的演员,分别用各自国家的语言共同唱出全剧最为震撼人心的歌曲《你可听见人们在歌唱?》,这个节目将音乐会的情绪推向了顶峰,令每一位在场的观众都激动不已。

④尝试演唱作品主题旋律。

感受作品所要表达的情绪情感——铿锵有力、情绪激昂,给人以鼓舞和力量。

【设计意图】围绕学生熟悉的名著作品,使其了解音乐剧戏剧元素的特点。

4.小结

音乐剧是一门现代通俗性艺术,它通过优美的旋律、动情的演唱、绚丽的舞蹈、新颖的剧情来打动观众,吸引着越来越多的观众。

【评析】

1.体现音合教育的元素

(1)跨学科融合。音乐剧本身就是一门综合了音乐、舞蹈、舞美、戏剧等多种元素的综合性舞台艺术,因此,音乐剧一定是融合多学科协同教学的。本课从音乐剧的几大要素入手,分析音乐剧的艺术特征。其中的舞美元素属于美术学科范畴,戏剧元素属于语文、历史学科范畴。

舞美即"舞台美术",包含了许多内容。本课重点从舞台场景及人物造型的介绍入手,选择了最具代表性的音乐剧四大名剧的大制作写实风格的舞台场景,以及音乐剧《狮子王》生动形象的动物造型作为代表性范例,对比了写实风格和写意风格的舞台场景,让学生深刻了解了不同风格的舞台场景的利弊与特色,理解了音乐剧各要素的特点及作用。

在学习音乐剧戏剧元素的特点中,选择了学生们最为熟悉的根据法国文学巨匠雨果同名小说改编的音乐剧《悲惨世界》,引导学生从小说的内涵、精神入手,逐步了解音乐剧中所塑造的人物形象,以及故事发生的历史背景,使其能结合自己所学的历史知识,剖析剧中情节及人物的特点。

(2)情感融合教育。教师让学生尝试演唱音乐剧《悲惨世界》中的歌曲《你可听见人们在歌唱?》的主题旋律,感受作品所要表达的情绪情感——鼓舞人心、铿锵有力、情绪激昂。在聆听和了解作品故事背景的基础上,让学生通过演唱感受这首歌曲所要表达的磅礴气势和无畏气概,体会出这首歌曲为何能成为世界各国人民对和平及美好未来的共同呼唤心声。情感的渗透有时候无法靠语言来说明,但演唱、聆听中润物细无声的体验恰恰更能触动内心的感悟。

2.体现音合教育的特征

(1)课程的整合性。本课选自人音版《音乐》八年级上册第二单元"多彩音乐剧"第一课时,其重点在于让学生了解什么是音乐剧,它的构成元素有哪些,每个元素的艺术特征是什么,并使学生对音乐剧的整体概念和特点有一个宏观的了解和认识。因此,从第一课时的内容选择上,选取了音乐剧《猫》和《悲惨世界》这两部作品,一是学生对内容熟悉,二是这两部作品具有代表性。《猫》在表现音乐剧的综合性上特别的精彩,而《悲惨世界》的思想性最为突出,又恰好是学生们最为熟知的文学巨作改编而成的,在教学上容易激发学生们的兴趣和关注度。

(2)课程的实践性。音乐教学离不开实践,同样本课也很重视艺术实践活动的开展。在观看《老甘比猫》视频片段中,师生在讨论完这段音乐的风格、演奏乐队等音乐特征后,教师可让学生尝试用手指代替踢踏脚步学跳《老甘比猫》中的舞步,用这种简单的方式既感受了爵士乐的风格,又体验了踢踏舞步,简单易行,学生热情会比较高涨。

此外,在舞美元素学习的环节中,可以让学生假设自己是舞美设计者,先设想自己会怎样来设计《狮子王》剧中的动物角色形象,无论是服装、道具、化妆还是头饰,学生在经过深思熟虑后给出的方案,一定会记忆犹新。在此基础上,再来欣赏音乐剧《狮子王》中的舞美设计,学生的好奇心就大大被激发,更愿意去探究剧中角色的造型与自己所设想的有何不同,进而加深记忆,掌握所学知识。

(3)课程的生成性。在本课的开始环节中,让学生讨论:"你看过音乐剧吗?你对音乐剧了解多少?"这一问题的设问有很多的不确定性,因为每个班级、每个学生的生活经验积累各不相同,会有不少学生把歌剧、舞剧、话剧当成音乐剧,这种开放性问题对教师的要求比较高,需要有丰富的知识储备,才能从各式各样的学生回答中甄别对错,并给予指导;分析错误的原因。但这种问题也能激发学生的好奇心,促使其主动了解到底什么是音乐剧,进而导入新课的教学,通过观看音乐剧《猫》中的《杰利柯的歌献给杰利柯的猫》可以让学生了解什么是音乐剧,总结音乐剧的概念,进一步探讨音乐剧里包含的艺术成分。

学生在设计《狮子王》剧中的动物角色形象环节中,也具有很强的课堂生成性。因为每个孩子的想象力各不相同,所产生的作品特点也形象各异。在这个环节中,教师要以鼓励为主,肯定学生的想象力和创造力,树立他们的自信心。

3.体现音合教育的资源开发

(1)基于多元性的资源开发。本课为认识音乐剧的第一课时,重点在于让学生了解音乐剧的概念及其主要特征。围绕这一知识重点,教师可选择多样式的资源,分别从音乐元素、舞美元素、戏剧元素的角度入手,通过《老甘比猫》、各舞台场景、《悲惨世界》等内容的展示来完成教学。多种形式的教学资源构成本课的教学内容,引导学生完成对音乐剧相关知识的探究。

(2)基于大单元的资源设计。本单元的教材资源有《雪绒花》《回忆》《云中的城堡》《总有一天》四首经典音乐剧作品,以及音乐剧基础知识和著名音乐剧作曲家安德鲁·劳埃德·韦伯的相关文字介绍。基于单元目标的要求,着重让学生探究音乐剧的概念以及它所包含的元素、各种元素的艺术特征等等,针对这一教学目标,统整了单元中的教学资源。课程中选择了学生最熟悉的《猫》《悲惨世界》两部作品作为基础,同时增加了音乐剧《狮子王》以及音乐剧四大名剧、写意风格的舞台布景等内容,紧紧围绕单元及课时目标,选择相关教学资源,让每一个作品更具有针对性,提升了课堂教学的质效。

4.体现音合教育的教学策略

(1)体验式学习教学策略。在本课中学生通过演唱歌曲《你可听见人们在歌唱?》感受作品所要表达的情感内涵;通过学跳手指舞体验踢踏舞步的特点,感受音乐剧中音乐及舞蹈元素的现代性;通过设计音乐剧中角色的造型,感受舞美元素的特征。体验是音乐学习中最为重要也最有效的策略方法,它的形式多种多样,可以让学生全身心投入,获得知识与感悟。

(2)跨学科学习教学策略。音乐剧的综合性特征造就了它的教学策略一定是具有跨学科性的。本课融合美术和语文、历史学科,通过对作品的分析,学生了解了舞台布景、人物造型等知识。学生可通过对巴黎七月革命和工人起义这段历史的了解,结合对文学著作《悲惨世界》的分析,了解同名音乐剧所要塑造的精神内涵。

(二)"生活之音"教学设计及评析

【教材来源】

花城版《音乐鉴赏》第一单元"音乐与生活"第三节"生活之音"第二课时。

【教学内容】

1.欣赏水乐协奏曲《永恒的水》片段

2.欣赏英国Stomp乐队演奏片段

3.了解先锋派音乐

4.用生活中的物品创编、演奏音乐

【教材分析】

《永恒的水》是美籍华裔作曲家谭盾用自己发明并制作的乐器"半圆形透明水盆——水乐器"所创作的一首协奏曲。作曲家结合杯子、管子等器皿及锣、水琴等将水这一物质本身作为打击性的乐器,探索了水的各种声音,并将水声与交响乐队具有民族韵味的旋律相互交融,为我们呈现出如诗如画般的意境。

英国Stomp乐队是一支来自民间的乐队,只要能发出声音的物品都可以成为他们的乐器,他们以对日常生活的创造性发现和对节奏的艺术敏感,拓展了"乐器"这一概念,扩大了"艺术"的感知空间,让我们感受到真正的艺术随处可见。

"先锋派"作为音乐上的术语,通常指第二次世界大战后的新音乐。它主张标新立异,努力使用新的方法和新的材料来创作音乐,竭力打破一切传统准则。它是一种新音乐艺术思潮,主要在新的音乐领域进行探索和实验。

【教学目标】

(1)理解音的高低、长短、强弱和音色是音乐构成的基本要素。(审美感知)

(2)知晓先锋派音乐及其特征,了解谭盾及其代表作《永恒的水》,欣赏英国Stomp乐队演奏片段。(审美感知)

(3)能利用生活中的用品,结合音乐要素特点,探究不同的演奏方式,即兴合作演奏一首作品。积极参与课堂中的各项艺术实践活动,学会与他人合作,感受即兴创编、探究带来的快乐。(创意实践,艺术表现)

(4)通过聆听、欣赏、探究、创编、合作等途径,乐于探寻生活中物品的不同演奏方式,能结合音乐各要素尝试进行多声部创编与合奏。(审美感知,艺术表现)

(5)乐于接受多元音乐文化,并能结合自身的感悟对先锋派音乐作出评价。感悟"音乐就是生活,生活就是音乐"这句话,激发在生活中创作音乐的愿望。(文化理解)

【教学重点】

探究生活中物品的多种发声方式,即兴编配多声部节奏进行合奏练习。

【教学难点】

参与即兴创编活动,并能准确演奏。

【教学用具】

多媒体教学设备、课件、脸盆、水桶、水、管子、杯子、学习用具等日常用品。

【教学过程】

1.组织教学,导入新课

(1)欣赏一则广告"啤酒瓶交响乐团"演奏视频。

讨论:这则广告的创意在哪?

小结:把啤酒瓶当成乐器,演奏音乐。

思考:啤酒瓶的大小一样吗?演奏中有什么不同?(大小不一,所以演奏的音调不同)什么是音调?(音的高低,瓶子越大演奏的音就越低,瓶子越小演奏的音就越高。)

深入思考:啤酒瓶的演奏方式一样吗?(不一样,有吹、敲、扔)不同的演奏形式产生了什么不同?(音色不同,同一样物品,使用不同的演奏方式可以产生不同的音色)

老师示范演奏片段。

讨论:除了音调、音色有变化之外,还有什么变化?

小结:节奏(指音的长短),强弱(指演奏音量)。

(2)总结:音乐构成的基本要素——音的高低(旋律)、长短(节奏)、强弱(音量)和音色。生活中常见的啤酒瓶就像乐器一样,不同的演奏方式(吹、敲、打、摔等)使啤酒瓶发出不同的音色,大小不同的啤酒瓶敲击出的声音高低也不同,编配上有规律的节奏形成旋律,再加上音量上的处理,就能演奏出动听的音乐。

师:接下来,老师给同学们推荐一样生活中必不可少的东西,看看大家能否把它变成一样乐器?——水

(3)尝试演奏"水"。

探究:如何演奏"水"?

鼓励学生用手或是老师提供的物品大胆尝试用各种方式演奏"水",注意结合音乐要素进行演奏。

提问:你用了几种演奏方式?发出几种音色?你发现了什么规律?

①因为演奏形式不同,所以水的运动形式就不同,因而可以产生不同的音色,不同的道具、不同的材质演奏出水的音响效果也是不同的。

②同样一件物品在水外及水里的不同深度可以产生不同的音高、音色,音响效果不同,再配上节奏并控制演奏的强弱,可以构成一段音乐。

2.欣赏水乐协奏曲《永恒的水》片段

师:在我们身边也有一些作曲家,特别擅长发现、发明新的乐器,刚才我们演奏的水乐器就是我国著名的作曲家谭盾发明的,我们一起来看看,在他的作

品中,他是如何来演奏水乐器的。

(1)欣赏谭盾创作的水乐协奏曲《永恒的水》片段。

讨论:谭盾的每一部作品的诞生,总要遇到肯定和否定的声音,有的人赞许,有的人批判,但不管是什么样的声音,谭盾始终坚持自己的创作理念,坚持自己的作品风格,不断地追求新的音响效果。大家觉得我们应该向谭盾学习他的什么精神?

小结:艺术就是需要创新,不要永远只是墨守成规。

(2)介绍谭盾。

谭盾,美籍华裔作曲家,1957年出生于湖南。1986年毕业于中央音乐学院研究生院,同年赴美国哥伦比亚大学攻读博士。2000年,谭盾为李安电影《卧虎藏龙》配乐,获第73届奥斯卡最佳电影音乐奖。

谭盾除了会发明新乐器外,对传统乐器的演奏还有自己独到的见解。

(3)观看谭盾访谈录像。

在短片中,我们看到许多与传统演奏方法相异的地方,为什么要用不同的演奏方法呢？因为谭盾一直追求新的音响效果,因此在他的音乐创作中总能产生许多新颖的出乎意料的声效。

思考:像谭盾这样,使用新的乐器演奏,或是用新的演奏方法来演奏传统乐器而产生新的音响效果的音乐,我们称之为什么呢?

3.了解先锋派音乐

(1)简介先锋派音乐。

先锋派音乐指始于20世纪40年代的西方国家的新音乐形式,带动了音乐人对于创作、表演、美学欣赏等方面的巨大变革。而先锋派音乐也具有了追新求异、多元化、不确定性等特征。他们在技术上和表现上采用了与传统形式对立的手法,最大的特点就是塑造新的声音色彩。他们主要是使用新的方法和新的材料来创作音乐。

除了谭盾之外,美国作曲家约翰·凯奇等人也结合常规乐器发明了全新的乐器,例如加料钢琴,在钢琴琴弦上"加料"来产生不同的音响效果。也有用不同的演奏方法来演奏传统乐器的,从而产生了全新的音响色彩。

(2)了解英国Stomp乐队。

这个乐队创建于1991年,Stomp意思为"实物敲击",乐队里没有一件传统意义上的乐器,一切能敲击发声的物品都是他们的乐器。

（3）欣赏英国Stomp乐队用扫把、桶演奏的音乐片段。

思考：对比先锋派音乐和西方传统音乐有什么不同？

	乐器	演奏方法	音响效果
先锋派音乐	除了传统乐器外，发明生活中触手可得的全新的乐器	寻求多种演奏方式，产生丰富的声音色彩（通过非常规方式演奏最平常的乐器获得新奇的效果）	改进音色、发现新的声音效果（一种乐器可以有多种演奏音色）
西方传统音乐	传统乐器	传统演奏方法	大部分乐器只能演奏出一种音色

讨论：说说你对先锋派音乐的看法。对于先锋派音乐，有的人持肯定态度，有的人持否定态度。你更认可哪一方的观点呢？为什么？

小结：对于先锋派音乐的看法，不同的人有不同的观点，正如对谭盾的作品一样，有的人赞许，有的人批判，但作为新时代的一种独立的艺术品种，作为一种时代的产物，它是多元音乐文化中的一个种类，我们应该尊重它的存在。不管是什么样的评价，先锋派音乐中的创新精神、勇于突破的品质是值得我们学习的。

4.合作即兴演奏《打击乐随响》

师：刚才我们了解了先锋派音乐的一些特点以及先锋派音乐最令人印象深刻的创新品质，接下来请全班的同学利用老师提供的生活中这些触手可及的物品，开动脑筋，把它们变成新乐器，现场即兴创编并合作演奏一首作品《打击乐随响》。要让物品变成乐器，最便捷的方法就是编配上音乐要素，使用不同的演奏方式得到不同的音色、音高，配上有规律的节奏，就可以演奏出音乐了，合奏时注意强弱处理。

请各组组长选择非传统意义的"乐器"：笔、塑料杯子、不锈钢杯子、算盘、塑料桶等。全班分为10个声部。

（1）练习步骤。

5—6人一个声部，每个声部根据物品的不同特征，尝试两种以上演奏方式，探究多样音色。

根据新乐器的不同音色特点，合理编配有规律的节奏，并尝试演奏。

节拍为4/4，速度中速。注意在分声部练习时要统一速度。

分组练习、展示，全班合奏，由老师或者同学指挥统一速度。

（2）各组介绍、展示创编成果，交流并评价。

（3）老师总结各组在探索声音及技法上的做法。

"虽然时间非常有限，同学们没有足够的时间对全班即兴合奏进行深入地创编，但在这个实践的过程中，我们可以体验到先锋派音乐的特色和创编的乐趣。"

老师演示总结相同"乐器"的不同演奏方法。

5. 小结

师：从先锋派音乐中，我们可以知道，只要用心地去聆听、发现、探索，不断地创新，我们就能在生活中随时随地创编出优美动听的音乐，让我们的生活处处充满音乐。先锋派音乐与传统音乐对比无论是乐器选择、演奏方法还是音响效果，都展现出独特、新颖、与众不同的特征。虽然每个人对先锋派音乐的看法不同，但无论如何，先锋派音乐所蕴含的那种开拓、创新的精神与思维，是值得我们学习和推崇的。可以说，先锋派音乐的历史意义要远胜于它眼前的价值，它使人类的音乐探索在某些方面真正达到了极限，这也是人类的共同追求。所以我们要学会包容这种多元文化，学习它的开拓创新品质，让我们的生活更加丰富多彩。

教学反思：

本课为高中《音乐鉴赏》模块第一单元"音乐与生活"第三节"生活之音"第二课时。第一课时以鉴赏为主，学生通过聆听不同风格的音乐作品，了解音乐如何生动活泼地表现生活场景或是物品。本课时则侧重于启发与探究，让学生了解并掌握生活中那些能发声的不同物品可以通过对其敲击自己所创编的节奏，演绎出生动有趣的音乐。本课时重点在于鼓励学生大胆创新、勇于尝试，使其能现场即兴创编、演奏短小的音乐片段，为第三课时使用生活中的物品演奏音乐的分组创编活动奠定基础。这些环节的学习，可以让学生感悟"音乐就是生活，生活就是音乐"。

本课时由啤酒瓶的广告导入，引出生活中的物品可以演奏出音乐的关键在于节奏的使用。学生在观察广告视频中啤酒瓶的演奏方式时，可以探究出音乐构成的另一个要素——音色。不同演奏方式会产生不同的音色，相同节奏的演奏配上不同音色的使用，其音响会产生不同的效果，从而教师可以引导学生总结出使用生活中物品演奏的方法在于选择合适的音源、创编多声部的节奏。

尝试演奏"水"这一乐器，是本课的另一个重点。教师在现场的即兴演奏中要鼓励学生大胆创新，不拘于固有思维，在激发他们好奇心后，再欣赏谭盾的作品协奏曲《永恒的水》，引导学生探究先锋派音乐的与众不同之处，并让学生对此做出一定评价，最后让他们课后努力完成使用生活中物品演奏音乐的小组创编演奏活动。

"生活之音"一课的教学环节是依据本校学生实际情况所设计的，在学生没有任何乐器演奏经验、没有合奏经历的背景下，鼓励他们进行创新、勇于大胆尝试是本课的重点及难点。音乐教育在培养学生创造性思维上有其独特的作用，无论是短小的音乐小品创编，还是结构庞大的乐曲创作，每一个作品都需要精心创作、合理编配出"产品"，且具有鲜明的"独特性"。可以说"音乐是彻头彻尾的创造性艺术"。因此要鼓励学生在感受音乐作品"美"的同时，又能通过创作活动充分体会、深入了解音乐作品这一创造性劳动成果的魅力，这对创造力的培养有着不可替代的作用。

《辞海》当中对创造力的阐释为："创造力就是对已积累的知识和经验进行科学地加工和创造，产生新概念、新知识、新思想的能力，大体上由感知力、记忆力、思考力、想象力四种能力所构成。"现代社会对人才的考量包含着一个重要的元素，那就是创造能力，因此目前在我国的基础教育中也愈发地重视学生的创造性思维和创造力的培养。

音乐教育中的音乐鉴赏教学在培养学生创造性思维上有其独特的作用。如何通过音乐这一特殊组合方式来挖掘学生的创造天性，以及如何在音乐鉴赏教学中充分发挥音乐作品对创造性思维培养的有利性是值得思考的。要让学生遵循"体验—探究—创造"的过程，明晰创造性思维的本质就是"发现、突破与重新建构"。

【评析】

1.体现音合教育的元素

（1）音乐与生活融合。本课的教学重点就是与生活的融合，让学生深刻领悟"音乐就是生活，生活就是音乐"这句话，教会他们在生活中创作音乐。从导入部分的欣赏广告"啤酒瓶交响乐团"演奏视频开始，让学生了解生活中的物品（啤酒瓶）可以当成乐器来合奏音乐。接着鼓励学生用手或是老师提供的物品大胆尝试用各种方式演奏"水"这个乐器，并从中发现生活物品演奏音乐的要点。在最后的编创环节，所用的道具更是生活中最为常见的物品：笔、塑料杯子、不锈钢杯子、算盘、塑料桶等,分组尝试演奏这些生活用品,学生可以把它们变成活生生的小乐器,并进行全班大合奏,享受生活乐器带来的乐趣。

(2)合作式艺术实践。本课的难点就在于最后的环节,全班即兴大合奏。这里的难点在于,首先是各小组的演奏编创要符合生活物品的发声特点,并尽可能挖掘出不同的演奏方式,这样才能产生多样的演奏音响。此外每个小组的节奏型编创要各不相同,否则节奏相同就失去了多声部合奏的意义了。其次是全班大合奏中,各小组的演奏要整齐、清晰、速度稳定,合奏起来才能像是一个完整的音乐作品,否则更像是嘈杂的敲打。无论是分声部练习,还是全班合奏的展示,都要始终注意音乐要素的严格体现,速度、节奏、音色、强弱等等都是在演奏过程中要认真考虑的问题。最后是学生们的团结协作,统一节拍,统一强弱,才能共同打造最理想的音乐作品,这也是合作式艺术实践的意义和乐趣所在。

2.体现音合教育的特征

(1)课程的实践性。在本课中学生主要欣赏了谭盾的《永恒的水》这一作品以及英国Stomp乐队的作品,两者都是器乐曲,在欣赏的过程中要让学生结合音响探究实践,去发现音乐构成的奥妙。例如演奏"水"乐,教师和同学们一起大合奏"打击乐随响",可以带领学生在艺术实践中探究什么是音乐,如何用不同的敲击方式演奏出不同的音色,如何配上生动的节奏、进行强弱处理等。

(2)课程的趣味性。选择生活中最常见的物品,会让学生们都十分感兴趣,平常随手可得的东西,居然能变成乐器,还可以和同伴们一起形成一个大乐队,在这个合作的过程中学生普遍兴趣盎然,课堂气氛十分热烈。

(3)课程的生成性。本课的一半时间都会用来探究、发现、实践。因此,这个过程中会有很多的不可预估性,因为每个孩子、每个班级的创作情况各不相同,教师在其中的引导作用非常重要。针对不同学情的学生要耐心、细致地帮助他们完成创编、小组合作乃至全班的大合奏。只有将教学过程落实到细处,根据课堂现场的生成情况,有针对性地指导和引导,才能使学生不断提升作品质量,最后的作品才能精彩、动人。

(4)课程的生活性。水、笔、塑料杯子、不锈钢杯子、算盘、塑料桶等都是生活中随处可得的物品,将它们配上节奏、节拍、强弱,发出不同的音色,使它们变成乐器,演奏出生动的乐曲,是极具乐趣和挑战性的。生活用品的使用,使得整个课堂充满生活性。特别是欣赏谭盾的《永恒的水》,可以让学生感受到,生活中最为普通的东西,只要用心设计也能演绎出高雅的艺术作品来。

3.体现音合教育的资源开发

本课"生活之音"重点在于"生活"二字,因此,课堂中所使用的教学资源也注重生活中常见物品的选择。从视频资源上来看,重点有两个作品,一是谭盾的水乐协奏曲《永恒的水》,另一个是英国Stomp乐队的扫把、桶演奏的音乐片段,通过这两个作品可以让同学们了解生活中的物品如何发声、如何变为乐器并演奏,并使其感受音乐的奇妙性,了解先锋派音乐的特点。在此基础上,教师提出编创要求,让学生选择生活中的物品作为道具资源,使其了解这些道具在什么样的演奏方式下可以发出哪些不同的音色。这种多元化的资源开发使用凸显了生活性,在音乐课中是较少出现的形式。

4.体现音合教育的教学策略

(1)体验式学习教学策略。本课在探究生活中的物品如何变为乐器的过程中,用直接的体验让学生明白了"什么是音乐"这一问题。要构成音乐,就要有各大要素,音色、节奏、节拍、速度、力度、曲式等等,学生通过实践参与来体验它们各自的特点。例如,在演奏水的过程中,用手掌拍水、撩水、搅拌水、倒水等等不同的动作,所演奏出水的音色就各不相同,音色就是音乐要素之一。紧接着,配上不同的节奏,这水声听起来就像是音乐了,节奏也是音乐要素之一。最后再配上强弱处理、速度变化,一小段生动、活泼的音乐就诞生了。因此,在实际体验中发现问题、解决问题,可以为接下来如何欣赏、分析音乐打下坚实的基础。

(2)生活情境式教学策略。在最后的大合奏环节中,教师营造一个大的交响乐团的氛围,让学生身临其境。学生会有一种责任感,即手中的物品不仅仅是个日常随处可见的小东西,在整个"大乐团"中,它就是一个优秀的乐器,每位同学就是专业的乐手。大家齐心协力,共同配合好,完成一个了不起的即兴大合奏,这种经历是终生难忘的。

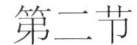

第二节 音合教育理念下合作式艺术实践的具体应用

一 小型歌舞剧的内容体系及创编应用

(一)小型歌舞剧的概念、特征

1. 概念

歌舞剧是一门综合性舞台艺术,它包含音乐、舞蹈、美术、戏剧等多种元素,通过多种艺术形式表现一定的故事情节或者情境,进而表达思想感情和价值观。从教学角度来说,小型歌舞剧时间比较短,一般为十几分钟左右,甚至是一首歌几分钟的时间;参与人数不用太多,可以是几个人、十几个人,也可以是一个班级集体参与表演;剧情也不需要太复杂曲折,因受时间所限,能讲清一个小故事或者戏剧冲突即可;舞美制作同样不用太大型,要在学生力所能及的范围内,且要便于在校园内开展、制作。可以说,小型歌舞剧适合于针对中小学校的实际情况及学生的实际水平来开展,是义务教育阶段艺术课程及高中音乐课程中的一种教学形式,突出了音乐的育人功用。因为它是一门综合性表演艺术,因此其表演有助于加强音乐与其他学科的联系,提升学生的跨学科实践能力及综合素养。

音合教育中所提倡的合作式艺术实践活动的特征,可以充分地体现在小型歌舞剧表演中。小型歌舞剧是主要针对中小学阶段的学生而开展的规模较小的戏剧模式,这种实践活动以少年儿童的心理特点和审美为基准,学生扮演相关角色,通过歌唱、舞蹈等形式,表演一定故事情节,共同完成一个戏剧作品。它以音乐为主体,通过跨学科的方式,让所有学生都能依据自己的特长,选择适合自己的角色、表演形式、工作岗位等等,充分激发学生的学习热情和协作意识,提升学生的综合能力,使其在和同伴们的编创、表演中,感受到音乐教育寓教于乐的氛围。将小型歌舞剧引进中学音乐课堂,可以让学生在美的感受、体验、表现及创造中健康快乐地成长,可以培养他们健全的人格、良好的品质,这对实现培养全面发展的人具有深远的教育意义。

小型歌舞剧因为其受众对象是中小学生,因此,在各个组成要素中,要充分体现校园的元素和青春特色。它的歌曲组成主要为青少年歌曲、教材内的歌曲、学生原创或者改编的歌曲、中国民歌等等;它的舞蹈包括律动、即兴舞蹈、集体舞、表演舞和体操舞蹈等;它的剧情主要是童话、寓言、课本内的文章、校园生活故事、历史故事等。

其中的舞蹈,不是技巧高超的专业舞蹈,它一定是大多数学生能够胜任的普及性强的舞蹈。比如集体舞,这是一种人数较多,有组织、有编排的活动,参与的学生要受到一定的规定约束,在要求的队形中的特定位置上活动。同伴之间要有和谐统一的动作。可以说集体舞是自娱和交谊相结合的舞蹈形式,主要锻炼学生在音乐的伴奏下,能够和同伴一起变换队形,整齐地、精神抖擞地、有表情地协调动作,这种舞蹈可以很好地培养学生的集体主义观念和动作的协调性。而小型歌舞剧中常用到的另一种舞蹈类型是表演舞,这是学生们表演给别人观赏的舞蹈,也是歌舞形式的一种,它的题材非常广泛,内容丰富,有一定的故事情节,有主题思想,有角色扮演,有分段落,还有一定的节奏、画面、队形的变换。表演舞有助于培养学生对舞蹈的兴趣和爱好,也有利于提升其舞蹈技能和审美能力。

2.特征

小型歌舞剧融合了多种姊妹艺术,有音乐、舞蹈、戏剧、美术、文学、表演等。这种综合艺术表现形式由于面向的主要是校园中的中小学生,因此,它本身具有一定的特征。

第一是综合性。这也是小型歌舞剧最突出的一个特征,学生在表演小型歌舞剧的过程中,不仅要唱歌,还要跳舞,同时还要表演,唱、跳、演相结合。在这些艺术表现中他们的情感、思想可以得到充分的抒发,精神上也能得到满足。小型歌舞剧不仅要综合多种艺术表现形式,还要综合学生的审美及心理特点,通过戏剧故事让学生潜移默化地感受剧情、体验角色。

第二是小型化。由于学校教室空间的限制,以及中小学生的实际能力水平,在时间上、规模上按小型化的模式进行创编和表演。

第三是娱乐性。小型歌舞剧蕴含丰富的音乐审美元素,可以使学生在轻松快乐的环境中全身心投入到学习中,不仅能提高其对音乐的兴趣,更是能使其沉浸式地融入学习当中,是一种寓教于乐的有效教学形式。

第四是角色感。小型歌舞剧与歌曲演唱不一样,它是具有角色代入感的。也就是学生在小型歌舞剧中代表的是角色,而不是他本人。在艺术表现的过程中,有着情节和情绪的对比,同时又有着角色之间的交流,更重要的是,在演唱和舞蹈过程中,唱或者跳的动作所展现的是角色的情绪情感,而非表演者本人的情感表达,这可以极大丰富他们的情感体验。

第五是自由性。小型歌舞剧的表演需要一定的表演空间,要有舞台、生活场景等等,这与平常的"一坐到底"的音乐课堂是不一样的。同时在表演过程中会有很多的偶发现象,需要学生机智地临场发挥,因此,它的要求是更高的,这种高自由度表演对培养学生综合能力具有重要的意义。

第六是生活性。小型歌舞剧的体裁内容主要来自学生熟悉的日常生活、学习,取材的范围十分广泛,可以选择身边发生过的故事,也可以是课堂中学过的寓言、成语故事、课本内容、历史故事等等,内容要贴近学生的生活实际。

比如歌曲《滴哩滴哩》,可以用小型歌舞剧的形式来表现。学生们充分发挥想象力,表演自己来到山林,观看红花绿草,聆听小黄鹂的叫声。在歌唱中,可以用夸张的拟人化表现手法,将动物、植物、事物人格化,使其变成具体看得见的角色。这种生动活泼的形式,足以激发学生的表演热情。

我国在20世纪,就有专业艺术工作者创作的歌舞剧,如20世纪30年代黎锦晖创作的儿童歌舞剧(代表作有《小小画家》《麻雀与小孩》《葡萄仙子》),以及全国解放以后的歌舞剧(代表作有《刘三姐》等)。相对于传统戏曲来说,它是新型歌舞剧,因为它基本不受程式的限制,有比较广阔的自由空间。

儿童歌舞剧是一种载歌载舞的戏剧表演形式,旨在教育儿童。它是在儿童歌舞表演的基础上,加入了人物、故事情节、剧情,使儿童歌舞剧表现手段更加丰富。可以说,黎锦晖的儿童歌舞剧创作在中国的戏剧发展史上有着重要的意义,他首创了儿童歌舞表演和儿童歌舞剧两种体裁,对我们现代音乐教育有着极其重要的参考价值。

(二)《义务教育艺术课程标准(2022年版)》对小型歌舞剧表演的任务要求

在《义务教育艺术课程标准(2022年版)》中,音乐学科课程内容框架3～9年级学习任务有关小型歌舞剧表演内容的表述如下:

★学习任务4：编创与展示（节选部分与小型歌舞剧相关的内容）。

第二学段（3～4年级）：

内容要求：结合生活情境，编创、表演简单的音乐故事、音乐游戏、短小音乐剧等。

学业要求：能根据特定主题和表现需要，选择合适的声音材料和表现形式，与同伴合作编创并表演音乐故事、音乐游戏、短小音乐剧和情景剧等。

第三学段（5～6年级）：

内容要求：根据情境主题，选择合适的材料及不同的表现形式，编创、表演稍复杂的音乐故事、音乐剧、情景剧、音乐游戏等。运用图形谱、乐谱或其他方式记录编创的作品。

学业要求（6年级）：能与同伴合作编创、表演具有特定主题、完整结构（如二段体、三段体或短小的回旋曲式）的音乐故事、音乐游戏、短小音乐剧和情景剧等。

★学习任务5：小型歌舞剧表演（第二学段与第三学段的要求）。

第二学段（3～4年级）：

内容要求：欣赏舞蹈、戏剧（含戏曲）等艺术作品，观察其表演动作，领会其表现特点，进行一定的模仿。根据歌曲内容自编动作进行歌舞表演，与同伴合作创编与表演简单情境或剧情。

学业要求：了解所观赏舞蹈、戏剧（含戏曲）的表现形式、动作特点等，能表达自己的观演感受，有兴趣进行模仿或表演。学会简单的舞蹈基本动作，并能将所学舞蹈动作运用到表演唱及其他综合性艺术表演中。能积极参与简单剧本的编创与剧情表演，初步具备对所担任角色的理解能力、对情感状态的体验和想象能力，以及舞台表演意识。

第三学段（5～6年级）：

内容要求：欣赏中外优秀综合性表演艺术作品，感受其艺术表现形式和特征，体验其艺术风格。学习舞蹈的基本动作或动作组合，进行歌舞、戏剧或戏曲片段及其他综合性艺术表演。探究音乐在综合性艺术表演中的作用。

学业要求（6年级）：在欣赏中对舞蹈、戏剧（含戏曲）等综合性表演艺术萌生喜爱之情，有兴趣学习、体验作品中的动作，能简单阐述它们的艺术特征与风格特点。掌握主要舞蹈种类中的基本动作及动作组合，并能将其运用到表演中。了解京剧或其他代表性戏曲剧种表演的基本知识，能与同伴合作参与戏曲片段的模仿。积极参与短小歌舞剧的编创与表演,能理解音乐与舞蹈、戏剧(含戏曲)、影视(含数字媒体艺术)等艺术的关系,感受音乐在其中的表现作用。

(三)小型歌舞剧表演的作用

1.落实艺术课程核心素养的培养

学生在欣赏优秀小型歌舞剧作品、相互交流展示自己创编的歌舞剧作品时,能提升审美感知素养;小型歌舞剧具有典型的综合性特征,因此在歌舞及戏剧表演、舞美创作等活动中可以充分培育学生的艺术表现素养;学生在参与短小歌舞剧的编创和剧情表演设计中能很好地落实创意实践素养;学生在理解音乐与其他艺术的关系、了解音乐民族风格、感受作品思想情感的过程中,能更好地提升文化理解素养。

2.激发自我表达的意愿

奥尔夫说过这么一句话:原本的音乐不是单独的音乐,它是和动作、舞蹈、语言紧密结合在一起的。小型歌舞剧作品的题材以童话寓言、校园生活为主,以学生最喜欢的边歌边舞这种生动活泼的表演形式表现一定的主题。这种题材适合中小学生心理特征,使他们在与小伙伴们的合作中培养了音乐兴趣,并能激发他们发自内心地热爱这门艺术,乐意去表达自己的内心世界,表现作品的思想感情,进而去体验音乐、诠释音乐、创造音乐。

3.培养想象力和创造力

在音乐教育中加入小型歌舞剧作品的编创及表演,可以让学生接触一个全新的展示自我的世界,使其在实践活动过程中充分挖掘出自己的多种可能性。在与小伙伴们共同完成一个作品的过程中,要经历剧本编创、角色分配、排练、舞台布景制作、化妆、服装选择、道具制作等等,这一切过程都需要学生亲自出力,这种全面的参与过程可以很好地发挥少年儿童的想象力,培养其思维能力,提升创造才能。

4.树立自信心

爱表演是学生的天性,他们普遍从小就喜欢听故事、讲故事。在中小学阶段有了一定的生活阅历后,自己来演故事,学生的热情是十分高涨的。通过扮演故事角色,表演故事情节,表达自己内心的情感,陶冶情操,这对学生而言,是容易被深深吸引的。小型歌舞剧作品以童话、寓言、历史故事、生活故事内容为主,真实反映日常生活中的常态或者社会现实的内容,学生可以本色出演,表现生活中的自己。在这个亲身亲历的过程中,学生可以尽情地没有负担地欢歌起舞,这有利于培养他们的自信心和与人协作的能力,同时也是学生个性发展的需求,更是素质教育的要求。

5.学会团结协作

小型歌舞剧具有典型的综合性特征,需要融集体智慧于一体。一部小型歌舞剧作品从零开始到最后成型,其中参与的每一位成员都是非常重要的。他们彼此之间不是孤立的关系,而是相互关联、共同成就的关系,需要的是配合、互助和信任。不论是在剧本编创、角色分配、排练演出,还是在舞美制作、灯光音响等环节中,都需要学生相互沟通、协作、互相帮助,最终促成作品的完成。这是一个全员参与的过程,无形中将所有学生融合在一起,增强了集体凝聚力,增进了同学间的友谊和感情。

6.突显音合教育理念

小型歌舞剧是最具有代表性的合作式艺术实践活动形式,它需要多个人同时参与,相互配合共同完成一个作品。在这个过程中,如何合作是最需要思考的一个问题。同时,小型歌舞剧的综合性意味着它需要融合多门学科协作完成,有文学的创作、音乐的表现、戏剧的表演、美术的设计,还有历史的故事等等,跨学科融合教学在小型歌舞剧创编表演过程中表现得淋漓尽致。小型歌舞剧里的人物、故事、剧情更是情绪情感的表现,它是情感融合教学最直接的路径,亦有各种情境式教学的要求。综上所述,小型歌舞剧这一表现形式最能充分体现音合教育的理念。

(四)小型歌舞剧的教学实践

1.参加各级文艺展演

歌舞剧形式的表演在全国各级中小学生艺术展演活动中一直是受欢迎的形式。歌舞剧的比赛要求具体如下:戏剧节目(含戏曲、校园短剧、小品、课本剧、歌舞剧、音乐剧等)人数不超过12人(含伴奏),演出时间不超过12分钟。

参加比赛,原创作品的创作及表演可由学生集体共同完成,也可由语文、美术、音乐、舞蹈老师合作创编,指导学生表演。

2.小型歌舞剧的创编方法

结合比赛要求及日常教学的可行性，一个小型歌舞剧的表演时间大约可以控制在12分钟以内，编排的过程建议由师生配合完成。整个创编、排练、演出的过程大致包含以下几个环节：剧本写作、音乐选配、歌词编写、舞蹈创作、舞美制作、演员选定、排练修订、正式演出。这一整个过程可以是多学科老师协同配合完成创编部分，指导学生完成表演，也可以全部由学生自主完成。表演可以是由几个人合作以小组形式共同演绎，也可以是全班同学合作完成。现将小型歌舞剧的创编排演步骤及要点总结如下：

(1)讲一个好故事——剧本写作。

剧本在小型歌舞剧中处于"基石"的地位，歌舞剧作品中的其他元素例如音乐、舞蹈、歌唱、舞美等都是在剧情发展的基础上逐一展现出来的。小型歌舞剧的剧本要有一个完整、动人的故事，情节中有一定的戏剧冲突，在实际排练过程中可以根据现场效果和实际情况不断进行调整和修改，让它更加完善、合理且适合学生的实际表演水平，直至最后的演出定稿。

由于现成的小型歌舞剧剧本并不多，即使有现有的，题材内容也不一定适合中小学生，或者剧本不适合他们的实际表演能力，所以最好的办法就是由老师或者学生根据团队的实际情况进行全新创作。老师可以和编写者先共同商榷具体的内容概况、主题思想、人物设定、戏剧冲突等等，同时预设音乐舞蹈情境，而后由编写者具体执笔。

小型歌舞剧剧本创作有以下特点：

①重视故事的教育意义。

小型歌舞剧需要一个好故事，一个好的故事可以发人深省。因此，小型歌舞剧剧本在创作上应充分考虑故事的教育意义，目的在于让学生能在寓教于乐的氛围中，不仅获得知识、发展技能，还能培养情操和优秀品格。学生在排演和观看过程中耳濡目染，身临其境地理解人物思想和行为，从而树立正确的人生观、价值观。

②注意故事情节的生活化。

中小学生的认知水平有一定的局限性，为了更好地使音乐剧的编创更有意义，教师应指导学生采用浅显易懂、贴近生活，甚至是发生在身边的小事作为故事情节，让学生能感同身受。这样容易引起他们的共鸣，进而达到教育的目的。

③考虑学生的表现能力。

在进行小型歌舞剧创作的过程中,既要充分体现新课标中对学生能力培养的要求,又要考虑学生的实际表演能力、创作能力,进而设计合适的思想深度下的戏剧情节。同时要考虑好团队成员们的创作水平和表演能力,使其能达成默契和共识。

小型歌舞剧剧本创作的内容可以有以下几个方面:

①剧本内容可以是校园生活的体现,也可以改编自教材内容、歌曲内容,或是耳熟能详的童话寓言等等,要尽可能丰富多彩、生动有趣,体现青春风采。

②艺术来源于生活,且高于生活,因此,建议多使用日常生活中的题材,挖掘身边的故事,方便学生本色演出。同时也要注重时效性,可以融入时事热点,用生活化的故事和表演让观众产生共鸣。

③剧中角色的刻画要根据学生的实际年龄特征来设置,人物形象鲜明、生动、形象、活泼、有趣。尽可能根据本校生源、本班学生实际设定,让学生本色出演,效果将事半功倍。

④小型歌舞剧时长不宜过长,因此,其中的戏剧冲突及高潮设置不适合展开太过复杂曲折的剧情。在结构的设置上,可遵循起承转合的特点,符合生活逻辑,巧妙交代人物背景及出场顺序,设置悬念,考虑好细节,这样才能充分调动观众情绪,推动情节发展。

小型歌舞剧的剧本创作方法主要有三种:编创、借鉴、原创。编创的剧本主要是指在已有的素材基础上,比如中小学课本中的历史故事、寓言、童话等题材,用改编的手法进行二度的创作和编辑。借鉴的剧本主要是指已有的可以进行对照学习的剧本,在借鉴的基础上对内容结合自身的实际进行扩充、删减、引用。原创的剧本是指小型歌舞剧的剧本内容都是自己全新创作的,可以是教师撰写的也可以是学生自己的原创作品。创作可以使学生在自编、自导、自演、自评的学习中,不断地提升组织能力、创造能力、表演能力、协作能力,这是教育的主要目的,所以原创剧本的撰写是值得学生去尝试的。

(2)抒发角色情感——歌词编写。

小型歌舞剧的歌词要朗朗上口、通俗易懂,要融合语言和音乐的艺术特征,兼顾"剧"和"诗"的特点。因此,小型歌舞剧歌曲中的歌词与一般声乐作品中的歌词是有所区别的。首先小型歌舞剧的歌词可以帮助观众了解剧情、了解角色的性格特征,它与剧情密不可分,与戏剧情节、人物情感等有着密切的关系,它所抒之情是剧中人物的内心感受,因而它的写作也受剧中人所处角色、地位及当时特殊心态的制约。此外,它也可以作类似旁白的功用,讲述故事发生的背景、人物行为的动机等等。其次,小型歌舞剧的歌词要具备"诗"的特征,要注意押韵,通常也比较短小简练,容易哼唱,有韵味。

针对中小学生的实际水平,小型歌舞剧歌词的编写可以有这样的方式,一是改编现有歌曲的歌词,二是创编全新的歌词。这两种方式在创作过程中要注意以下几点:歌词要关注人物的形象和性格特征,与角色的身份、特点相配合,同时要注意剧中人物的文化背景及其所担负的任务,歌词的撰写必须符合角色的地位及其当时的特殊心态。

(3)旋律扣人心弦——音乐选编。

小型歌舞剧中的音乐主要有独唱歌曲、重唱歌曲、合唱歌曲、舞蹈音乐、背景音乐等类型,它同时也可以是多种风格的,可以是民歌、儿歌、校园歌曲,也可以是喜闻乐见的流行音乐等等,具有多样性特征。音乐是小型歌舞剧中的灵魂,它既要表现角色的内心情感,抒发感情,体现角色的性格特征,又要交代故事情节,表现戏剧冲突。音合教育中学生完成的一部小型歌舞剧一般可以使用4至6段音乐。

小型歌舞剧创作,可以先写剧本,接着撰写歌词,再接着创作音乐,或先创作音乐再编创歌词,也可以根据剧情的需要确定一首作品作为小型歌舞剧的主题核心,用以概括或者代表小型歌舞剧的主题思想。针对中小学生的演唱特点,小型歌舞剧的歌曲创作,可简短些,适合基础教育阶段的学生演唱。音区最好集中在中音区,十度以内的范围,演唱难度不大。

(4)动作行云流水——舞蹈创作。

在小型歌舞剧的创编中,舞蹈元素对于学生来讲,可能是难度最大的一项。因为相对于其他元素而言,接触舞蹈的学生相对较少,实践经验较为不足。建议一部小型歌舞剧大约使用2至4个独立的舞段或者歌舞形式,表演形式可以是独舞、双人舞、三人舞、群舞、边歌边舞等等,风格同样也可以是多样的,如民族舞、流行舞、校园舞蹈等等,根据剧情需要,各种舞蹈语汇都能选择使用。

在使用舞蹈元素时,要注意舞蹈在小型歌舞剧中所起的作用:其一是渲染气氛,推动情节发展;其二是虚拟场面,塑造人物形象。舞蹈可以推动剧情的发展,交代剧情,甚至起到转场的作用,同时舞蹈也可以抒发人物的内心情感,表现人物的性格特征,也可以调动现场的气氛、观众的情绪,渲染整个舞台的氛围。

小型歌舞剧舞蹈动作的编创要注意以下几点：一是舞蹈在小型音乐剧中是具有角色属性的，因此，它必须同小型歌舞剧的故事情节、人物性格、内心情感、特定情境等因素有机结合，体现它的戏剧属性。二是要根据学生的实际舞蹈技能水平，灵活使用各种舞蹈语汇。可鼓励有舞蹈基础的学生尝试创编舞蹈，或是模仿相近风格的舞蹈作品，进行改编。对于没有舞蹈基础的学生，也要鼓励他们大胆表现自己，可简化舞蹈动作，或是选用学生们所熟悉的体操动作，或是选用生活化的动作，让他们能自信地展示自己。

(5)舞台五彩斑斓——舞美设计。

小型歌舞剧中的舞台美术可以刻画出角色的外部形象，可以渲染舞台氛围，可以交代故事发生的情境，也可以协助完成空间、时间的转换，通过转场来推动剧情的发展。舞台美术主要包括服装、造型、化妆、舞台布景、道具、灯光、音响等等。

任何一部小型歌舞剧，无论是生动的故事剧情，还是动人的演唱，感人的舞蹈，全都需要通过角色演绎出来，因此舞台上的人物形象塑造特别重要。舞台上的角色形象除了通过演唱、舞蹈、表演来刻画之外，角色的外在设计也特别重要，可以让人从视觉上第一眼就深入人心。小型歌舞剧中的角色造型、服装、化妆都要能凸显出角色的性格特征、身份、职业等等。

除此之外，舞台场景的设计也十分重要，因为它是整部剧风格的基础，故事发生的时间、地点都要靠它来体现。因此，在设计舞美时，要先了解清楚故事发生的背景，明确表演舞台的风格和布局，然后再根据舞美设计者的理解和经验，运用各种艺术形式把它逼真地展现出来，进而美化舞台，为剧情服务。

(6)表演载歌载舞——排练演出。

排练是将文字和音符演变成活生生的角色形象的关键一步，这是一项细致的工作，在排练之前要慎重考虑各个角色的选定，因为好的演员可以直接关系到最后演出效果的好坏。小型歌舞剧包含多种元素，要求演员会唱会跳会演，当然我们不可能要求学生个个都像专业演员那样全能，但是我们可以选择才艺较为全面，或是有一方面较为突出的同学作为主角。可以先看学生的综合艺术素养，唱跳演是否有些许的基础和经验，但不一定每项都要很拔尖。然后再根据角色的需要、剧本的需要，选择有某一方面特长的学生，例如，一部分侧重演唱，一部分侧重舞蹈，一部分侧重表演，一部分专门制作舞美，根据各自不同的特长，选择最合适的角色承担相应的任务。

小型歌舞剧的排练原则,可以先局部分开练习,把各自角色需要完成的任务落实好,再接着整体联排,发现问题后继续细化排练,争取精益求精。具体来说,可以先将演唱、舞蹈、对白、表演等分开练习,每个角色掌握好自己的任务,如歌曲的演唱、舞蹈的演绎、戏剧的对白等等,等各自部分熟练掌握后,再根据剧情分场次合排,最后进行整部剧的合排。合排时要注意整个表演过程的连贯性,关注角色上下场以及场景变化转场的衔接。在学生对整部剧的表演流程有了大体的印象的基础上,针对每个细节进行反复斟酌排练,努力提高整部作品的质量。同时让学生明确自己在舞台上需要完成哪些任务,知道自己是整个小型歌舞剧作品中的一个角色,而不是生活中的自己。

在完成排练工作之后,就可以进行小型歌舞剧的走台、联排、彩排,要求演员们穿上正式的演出服装,布置好舞台布景,准备好道具、灯光音响,将舞美全部到位,对小型歌舞剧作品进行最后的审核。通过舞台上的走台,发现表演中不尽如人意的地方,进行及时的小范围调整,这个时段的演练出现的问题越多越好,这样才能在正式演出或者比赛中规避大的疏漏。

正式表演的环节,若是课堂教学上的表演放在音乐教室中即可。学生演员如能使用上话筒,效果会更好些,当然如果条件不够,在教室这样的小空间里不使用话筒影响也不是很大。若是学校展演或是参加比赛,一定要认真考虑演出场地和音响设备的选择,正式的舞台对音响设备的要求比较高,因为场地相对比较大,所有的演唱和对白,演员需要佩戴微型麦克风进行扩音,这样与背景音乐在音量上才不会形成较大的落差。演出前,音响的适应和调配也非常重要,这是直接影响到正式演出效果的关键。当然,正式演出前,老师和同学都要认真细致地检查相关的伴奏音乐、舞台布景、服装、道具、头饰、化妆品等是否准备齐全,且放置在规定的地方。上场前教师要充分调动学生们的情绪,让他们以自然、放松、积极的状态投入到演出中去。

小型歌舞剧这种综合性舞台艺术一直深受学生们的喜爱,它独有的表现形式不仅使学生们得到了音乐的陶冶,感受了音乐、戏剧的美,培养了审美情趣,还使他们在角色扮演中充分发挥了个性,发展了创造力,培养了团队协作精神,提升了实践能力。学生在与同伴们的合作中播下热爱音乐、热爱艺术、热爱生活的种子。

3.音乐课堂上小型歌舞剧的表演运用

小型歌舞剧适合于中小学生的心理特点和审美需求,小学生适合歌舞表演,中学生适合形式更为丰富多彩的歌舞剧形式。通过语言、音乐、动作表演、美术等综合艺术形式可以反映中小学生的学习生活和思想感情,促进他们多方面能力都得到发展。事实上,在中小学教材中有不少内容既有教育意义又具备歌舞性质,因此,可以结合教材内容进行小型歌舞剧教学。

在教材中能改编成小型歌舞剧的音乐作品主要有以下几类:

一是具有故事性的音乐作品。例如《天亮了》《我是少年阿凡提》《小小少年》《牧羊姑娘》等等,这些作品本身就带有故事性,都是叙事形式的歌曲。作品具有戏剧特点,可以通过音乐及舞蹈元素表达人物的情感和展示个性特征,呈现故事的发展和戏剧冲突,便于编创小型歌舞剧作品,容易激发学生的创编、表演兴趣。

二是带有童话性的音乐作品。例如《彼得与狼》《动物狂欢节》《小天鹅舞曲》《糖果仙子舞曲》《龟兔赛跑》等等,这些音乐作品的标题就已经告示了童话故事内容。通过设置童话情境,可以帮助学生展开想象的羽翼,感受童话世界中的美好,从而尽情地进行创作表演。因为这些童话故事耳熟能详,每个学生基本都有过聆听、阅读童话的经历。

三是富有哲理性的音乐作品。如歌曲《蜗牛与黄鹂鸟》,作品本身就告知学生不能像黄鹂鸟那样自以为是,以自己的长处取笑别人的短处,而是要学习蜗牛不畏艰难,对奋斗目标执着追求的顽强精神。这样的作品其蕴含的哲理明显且深刻,令人难忘,以这样的题材作为小型歌舞剧的载体,可以很好地开启学生心灵的窗户,让他们接受真善美的陶冶和滋润。

四是含有人文主题的音乐作品。如《嘎达梅林》《桔梗谣》《草原放牧》《巴塘连北京》等这些富有民族特色的作品,将它们融入小型歌舞剧编创表演中,可以拓宽学生的音乐文化视野,激发他们对民族音乐的热爱。这些作品本身旋律优美、音乐形象生动活泼,很受学生的喜欢。结合人文主题的凸显,具有很强的现实教育意义。

音乐课堂上小型歌舞剧表演的运用方式可以有以下几种:

(1)课前准备、课内交流。

课前同样有剧本写作、歌词编写、音乐选编、舞蹈创作、舞美设计、演员选定、排练演出等过程,结合单元主题内容,由学生自行组成各个小组完成,并在课堂上进行展示,这是一个自主学习的过程。学生可以选择一个音乐作品进行创编表演,也可以选择几个音乐片段设计组合进行戏剧表演,但时间不宜过长。这种简短的表演可作为课堂教学中的一部分,或是一节课中几个小组相互交流的内容。

(2)课堂即兴编创表演。

课堂上教师可根据教学内容,让学生使用歌舞剧表演的形式来体验、了解知识点。具体方式是将教材中的乐曲、歌曲等用小型歌舞剧的形式有机整合,通过歌、舞、演的表现手段,来表现艺术作品。其中,歌曲演唱形式可以是独唱、对唱、齐唱、伴唱、小组唱、合唱等等,舞蹈的表演形式可以是造型、动作表演、声势律动、即兴表演,也可以是独舞、双人舞、三人舞、集体舞等等。这种教育方式使学生在角色扮演、亲身参与、具体实践中获得音乐知识与基本技能,让音乐教育凸显审美性、艺术性、人本性。

另外,即兴表演可以根据歌曲或者乐曲内容,用歌舞剧的形式即兴表现作品,其中不是单纯的歌舞形式,而是带有故事情节,有角色的表现。学生可以在表演中巩固歌曲的演唱,体会歌曲所要表达的感情。也可以根据单元主题,创设情境,选择单元作品即兴表演小型歌舞剧,通过歌舞剧形式复习单元作品。在音乐教学中广泛使用小型歌舞剧形式是一种趋势。

4.小型歌舞剧表演的教学建议

(1)生活化的动作表演。

小型歌舞剧表演的歌曲或音乐可以选择课本中的作品,创编小故事,设置情节,这对于中小学生而言比较容易做到,难的地方在于舞蹈部分,建议使用生活化的动作表演或者声势律动动作。声势律动是根据音乐的节奏、结构、旋律、节拍等音乐要素,有规律地做动作,没有任何舞蹈基础的孩子都可以做好,它也是歌舞的基础。使用声势律动的音乐作品要注意曲调不宜太复杂,要有规律的节奏型,作品所塑造的形象比较鲜明单一。声势动作也不要过于复杂,让每一位学生都可以熟练掌握,提升他们动作的协调性和节奏感。声势律动的具体动作很多,如走、跑、跳、拍手、捻指、点头、拍肩、蝴蝶飞动作、跺脚、拍腿等等。

生活化的动作表演可以是不同形象的动作模仿,比如小兔子跳、小鸟飞等,或者是造型动作的模仿,如大树、波浪等。也可以是生活情境中的动作设计,比如摘花、洗衣、打球、跳绳、弹琴等。还可以是基本的舞蹈动作,如十字步、交替步、兰花指等。

生活化的动作表演适用于课堂中的即兴舞蹈表演,它是一种学生能在聆听音乐的同时,根据自己的感受和理解自由表现的一种舞蹈形式。这种形式自由、无拘无束,能充分发挥学生的想象力、创造力、表现力,进而提升他们对音乐的审美感受力。

生活化的动作表演也可以结合生活道具来使用,增加趣味性和实用性。

①丝巾与彩带。

丝巾和彩带是一类"飘逸"的道具,触感比较温和,挥动起来具有流动感。这样的道具可以使用于情绪比较温和、音乐形象比较柔美的作品中。借助这类柔和的道具学生可以感受、表现音乐作品的抒情性情绪,通过挥动的动作来表现一定的情节,同时也可以结合音乐作品的内容,将丝巾和彩带想象成一定的"内容",比如落叶、风、线条等等。

②筷子或竹棒。

筷子或竹棒使用的范围较广,既可在非移动动作中使用,也可边走边敲打。用筷子或者竹棒可以替代声势动作如拍手、跺脚、拍肩等等,会另有一番趣味。一次性筷子和竹棒要轻且光滑,使用时可以人手两根相互击打,也可以把它们当成鼓槌,把椅子或者桌面、书当成鼓,直接敲击。把生活中的物品当作乐器,学生的兴趣会比较高。

③纸盘。

一次性纸盘可以模仿钹或镲的演奏,持在手中,大小合适,敲击起来音量也不会太大,适合在表演中全班学生集体使用。因为是生活中常见的物品,学生会觉得乐趣无穷,进而积极参与实践活动。

④呼啦圈。

健身器材呼啦圈需要的空间会比较大,但是它的使用范围和方法会较为广泛。不仅可以作为舞蹈动作的道具,它还可以有其他的用途,比如,可以将呼啦圈放在地上,当情境布置使用,也可以作为合作型的道具,两个或者两个以上的学生各拿一个呼啦圈,合作将手中呼啦圈构成不同的造型,作为舞台背景。

(2)即兴化的表演。

即兴化的表演就是在现场进行创作并表演出来。即兴包含两个要素,一是创造,二是表演,二者缺一不可。即兴化的表演需要学生同时具备一定的表演基础以及现场灵活的反应能力,它对音乐创造力的培养具有非凡的力量,是音乐教育创意实践素养培育的重要部分。

对于中小学生而言,现场即兴表演小型歌舞剧,并不需要具有任何的社会效应,这种即兴表演只是对教学服务,但对个人的发展具有不可估量的价值。正是在这样的层面上,对于学生在创作上的即兴水平,并不需要有过高的要求,而是要基于学生的实际水平,善于去引导他们根据自己的现有能力表现出最好的自己。

例如歌曲教学《渴望春天》,可以让学生在学会演唱歌曲的基础上,用这首歌曲作为小型音乐剧表演的音乐,根据歌词内容或者自己对春天的理解和想象,边演唱边做动作,和同伴一起用小型歌舞剧的形式表现这首歌曲。形式可以是全班一起表演,也可以分小组表演。可以是一部分同学演唱,另一部分同学做动作、做戏剧表演,也可以是边演唱边表演。学生可以把自己想象成小鸟、大树、春风、盛开的花朵、玩耍的小朋友等等,通过角色扮演,模拟相关动作,并演唱这首歌曲,表现出生机勃勃的春天的景象。

又如音乐欣赏教学《魔法师的弟子》,学生可以先设计出神奇的魔法咒语,并跟着"扫帚拎水"的主题音乐哼唱。同时可根据大管、小提琴、短笛等不同的乐器音色演唱出不同的情绪,主题音乐的哼唱可以由全班同学一起完成。舞蹈元素可以设计魔法师的手部律动以及施魔法时的动作,可以部分同学完成也可以全班参与一起做。跟随着六次不同力度和速度的变化,动作速度也进行变化。同时可以根据音乐内容,设置魔法师师傅和小徒弟两个角色,加上剧情发展并结合生活经验,设计表演动作。

由此可见,无论是歌唱课还是音乐欣赏课,都可以通过小型歌舞剧再现作品内容。一方面是以演唱、欣赏的要求为主要教学目标,歌舞剧表演是为了让学生更好地理解音乐,使其能更好地进行歌曲演唱和音乐欣赏;另一方面是直接以韵律动作的学习为主要目的而进行的动作创编,生活化动作和律动是配合音乐的,通过这种活动学生可以体验音乐的结构、节奏、节拍、速度等音乐要素。

这种即兴化表演容易发挥学生的主体性,还可以让他们把自己的生活经验与音乐进行合理地融合,使其音乐学习恰好处于最近发展区。但同时,教学中也要注意不要因为编创活动而忽略了音乐教学本身,这会导致即兴化表演教学走向偏差。也就是不要把注意力过多地集中在学生的表演上,而忽视了聆听音乐、感知音乐、体验音乐的本身,切忌把歌唱教学与欣赏教学变成动作表演创编活动,把音乐素养培养纯粹当成动作技能训练。

(3)创设剧情与情境。

小型歌舞剧的受众对象是青少年,因此,它的题材内容也应充分符合青少年儿童的生理和心理特征。它之所以要由完整的戏剧情节、矛盾冲突、戏剧结构组成,并形成完整的故事情节,是因为要让这个年龄阶段的学生看得懂,从而使其感受到崇高的思想品质和道德情操的熏陶和教育。故事剧情是小型歌舞剧编创表演的基础,对于开展小型歌舞剧教学而言,这是一个重要的环节。要引导学生根据教材内容,蕴含音乐知识于剧情之中,创设生动形象、富有青春气息的情境。这一过程可以激发学生的学习与探究兴趣,促进学生主动参与实践,积极投入小型歌舞剧的创编过程。

针对音合教育的特点,创编小型歌舞剧故事剧情可以将学生学过的音乐作品组合成完整的故事情节,并选择有代表性的不同的歌曲或乐曲,使之组合成一个完整的戏剧作品。还可以根据这些音乐作品编写具体情节,设计相关情境。此外,也可以根据较为大型的音乐作品来设计具体故事情节,比如乐曲《鸭子拌嘴》《动物狂欢节》等等。

创设剧情可以采用在故事情节中增加角色的方法,例如童话故事《龟兔赛跑》。由史真荣创作的交响童话《龟兔赛跑》本身就具有很强的故事性,作品本身包含故事的开端、发展、矛盾冲突、高潮、结尾等部分,其中乌龟和兔子是作品中最重要的两个角色,在编创小型歌舞剧时,可在这两个角色的基础上,由学生创意性地增加一些角色,丰富戏剧元素,扩充故事情节,这样就有让更多的同学一起参与表演。例如可以增加小猴发令员、大象裁判,其他各种动物领跑员和陪跑员等,具体角色由学生根据自己的喜好来选择,并模仿动物特征表演。

创设剧情也可以在原有音乐作品故事情节中增减具体情节。同样以《龟兔赛跑》为例,师生共同讨论,在原有的赛跑情节基础上,可增加赛跑前乌龟的内心活动,兔子傲气地挑战乌龟的对话,兔子的梦境,动物们为乌龟举办的欢庆舞会等等情节,随着故事情节的丰富,就会更加凸显小乌龟坚持不懈不放弃的精神,反衬出兔子的骄傲导致的落后,思想教育就潜移默化地浸润在故事之中。

(4)跨学科融合。

小型歌舞剧是一门综合艺术,包括了音乐、舞蹈、戏剧、舞美等多种元素,在教育领域中,小型歌舞剧同样可以结合多学科融合教学,根据不同组成要素协同相关学科教学,促进学生综合素养的全面提升。例如协同语文学科,使学生学会剧本创作、歌词改编,培养学生写作、语言能力的发展;又如结合美术学科,对表演进行舞美的设计与制作,无论是舞台场景还是服装、道具,都是小型歌舞剧不可或缺的辅助手段。

教师可以引导学生在音乐课中运用简单易行的手工,制作相关道具,也可在美术课中,结合小型歌舞剧的剧情需要以手工课为主要内容。建议使用生活中的废旧物品,经过手工制作,使之变为道具和场景材料,例如,用旧的挂历纸剪裁成花卉、大树等形状,或是手工折纸折成各种形状,贴在纸板上或墙壁上,当成森林背景;将白色皱纹纸或者塑料袋缝串起来挂在腰间,就成了一件白纱裙;用废旧的报纸卷成长筒状,粘贴成"乐器"的形状;用一次性盒子加上一条橡皮筋并贴上小花和亮片,就做成了一顶漂亮的小花帽……要充分发挥想象力,用生活中的废旧物品加以艺术处理,成为小型歌舞剧中的道具和服饰,既有新颖感,又节省开支,关键是能让学生乐在其中,感受废物变宝的神奇力量。

(5)师生共同参与。

《义务教育艺术课程标准(2022年版)》强调学生是课堂的主体。教学活动应以学生为主,应将学生对艺术的感受和实践参与放在重要的地位,在以审美为核心的理念指导下,倡导在各种艺术课程中运用小型歌舞剧教学实践,落实艺术表现、创意实践、审美感知、文化理解素养。其中,在小型歌舞剧教学中,通过师生互动,可以增添教学的乐趣,吸引学生的注意力,提升学生的学习兴趣。老师可以在小型歌舞剧中扮演其中一个角色,起到引导、推波助澜的作用。例如,老师可以扮演导游的角色,带着同学们来到各个少数民族,体验各民族民俗风情,同学们则可以学习并表演各个少数民族歌舞节目。在老师的带领下,师生的距离被拉近,学生享受了美的创作过程,形成了良好的合作氛围。

小型歌舞剧是《义务教育艺术课程标准(2022年版)》中的重要内容,它为开发教师和学生的潜能提供了一个广阔的舞台。小型歌舞剧可以让学生通过综合性艺术表演来掌握和巩固音乐知识,提升音乐技能。而教师要创设条件,让小型歌舞剧扎根于音乐课堂,让音乐与表演走进学生的内心,为艺术课程教学增添光彩。小型歌舞剧结构短小、通俗易懂,载歌载舞富有乐趣,这种愉悦宽松的氛围对活跃校园文化和教育活动发挥了重要的作用,学生在这样的教学环境中可以很好地感受情感教育,塑造良好的价值观。

(五)小型歌舞剧教学的借鉴与思考

1.突出校园特点

小型歌舞剧的题材贴近校园生活,或是选材于课本教材内容,与学生的学习生活息息相关,具有很强的校园气息。同时小型歌舞剧要不断注入创新元素,用适合于中小学生年龄特点的表现形式,展现他们健康积极向上的精神风貌,培养学生正确的价值观。

2.以小型歌舞剧促进音乐教学的发展

小型歌舞剧的创作、表演进入音乐课堂,对音乐课程改革有着重要的意义。我们应该勇于创新,大胆突破,根据教材需要创作出更多更好的歌舞剧作品,让越来越多的人看到小型歌舞剧在教学中的功用,在当今的教育体系中把它继续发扬光大。随着教育的不断发展和教育改革的不断深入,小型歌舞剧进入艺术课堂将成为一种必然的趋势,这种趋势将促进中国音乐教育的高质量发展。

首先,随着小型歌舞剧进入音乐课堂的常态化和普及化,每个学校可以根据学生的实际情况和学校的办学特色,开发出各具特色的歌舞剧欣赏和创作课程,并积极应用于课堂教学中,让小型音乐剧以其独有的形式促进音乐教学发展。

其次,随着小型歌舞剧逐步进入音乐课堂,它对音乐老师的要求也逐步提升。教师不仅需要有综合才艺,还需要持续不断学习,捕捉生活中的优秀题材,应用于小型歌舞剧的创作中,同时要引导学生善于在生活中发现,在这个过程中可以大大提高教师的综合艺术素养,使小型歌舞剧的各项艺术元素真正深植于教学实践中。

再次,小型歌舞剧在音乐教学的各个领域得到广泛运用,已成为一种通用的教学方式。在小型歌舞剧的教学里可以使学生通过角色扮演,以一种轻松自如的状态,在快乐的学习氛围中掌握音乐知识,学会音乐技能,提升学习主动性。因此可以间接培养出许多创作人才,比如作曲、编导、舞美设计等等,因为兴趣是一切学习的来源。

最后,小型歌舞剧具有雅俗共赏的艺术特性。中小学生普遍具有较强的活力与创造力,能主动与同伴一起合作表演,因此吸引着越来越多的学生参与其中,创作出属于自己的歌舞剧作品。通过小型歌舞剧这个媒介,可以让更多的学生喜欢上音乐课堂,在快乐中学习,并且可以培养学生成为具有较高艺术修养、充满人文气息、富有审美素养、充满探究精神的高素质人才。

3.重视情感教育

在小型歌舞剧的教学中,教师要注重引导学生充分发挥想象力和创造力,保护好学生们的纯真,尤其是善良纯洁的一面。要让学生懂得关爱别人、乐于帮助别人,做好情感教育,培养他们的家国情怀。要让他们学会将自己内心的情感通过角色淋漓尽致地表现出来,在对学生进行有效引导的基础上,让学生得到充分的发展。

4.注意因材施教

小型歌舞剧除了剧本创作、舞台表演之外,其他的准备工作还有音乐选择、舞台布景、舞蹈动作编配、道具准备等等,这些工作的难度把握一定要根据学生的实际水平而定,切勿好高骛远,让学生望而止步。比如,音乐要选择学生们喜爱的、耳熟能详的作品,同时要选择能鲜明表现出角色个性特征的作品。舞蹈动作的设计要贴近生活,符合学生目前现有的接受能力和舞蹈水平,对于没有任何基础的学生,难度要求可以降低一些,使其能根据音乐进行律动感知音乐美才是关键点。而对于有一定基础的孩子,舞蹈的要求可以高一些,鼓励他们自由编创简单的舞蹈动作和组合,且编创的这些舞蹈元素要尽可能为剧情服务,推动故事的进一步发展。舞美当中的道具和舞台布景的设计制作要根据学生的实际操作能力来设计,主要是充分发挥他们的想象能力,促进他们主动思考、积极探索,可将写意和写实风格相结合,营造好氛围,交代好故事发生的场景。服装道具的设计可根据剧情需要,选择生活装,或是自制相仿的服装道具,比如头饰制作、环保资源再利用等等,鼓励学生多动手,与同伴共同完成。

小型歌舞剧是包含故事情节、角色扮演、歌舞表演等内容的一种综合艺术表现形式,它是根据中小学生的能力和实际水平,以歌唱为主线,以青少年的心理特点和审美为标准而形成的作品。小型歌舞剧因其综合性,对培养学生音乐表现力、情感表达、审美素养、协作交流等综合素养有着独特功效。"寓教于乐"是小型歌舞剧课堂教学的特征,其课堂是活泼、生动、有效的。"新颖性"是小型歌舞剧的又一特征,它有益于新课改下的艺术课堂创新,能有效促进当前音乐教育的发展。但正因为它的创新性,小型歌舞剧也要求教师要不断学习,掌握最新教育教学技术手段,开拓思维,寻求生活中最适合培养学生价值观的题材,创新表现形式,不断推陈出新,让学生真正得到发展。

二 合唱教学的实践体系及方法应用

(一)课程目标

合唱课程体现了音合教育的融合、合作性质。在参与合作式艺术实践活动中,优美动听和谐的歌声可以引导学生步入丰富多彩的音乐世界。学生在多声部演唱、声势动作编创、组合表演、多声部节奏训练等活动中,可以发展合作、聆听、创造、表现等方面的能力,从而使学生能自信地表达自己对音乐作品的理解和感悟。在演唱、表演、欣赏过程中,学生还可以提升审美与表现力,提高想象力与创造力,活跃思维、拓宽视野,并学会与他人团结协作,协同共进。合唱校本课程能有效提升学生的核心素养,丰富音乐课堂教学内容及校园文化建设,尤其对学生音乐素养的培养、人格的塑造、心灵的滋养,更能起到无可替代的作用。

合唱作品大都积极向上、富有美感,激人上进的歌词、美妙动人的旋律在合唱训练中能很好地满足学生的情感表达需求。在合作式表演中,集体协作达到一种和谐融通的高度,能让学生感觉到自身存在的意义,形成一种积极、稳定的满足感,因而获得健康向上的心理状态。在这种合作式的练习、表达过程中,彼此眼神的交流、声音的交流,甚至动作的交流,都可以加深同伴之间彼此的感情与理解,进而彼此产生强烈的信任感、依赖感、温暖感。这种练习满足了这个年龄阶段孩子的安全需求,同时使其学会了互相配合与相互尊重,在合唱中找到自信,可以无拘无束地表达自己对音乐作品情感的理解与阐释,完成自我实现和自我肯定[①]。

合唱作品中有大量的中外优秀经典音乐曲目,还有很多我国民族民间音乐改编而成的多声部合唱作品,通过这些作品的演唱,可以激发学生热爱中华优秀传统文化的情感,使其喜爱多元合唱作品,并在这样的氛围中被熏陶、被陶冶,培养他们的家国情怀。学生在艺术的交流传播中会达到精神层面、心灵层面的自我认同与自信,产生水到渠成的体验情感。当人处于心灵最激荡的时候,就是处于最和谐、最完美的状态,也即满足了学生成长发展的最高层次需求。

具体目标结合艺术课程核心素养培育指向,主要体现在:

---

① 尹正文.杨鸿年童声合唱教学研究[D].长春:东北师范大学,2019:138-140.

1.审美感知

学生在合唱演唱过程中,能感受艺术作品声音的和谐美,理解合唱作品的历史故事及创作背景。在演唱不同民族、不同国家、不同题材、不同体裁的作品中,能与同伴一起亲身体验艺术作品所要表现的思想内涵及情绪情感,并在合作中产生情感共鸣。学生可通过演唱技巧的提升,表演形式的丰富,具身体会合唱作品的艺术特征,来感受作品的美。还要能辨别不同时代、不同风格作品的特征,并用声音和肢体语言来表现,陶冶情操,同时能对团队、同伴、自身的演唱进行多方位评价。

2.艺术表现

学生要积极参与团队的多声部演唱实践活动,在与同伴们的协作中,享受合作的乐趣。同时提升视唱、音准、听音、节奏等基础能力,在具有扎实演唱基本功以及具备一定音乐素养的基础上,通过声势律动、歌唱表演、肢体动作、角色扮演等活动,提升艺术表现能力,加强合唱作品的表现力和情感表达,能将生活中的真善美通过歌声自然地流露。学生要在这个过程中享受美的熏陶,并培养团队协作精神和团结协作能力,从而树立文化自信,敢于表现自我。

3.创意实践

音合教育提倡跨学科教学。合唱教学不仅有演唱,还可以结合舞蹈、朗诵或肢体语言丰富合唱表演形式,可以结合体育学科做好排练前的放松、气息训练,也可以结合历史、文学、政治、地理等学科,加深对合唱作品的文化内涵、创作背景的了解。这些跨学科教学方式可以更好地展示作品的风格和艺术特征,使学生尽可能完美地表达和诠释合唱作品。同时教师要结合学生的实际情况,挖掘团队的特色,使其在演唱风格、表现形式上独具特色。要鼓励有能力的学生创编合唱歌词或作品,并由全体同学共同演绎,这种成就感对学生而言不言而喻。

4.文化理解

通过不同风格合唱作品的学习,学生可以从文化的视角理解、诠释、表现合唱作品,知晓每一个作品产生的历史、文化内涵、不同的风格特征。且学生能够热爱我国各民族优秀的合唱作品,用不同的演唱技巧表现不同的民族风格,从而增强民族自豪感,坚定文化自信。同时能以包容的心态,学习外国经典与现代合唱作品,拓宽文化视野,尊重多元文化,树立平等的文化价值观,拥有尊重文化多样性的人文情怀。

(二)课程设置

1.设计依据

随着人们文化素质的不断提升,合唱艺术作为一种高雅音乐艺术形式越来越受到关注和重视。和谐、动听、优美的歌声,可以引导青少年步入丰富多彩的音乐世界,培养其全面的音乐素养,校园中合唱课程的开展对普及美育、促进青少年全面发展有着重要的作用。合唱教学体系的构建,可以发展学生的学习力、表现力、创造力,促进人格的塑造、心灵的滋养。

《国务院办公厅关于全面加强和改进学校美育工作的意见》中指出:"美育实践活动是学校美育课程的重要组成部分,要纳入教学计划,实施课程化管理。"合唱是一门实践性很强的艺术,它必须通过长期的合作实践才能达到教学目标。合唱教学讲究配合,强调合作,不仅有利于培养学生团队协作能力,提升音乐技能和素养,还能健全人格,舒缓压力,提升抗挫能力。合唱教学面向全体,因材施教,将不同个性和不同能力的学生的声音融合在一起,能加深审美感知、提升艺术表现、深入创意实践、增进文化理解,从而全面发展学生核心素养;可以在相互的融合性学习中,实现学生之间取长补短,携手完成艺术作品的表现。

(1)课程核心素养培育的需求。

基于音合教育的合唱课程构建和运用,最为核心的目标就是发展学生的核心素养。要始终将此任务贯穿整个教学当中,重视美育培养的具体实施,并与德育、智育、体育、劳动教育等进行融通教学,真正落实五育融合。合唱这种合作性实践活动的教学可以全方位促进学生的多种能力提升,在协作配合中加强其优秀品格的培育。

(2)社会发展对合作型人才的需求。

当今社会对人才的需求呈现重综合、多元化的趋势,尤其是对协作能力的重视,使得学生在校期间对这些能力的培养就显得极为重要。合唱课程正是顺应社会发展的需要,提供了很好的合作、融合资源,并借助社会优秀的表演平台,让学生有充足的表现机会展示自己,确立自信。不仅提升了学生团队合作和综合运用的能力,也在提升其音乐素养的同时,拓宽了他们的文化视野,为培养高素质人才奠定了基础。

(3)学科实践深入开展的需求。

合唱主要是培养学生集体配合多声部演唱的表现能力,使其积累艺术表现的感性经验。它是一门强调实践的课程,对于艺术表现及创意实践素养的培育尤为重视。合唱重在通过实践提升学生的音乐表现力,使其在团队的合作中提升综合素养和能力。

2.结构

基于音合教育的合唱课程在基础教育的任何一个学段均可实施,可根据每个学校的课程安排需求,确定授课年级。课程内容可根据学生的具体情况、实际演唱水平,灵活搭配,以授课教师的工作经验为主,最终目标是使学生能集体和谐地、有感情地演唱合唱作品。原则上以同年段学生为同一进度,以行政班为单位授课。也可采用循环选修的模式,跨年段走班制,根据学生的不同程度组建教学班,这样可以拓展合唱学习的深度和广度,提高学生的合唱艺术表现水平,更为有声乐特长的学生提供个性发展的空间,满足学生不同层次的需求。具体形式可以作品欣赏、声乐训练、综合性音乐素养学习、多声部合作演唱、形体表演为主,辅以进音乐厅演出、比赛、进剧场观演等活动。

合唱课程可每周2—3课时,一年时间完成一个完整阶段的课程,有兴趣的学生可参与循环学习直至毕业。每个课时之间有着一定的延续性,相互关联,逐步提升,遵从音乐学科核心素养培育的特点,也尽量满足学生个性化的需求。

(三)课程内容

基于音合教育的合唱课程主要有以下内容:一是合唱理论知识学习,二是经典合唱作品欣赏,三是演唱技巧训练,四是音乐素养培育,五是合作式活动练习,六是合唱作品排练。合唱理论知识学习主要包括了解合唱的起源、发展历史、特点、基本要求、种类等内容,包含合唱所涉及的相关理论知识,使学生懂得用所学知识分析经典合唱作品。经典合唱作品欣赏主要是欣赏国内外经典的合唱作品及国际知名合唱团的演唱,学习优秀团队演绎作品时的声音控制、情感表达、融合度等,向优秀看齐,让学生用高标准来要求自己,不断进取,并能使其尝试对作品的演唱技巧及情感处理提建议。演唱技巧训练从最基础的气息控制、循环呼吸、声音共鸣、咬字吐字、歌唱状态学起,到音量控制、声音位置要求、表达作品情感等,使学生掌握个人声乐技巧,并能达到控制演唱方式的要求。音乐素养的培育从学习音乐乐理知识开始,使学生能认识乐谱并能快速识谱演唱出来,并有音准、节奏等方面的准确要求,同时训练听力。学生不仅需要聆听自己的声音及时调整音准,还要能聆听别人的声音,相互构唱,形成和谐的和声。合作式活动练习,包含跟着音乐创编,合作声势动作训练,小组合作演唱多声部歌曲,借助道具合作动作表演,根据作品进行教育戏剧表演,合作完成准备运动等等。合唱作品排练即所有学生一起共同完成多个合唱作品,要准确完成每个声部的演唱,并达到声音融合、富有表现张力、表达情绪情感的效果,完整演绎合唱作品。

合唱教学应面向全体学生,每个部分的内容相对独立、循序渐进、由浅入深,注重实践性、合作性、技巧性、多元化等特点,但每个部分的内容又相互关联,缺一不可。教学中应针对学生的实际水平、每堂课的具体实施情况,及时调整学习进度,整合教学内容,灵活运用,让每个学生在集体合作活动中感受和谐、温暖和成就感。

1.单元内容

(1)合唱理论知识学习。

①合唱的起源及发展历史。

②合唱的概念及种类。

③合唱的特点及基本要求。

④合唱名作分析。

⑤了解国际知名合唱团及指挥家。

⑥中国合唱作品的民族性分析。

(2)经典合唱作品欣赏。

①国外经典合唱作品欣赏。

②国内经典合唱作品欣赏。

③设计合唱作品演唱技巧及情感表达处理方案。

(3)演唱技巧训练。

①合唱训练前的热身:基本姿态、手法及步骤。

②呼吸训练:基本方法、慢吸慢呼、急吸急呼、循环呼吸等练习。

③共鸣训练：口腔共鸣、头腔共鸣、胸腔共鸣、共鸣腔体调节能力训练。

④音准训练：卡农练习、纵向音准、快速转调、不和谐音程训练等。

⑤节奏训练：念读节奏、爵士节奏、即兴节奏卡农、多声部不同时进入节奏训练、歌词编创节奏训练等。

⑥读谱训练：分谱阅读及总谱阅读训练、找主旋律及视唱训练。

⑦咬字吐字训练：朗读训练、单音咬字训练、一音多字训练。

⑧歌唱状态训练：镜面游戏、模仿练习。

⑨音量控制训练：连音及跳音练习、起音练习、气息支撑的不同音量练习。

⑩情感表达训练：无实物表演练习、沉浸式歌唱练习。

（4）音乐素养培育。

①认识五线谱及简谱，并能快速识谱。

②模唱单音、音程、和弦、旋律片段。

③能根据力度、速度记号演唱旋律。

④向上或向下构唱音程及和弦。

⑤音列构唱练习。

⑥半音阶及转调构唱练习。

⑦节奏或旋律即兴编创接龙游戏。

⑧听记、模唱练习。

（5）合作式活动练习。

①奥尔夫乐器合奏练习。

②声势动作编创及合作练习。

③小作品重唱练习。

④教育戏剧表演。

⑤团队合作热身运动。

⑥利用生活中的物品即兴合奏。

⑦借助运动器材（篮球、体操球、网球、呼啦圈、橡皮筋等）随乐而"舞"。

⑧合作编创音乐作品。

（6）合唱作品排练。

所有的同学一起共同完成合唱作品的演绎，做到声音融合、声部清晰、情感表达细腻、演唱具有张力。

2.内容要求

(1)欣赏中外经典合唱作品,了解不同风格、体裁、题材的合唱作品及相关知识,感受人声的艺术表现力及美感,体验多声部合唱的艺术魅力。

(2)了解合唱的概念、起源、发展及艺术特征,掌握合唱基础知识,能分析合唱作品的体裁、题材内容及表演形式。

(3)参与多种演唱形式的合唱实践活动,掌握歌唱的基本方法与技能,理解合唱作品的艺术内涵和表现要求,积累合唱表现经验,感受合唱多声部艺术的丰富表现力。

(4)能根据合唱谱准确演唱,并根据指挥的要求进行排练和演出,掌握合唱的演唱技巧,积累多声部协作演唱的经验。能倾听其他声部的声音,控制好演唱音准、音量及音色等,保持声部间的融合与均衡。

(5)能与同伴默契、和谐地合作演唱,养成良好的合作、沟通、交流、协调习惯。

(6)感受合唱作品中的中国传统音乐及世界民族音乐风格特征,理解民族民间音乐与社会生活、历史文化、地方风俗等的关系,提升文化理解素养。

(7)具备识谱能力,能独立看谱学唱歌曲,并能简要分析所唱合唱作品的风格特点、情感等,能对自己、同伴或集体的艺术表现进行客观评价,无论演唱能力还是作品表现力,都能合理表达出自己的观点。

(8)运用现代信息技术手段自主学习,探索合唱的相关资料,并能与同学相互协作,共同学习。

3.教学提示

(1)合唱教学要结合对中外优秀合唱作品的赏析,帮助学生理解作品的情感及风格,辅助其学习合唱的相关知识。

(2)创设与合唱作品表达的情感相适应的教学情境,使学生在演唱中能由内而发注入情感演唱。

(3)重视歌唱基本功的训练,无论歌唱发声,还是呼吸方法、咬字吐字、节奏音准,循序渐进融入合唱训练当中。

(4)合唱作品的选择应该适合学生的年龄特点和实际演唱水平,难易适中,能展现青少年学生的精气神。

(5)多创设合唱表演的展示舞台,在合唱音乐会和合唱表演中,引导学生积累艺术实践经验,并享受合作的乐趣,增强表演的自信心。

(6)注意引导学生养成倾听其他声部的习惯,使其能自如调整自己的演唱,并懂得对老师的指挥手势做出正确的理解和反应。

(7)合唱评价除了关注演唱能力、艺术表现力外,还要关注学生的参与度、平时表现及演唱经验的积累与收获,尤其是团队协作能力。

(8)注意结合合唱作品相关的历史、文化、风俗等,启发学生感悟合唱作品的文化内涵。

(9)创设相关生活情境,根据作品的题材及特点,引导学生更好地理解合唱作品的情感表达。

(10)多让学生利用现代信息技术手段,搜索、查找合唱相关音频、视频、文字、图片材料,开展研究性学习,共同探究知识。

(11)多让学生利用社会资源,如剧场、电视节目、音乐厅、网络、媒体等,拓展合唱欣赏的途径,丰富学生的合唱体验。

(四)课程原则

1.审美性原则

音合教育中的合唱教学首先是一种审美教育,其通过聆听、欣赏、体验、表现、合作等审美活动,让学生全身心享受多声部演唱的和谐美感,使学生能由内而发并准确、有感情地表达作品中的和声感和融合美。教学中注意营造愉悦情绪氛围的训练环境,让学生能用平和的心境参与到合唱训练中来,使其积极领会合唱作品所要阐述的思想内涵。教师要通过音乐的魅力、自身的言语及示范的感染力,引导学生积极参与,使其在理解作品的基础上,用心表达,向听众、观众传递对生活、对社会积极向上的态度和思想,并在其中获得审美能力的提升。

2.多元化原则

音合教育倡导跨学科融合教学,贯彻五育融合的观念,融通使用多样教学法,因此,基于音合教育的合唱教学,在教学内容、学科知识、实践形式、教学方法、评价方式等方面都具有多元化的特点。合唱是一门实践性很强的艺术,在教学内容上呈现出训练方式多样的状态,同时,也协同了体育、文学、舞蹈、历史等多学科的教学内容及手段,丰富了合唱训练的方法。在艺术表现上,合唱以演唱为主要表现形式,同时还要结合器乐、表演、舞蹈、朗诵、戏剧等方式,展现出多样化的态势,丰富了合唱艺术的表现力。在教学方法上,同样可以借鉴多样教学法融合的方式,如借鉴奥尔夫、柯达伊、达尔克罗兹等三大教学法的精髓,同时还可以借鉴生活化的训练方式,让合唱方法易于掌握,使学生合唱能力能快速提升,合唱课堂变得有趣、高效。在评价方面,合唱教学更显多姿多样,不仅仅限于教师对学生的评价,更有学生的自我评价、生生之间的互评等等,随着合唱表演平台的不断丰富,合唱的评价甚至还可以是来自专业人士、教育者、家长及社会和媒体的评价。这种评价不只是评价主体的多元化,对于评价的对象也可以是定性或定量的多元化评价,包括社会影响力等等,它可以是一种全方位、多角度对合唱课程进行的客观、多元、科学、合理的评价。

3. 融合性原则

基于音合教育的合唱课程最强调的原则就是融合性。合唱不单纯只是一种演唱教学,首先它是提升学生综合素养的途径,合唱教学应融合音乐的多种要素、多项技能、多种能力进行教学,以促进学生核心素养的提升。其次它以培养全面发展的人为目标,教学中注重跨学科教学、五育融合教学,提升学生多学科核心素养,而不仅仅是音乐学科教学,同时还要注意进行品格教育,结合作品进行家国情怀的教育,让学生成长为德智体美劳全面发展的人。最后,还要注重学生在合唱训练中敢于发表自己的理解和主张,使其勇于表达个人的思考,树立自信,进而融入整个大集体中,提升社会交往能力。

4. 全面发展原则

人的全面发展是现代教育的最终价值要求,课程设置的依据也来自全面发展的培养目标。贯彻全面发展的原则,就是要始终关注以人为本的教育教学理念,一方面是促进学生每个个体的全面发展,另一方面还要面向全体学生的发展,让每一个孩子都能在学习中获得不同程度的发展。基于音合教育的合唱教学充分考虑了每个学生的不同能力水平,考虑不同学生不一样的需求和提升空间,根据个体间的差异性,制订出不同的教学策略,让他们在集体的融合演唱中发挥出自己的最大能量。并且始终关注学生的学习和发展情况,以获得了多少成长,掌握了多少知识,取得了多少进步来评价合唱课程的具体实施成效,通过不断调整、修订课程体系,保证课程目标的顺利达成,确保每位学生获得个性化、全面发展的课程教育。

5.因材施教原则

每个学生都是独立的个体,每个人的学习能力、基础情况各不相同.因此,在合唱课程的教学中,教师应该尊重每位学生个体的性格特征和各方面潜能,因材施教,鼓励学生敢于创新,展示个人能力。要为学生人格的个性化发展及音乐潜能的发挥提供强有力的支持。基于音合教育的合唱教学包含多种元素,每位学生都可以根据自己的特长和个性特征发挥自己的强项,并与其他同学互助学习,弥补自己的不足之处。

(五)课程评价

课程评价是基于音合教育的合唱课程的重要组成部分,它对课程的实施具有重要的导向作用和质量监控的功能,对课程的设置具有一定的影响。它能引导合唱教学活动的开展,既可以对积极的合唱课程活动给予肯定,又能对课程活动的不足之处给予提醒和指导,进而推动课程教学的开展,进一步提高学生的学习质量。课程评价是教师在教授合唱课程的过程中,基于具体的教学目标,通过对各种技术手段和技术方法的使用,对照具体教学目标的达成情况,科学地评价合唱课程,简而言之,就是科学地分析合唱课程的质量[1]。

合唱课程的评价可以由过程性评价和终结性评价两部分组成,过程性评价主要由日常训练的表现及考勤情况、日常实践作业的完成情况等部分构成,终结性评价主要是学期末按照课程要求及学习进度,进行演唱及音乐素养的考核或者舞台汇演的检验等构成。同时要兼顾定性评价与定量评价相结合,自我评价与他人评价相结合。其中的过程性评价,要关注学生是否对合唱产生了浓厚的兴趣,关注学生在合唱实践活动中的参与积极性,关注学生在合唱学习过程中所获得的成效及进步程度,关注学生审美能力和体验表达音乐的能力是否得到提升,关注学生合唱基础知识技能及音乐素养的学习情况,综合考量其终结性和形成性评价。评价方式不能单一固定为教师对学生的评价,还要鼓励同伴之间相互评价,以及学生自身的自我评价,甚至可以邀请家长、学校老师、专业人士参与评价,结合社会、媒体的评价,让学生看到自身的进步,产生成就感。不同的课程评价主体,有助于学生聆听不同方面的声音,有利于学生多汲取别人的建议,进而不断地改进、提升。

---

[1] 陈璟.多元智能视阈下的初中音乐课程评价研究[D].天水:天水师范学院,2022:7.

合唱课程的评价要考虑它的导向性,即它是否能引导合唱教学的有序开展,是否为教师的教和学生的学指明了方向,只有评价内容、评价标准与当今的教育理念、课程标准相符,才能对合唱教学工作起到积极的引导作用,进而推动学生的发展。同时课程评价还要具备诊断功能,使教师能够在评价中找出合唱教学过程中出现的问题,剖析原因,并以此为依据做出进一步的改进。通过诊断不仅可以了解学生学习的状况和困难,也能让教师找到自身教学的可改进之处,以此推动课程质量的提升。此外,课程评价还应具备改进功能,针对合唱课程开展情况的评价反馈,使教师发现教学过程中出现的不足之处,并及时进行教学进度和教学内容的调整,改进教学方法,从而使得合唱教学更加的科学合理,课程教学更加具有科学性和有效性,也能促使评价制度得以完善。还有就是研究功能,课程评价的开展需要通过科学方法对评价信息进行搜集、分析、整理,能很好地解决合唱课程进行中存在的问题。因此,可以将这一评价视为教学研究的一部分,在此基础上提出相应的改进计划,同时促进教师和学生深入自我反思,提升教学质效。

合唱课程评价主要关注以下几方面。一是教学目标评价,要看其是否围绕审美感知、艺术表现、创意实践、文化理解素养来确立,并依据学生发展的特点及实际学习情况对预设的课程目标加以了考量,同时将方法及过程作为研究主线,对比生成目标和预设目标,观察具体教学过程是否与预设目标一致。二是教学内容评价,要看教师对新课标理念的理解及内涵的准确把握情况,合唱课程内容与生活中素材的融合运用情况,是否通过网络多媒体途径的运用来提升教学质量等等,内容素材的合理选择、科学运用也都是合唱教学达成目标的关键因素。三是教学方式评价,基于音合教育的合唱教学重视实践活动,具有很强的融合特点,合唱教学不能只是传统的教师单方面的知识与技能的教授,学生应被放在主体位置上,充分挖掘主观能动性,发挥探究式学习的功用,合理使用三大教学法,提升学生的综合音乐素养,这些都应纳入评价的范围中。四是教学效果评价,合唱教学的效果主要考量合唱作品的演绎情况,考虑声音的融合度、作品的张力表现、演唱基本功的情况等等,以及训练及演出过程中,学生的学习热情是否得到了激发,教师有没有坚持面向全体,保证了学生在学习中的主体地位。

具体的评价途径有以下两方面:第一,通过关注学生的学习过程和学习效果,以及学习方法的科学有效性,来分析学生的学习效果。比如,学生在合唱训练中是否有兴趣,能否主动配合本声部的同学和谐演唱,参与积极性是否高,能否将自己的声音融合在团队的声音当中,是否有很强的合作意愿和协作能力等。此外,学生在学习过程中所形成的态度、价值观等,都是衡量合唱课程目标是否有效达成的重要依据。第二,教师在课程实施过程中主要通过观察、聆听和感受来进行课程评价。教师要充分利用课程资源的开发,合理整合好各种素材,不断改进优秀的训练方法,观察学生的学成情况,及时调整方案,最终使其达到最好的演唱效果,这是最重要的评价部分。

对学生的具体评价内容如下:

1. 能否掌握合唱的基础知识和相关技能。
2. 能否运用所学知识和技能与同伴一起合作完成合唱的多声部演唱及表演任务。
3. 能否对自己的演唱和同伴、团队的演唱进行评价。
4. 能否在合唱表演中娴熟运用多种艺术表现形式,充分发挥想象力和创造力,获得更加细腻的情感表达和生活感知。
5. 能否通过合作式艺术实践活动,提升感受美、体验美、鉴赏美、创造美的能力。

评价等级建议分为优秀、良好、合格、不合格,成果方式可以是合唱专场音乐会、多形式的多声部演唱表演、拍摄合唱MV作品、舞台表演、研究性学习论文等,评价主体主要为教师、学生、家长、合唱指挥专家等,依据实际情况,可结合社会、媒体的评价。

(六)课程实施案例

基于音合教育的合唱教学,要融合运用多样教学法,博采众长,选择适合中学生年龄特点及实际水平的教学方法,让整个学生团队及个人都能在有限的时间内得到长足的进步。合唱教学需要经历以下几个步骤:音乐素养提升—基础声乐训练—多声部演唱练习—合唱作品排练—合唱作品表演,其中前三项是合唱教学的基础部分,可结合合唱团的实际情况,立足于中国音乐文化,融合世界三大音乐教育体系—瑞士达尔克罗兹、德国奥尔夫、匈牙利科达伊体系的教学特色,选择适合的方法进行教学。

音合教育强调人本化教学,因此,合唱教学重在学生艺术表现和情感体验的活动开展。教师要以音乐实践活动为主要教学内容,以内心音乐联觉培养为主要教学方法,以提升学生的音乐核心素养为主要教学目标,以获得感性经验和感情体验为关键教学环节。要通过体态律动、聆听体验、手势练习、联觉培养、内心歌唱、音乐读写、合唱训练、指挥练习、即兴创作等,充分调动学生的音觉、声觉、动觉、视觉等多种感官参与合唱学习活动,让学生通过直接感觉将音乐"内化"成音乐经验。

1. 生活化训练方式

合唱的基础就是学会歌唱,对于没有演唱经历的孩子而言,如何学会歌唱就是他们迈进合唱的第一步。面对没有演唱基础的孩子,如何用最浅显易懂的语言和训练方法,让他们快速掌握歌唱的基本方式,是值得合唱教学思考的问题。结合日常的生活方式,将专业的训练方法生活化,可以让学生快速掌握方法要领,让看不见摸不着的声乐演唱可视化,使其不再那么高深莫测。以下列举几种方法。

（1）放松练习。

歌唱需要一个放松的状态,学生很容易为了追求音色而导致全身紧张。因此在歌唱之前,需要做一些放松动作,比如头部及肩部转动、甩手、双手撑高、双手抱腿、伸展动作等等,像日常生活中的自我拉伸动作一样。可同时加入呼吸的运用,注意力集中,让全身达到一种歌唱的放松平和的状态。

也可以让团队学生相互之间轻轻地敲打肩部、手臂、后背等等,互帮互助,在放松的状态下形成一种融洽的团体氛围。

还可以模仿生活中吃麦芽糖的样子,用夸张的面部表情咀嚼麦芽糖,让面部肌肉放松。

（2）呼吸练习。

①打哈欠。模仿犯困时打哈欠的状态,张大嘴巴,并一边打哈欠,一边发出"啊"的母音,用手轻轻拍打嘴巴。

②模仿蜜蜂叫声。用"嗞"的发声根据老师的手势动作做不同力度的气息练习。

③"闻花练习"。想象自己面前有一朵鲜花特别香,体会如何深呼吸闻花香;再想象面前有个东西特别臭,如何用短促的呼吸换气尽可能不闻到。

④长呼吸练习——数数字。老师给固定的节拍,学生从"一"开始数数,在不换气的状态下,看谁一口气数的数字最大。让每个同学量力而行,在换气之

前停止数数。

⑤用不同的速度朗诵诗词。可选择学生耳熟能详的古诗词,比如一口气用常规的语速念五言绝句,或使用循环换气的方法用很慢的速度念古诗,或是先是一口气念两句,再换气念另外两句等等,慢慢地将气息拉长。

(3)发声练习。

①哼鸣练习。每次演唱前每个人先找一个自己最舒服的音高,唱出带头腔共鸣的声音"m",像用假声说话一样,然后再继续往上唱,接着再由哼鸣"m"带出其他母音的演唱。

②学猫叫。用"喵"的音唱练声曲,强调每个音要像小花猫一样张大嘴巴,有助于歌唱时养成嘴巴上下打开的习惯。

当然除此之外还有许多的训练方式,需要教师在生活当中善于发现,创造出简单易行的练习方法。通过生活化、可操作性强的练习,可以让学生在短时间内达到一定的训练效果,尤其针对没有演唱基础的学生,使他们都能尽快地掌握歌唱的要求,学会一些正确的发声方法。这种方式不会让学生觉得合唱是一项太专业的遥不可及的事情,而是让学生体会到合唱是每个人都能做得到、做得很好的普及性歌唱活动,从而使学生树立信心。

音乐既是一门学科,又是生活的一部分,没有音乐的生活不是美好的生活。引用德国著名哲学家尼采的一句话:"没有音乐,人生将是一场错误。"在教学中将音乐学习与生活经验结合起来,既让音乐平易近人,也让生活充满乐趣。

2.同构联觉

人有五大感官:眼、耳、鼻、舌、身,分别对应着视觉、听觉、嗅觉、味觉、触觉,而大脑是一切感官的中枢。单一的刺激由感官通道进入到大脑,经过大脑分析后,却引起两种及以上的感知觉,这种现象称之为联觉,这是产生同构联觉的基础依据。当不同的刺激都使人产生相同的直觉体验,这种现象即为同构联觉[1]。音乐具有丰富的元素,如力度、速度、音色、音高等等,这些元素与人的各种感官产生关联时,可以使人产生全身性的反应。此时,对音乐的感受就不仅仅是听觉上的刺激,更是心灵上的体验,一种不可名状的情感享受。而这种多种感官的联合感受,恰恰体现了音合教育的融合理念。在合唱教学中可以进行以下练习,训练学生的联觉反应。

---

[1] 彭颖.浅析音乐中的同构联觉[J].戏剧之家,2023(28):64.

第六章　音合教育理念下中学音乐教学案例及评析

(1)节奏拍回练习。老师使用合唱作品中出现的节奏元素进行游戏式的练习,为下面的演唱环节做铺垫。比如先拍二至四小节的节奏,学生听完后立刻重复,同时念出节奏名,再接着听下一组。可全体做,也可让小组或是个人来完成。

(2)节奏卡农练习。老师用双响筒敲四小节节奏,每一小节身体向不同方向倾斜(如第一小节向右倾斜,第二小节则向左倾斜,不断循环反复)。学生模仿节奏拍打,晚一小节拍打,同时做身体倾斜,与老师形成反方向的卡农效果。这个练习要求学生注意力高度集中,它是培养听觉、记忆力、大脑运算以及口与手的表达等多方面能力的练习。

(3)节奏朗诵接龙练习。由老师设定节拍,比如二拍子,由学生即兴创编二拍子的节奏型,再由老师给个名词的范围,比如花名、树名、省市地名、国家名或是音乐家名等等,让学生用自己创编的节奏大声朗读名词,进行接龙游戏。要求不能重复别人说过的名词,按座位轮流进行,中途不要中断,也不能抢说,注意保持速度的均衡及接龙朗读的顺畅。

(4)声势动作练习。声势动作与舞蹈不同,它是以自然的动作为基础,用身体作为乐器,通过拍手、跺脚、捻指等动作发出声响,并拍出一定的节奏的一种表现手段。它有声音、有节奏、有姿态、有动作,是一种伴随着演唱、音乐探索表达音乐能量、音乐元素、音乐节奏的动作元素。在合唱训练中,可以鼓励学生根据合唱作品的节奏型、演唱片段独立设计声势动作,通过捻指、拍手、跺脚、拍肩、拍腿等动作,结合演唱,可以增添合唱的趣味性。

此外,音合教育重视团队协作的实践活动,合唱是其中典型的代表。合唱教学不仅仅是唱作品,还要通过相关的合作式教学活动,提升学生的协作配合能力和综合素养。因此可通过以下合作式联觉活动,拓宽教学视野。

如奥尔夫乐器合奏,奥尔夫乐器以打击乐器为主,它可以让任何一个不懂得演奏乐器的孩子参与到乐队的合奏中来。木琴是其中的主要旋律乐器,还有许多容易上手的打击乐器,让学生一拿就可以与同伴进行合奏。奥尔夫乐器可以进行乐曲演奏、歌曲伴奏,可以根据乐谱视奏,也可以进行即兴演奏,但重要的是所有学生可以在一起,根据乐器的不同特性,演奏不同节奏的乐段,合起来就像是一个大乐队。学生可以尽情地享受合奏的乐趣,进而增进学生团体合作精神,提高音乐实践兴趣和音乐审美层次。

再如多声部节奏编创练习,全班可分为四组,每一组创编一个节奏型朗诵诗词,先分小组逐一按节奏朗诵,再四个声部同时朗诵,形成多声部朗诵的效果,也可配合上声势动作或打击乐器。

音合教育中的合唱教学倡导将歌唱、动作、音乐融在一起。因此,合唱教学主要是通过训练听觉、声觉、动觉、视觉的联觉效应,培养学生发现、体验和表达自身情感的能力,同时提高想象力、创造能力。需要注意的是,在合唱教学中结合动作练习、乐器演奏、声势律动等来表达音乐,其中的动作跟专业的舞蹈动作还是有所区别的,专业的舞蹈动作具有一定的技术难度,教学对象只是针对少数的舞蹈演员,而合唱教学中的动作只是一种肢体语言而已。它是面向全体没有任何舞蹈基础的学生,更倾向于音乐的感受教学。

音乐联觉是音合教育的重要内容,它可以大大加强合唱的自我艺术体验,带着律动或者舞动的默唱是一种很好的联觉训练。律动可以帮助学生更好地表现主题音乐,让学生感受音乐、体验音乐、想象音乐、表达音乐。直接告诉学生的,他可能会忘记;做给学生看的,他可能会记住;让学生亲身参与进去的,他一定会完全理解了。

音合教育必须是以人为本的,而音乐审美应该以乐为本。联觉产生与动作积累的基础是经验,因此应让学生在体验式教学中去发现,然后积累经验,逐步提升。联觉越好,学生的合唱音乐化也会越来越好。

3.结合音乐各要素体验

结合音乐各要素体验也是音合教育的重要内容之一,合唱教学亦是如此。只有将作品的各个要素理解透了,才能真正唱好一个作品。每位演唱者都能做到由内而发,真情实感,这样的团队演唱才能真正地打动人。具体的音乐要素体验活动,可以有以下的方式。

(1)速度:根据音乐的不同速度,做不同的走、跑、跳动作,比如慢的音乐可以选择走步,快的音乐可以选择跑步或是连跳步。要求在做步态的时候要注意结合手的动作的运用,由每个同学根据不同音乐自己设计出不同的动作。或是跟着合唱作品的速度变化拍球,拍球的速度与作品的拍点一致。

(2)乐句:乐句是构成音乐的一个具有特性的基本结构单位,就像诗歌和文章一样,如果断句分句不合理,就会影响文章整体的优美性和作者的本意表达。合唱作品也是如此,只有正确划分乐句,掌握乐句划分的韵律,才能诠释出合唱作品的优美。训练中,学生要学会分辨乐句,听到不同的乐句能反应出不同的动作,比如第一句用拍手,第二句用跑步,第三句和伙伴对拍,第四句拍腿,还可以跟任意的同学进行交流互动。

(3)节拍:合唱中唱出节拍重音的音乐性和动力性是很重要的,否则容易失去音乐本身应有的韵律感,可以说节拍重音是一种能量的推动。学生可以借助道具来进行重音的训练,比如用彩色的纸盘当成手鼓,听到重拍时拍响一些,听到弱拍时就拍轻一些。

(4)节奏:节奏可以脱离旋律而存在,而旋律却不可能脱离节奏而独立。因此节奏训练对培养学生的节奏感和提高学生理解音乐、表现音乐的能力具有很大的作用。达尔克罗斯认为,人无不具有天生的节奏本能,不过需要加以诱发、培养,进而为音乐所用。在合唱教学中,可以运用律动来感知节奏。

根据合唱作品的节奏难点,比如切分节奏、弱起节奏或是前十六分音符及后十六分音符节奏等等,可以把它们单独罗列出来进行练习。老师即兴演奏这些节奏难点,让学生听到这个节奏时就走动,再次听到时就停止,直到下一次出现再继续走动,不断循环反复,强化节奏难点的听觉,亦可用敲筷子等替代走动的动作。还可采用节奏接龙游戏,模仿回声效果,前两小节拍打与前一个同学后两小节一样的节奏,后两小节创编新的节奏并拍打出来,让下一个同学模仿,一个接着一个接龙,培养学生的节奏感、记忆力、创造力。

(5)力度:音乐力度的对比处理是表达歌曲情感、音乐性的有力手段,对音乐体验表现出来的强弱处理就是乐感。可根据合唱作品不同的演唱力度变化,做出不同幅度大小的伸展动作,也可使用橡皮筋拉伸来感受力度的变化,或是用踏步的力度大小来感受作品的力度变化。

(6)情绪情感:根据合唱作品的情绪来做动作,可以是一小段戏剧表演,也可以只是一个造型。不管是快乐还是忧伤,都可以通过想象力和创造力,将情绪用形体表现出来。也可以让学生用不同的口气或者情绪对比演唱同一首歌曲。

合唱最为重要的一点就是能准确地表达出歌曲的情绪情感,可以让学生先用语言说,激起正确的情感。比如朗诵歌词,指导学生声情并茂地朗诵,并说说聆听后的感受,使其先确定准确的情感后再演唱。只有演唱者自己感动了,才能将作品的情感传递给别人。

(7)旋律:听到上行旋律可以往前走,听到下行旋律可以往后退,或是挥动纱巾画出旋律线,感受合唱作品的旋律走向及风格。

在每一项活动中,都要求学生要用心聆听,快速反应出不同音乐要素的特点,同时根据其自身的感受自由地做出各种动作,动作要跟音乐合拍。这些活动也有很多环节是合作性的音乐活动,学生们可以自由地与班上的其他同学进行交流、学习,提升协作能力。

在这种开放式的教学活动中,强调的是培养学生的音乐能力、审美能力、表达能力,并且将感受与体验作为关键的教学环节,在音乐实践活动中具体实施。因此,要时刻关注学生,观察他们是否愿意将自己的能量完全地释放出来。要注意尊重学生的表达意愿,每个学生的天性是不同的,要善于观察每一个学生的变化,根据不同性格的学生给予不同的引导。应以鼓励为主,树立学生的信心,使其乐意全身心投入到实践活动中去,从而让所有的学生都能在音乐中绽放自己,提升音乐核心素养。

结语

坚持立德树人、培育核心素养、重视学科实践是国家旗帜鲜明的教育方针，也是当下新课程改革的重要导向。教师要在教学中探索适合素养目标培育、具有学科典型特征的教学方式，以推进学科实践为标志的育人方式变革，并沿着学科育人变革的新方向，让学生在活动、合作、表现、应用、创造、体验之中学习，用学科方法学习学科知识。

笔者在自身教育教学实践研究经历的基础上，提出"音合教育"教学主张，既是对过往教学经验的思考和总结，也是对新课程改革背景下音乐教学的新思考。围绕理论诉求与融合理念、课程价值与学科特征、教学范式与评价实施、资源开发与教学设计等内容，用亲身参与教学实践的案例，揭示了"音合教育"教学主张具体的实施路径与方法，以及其背后相关的理论与观念的支撑。

在第一章"音合教育的理论阐释"中，笔者着重阐述了教学主张"音合教育"的缘起，从不同时代背景下课程所提出的教学目标改革，到学科实践的需要，以及融合理念及"和合"文化的汇通，讲述了音合教育的提出所依据的政策及理念。同时分别从音合教育教学主张的哲学基础、学科统整理念、价值皈依阐述了该教学主张的理论基础。并回答了什么是音合教育，从说文解字中"音"与"合"的字义，延伸到在教育领域中两个字的含义，详细阐述了"音合教育"的具体概念、基本要素及基本思想，将音合教育的主张落实到学生、学校、生活，来寻求艺术教学的真善美。此章内容回应了教学主张音合教育在课程实践中"从何而来，是什么"的问题。

在第二章"音合教育理念下中学音乐课程建构"中，笔者通过描述音合教育的课程价值、特征及结构，阐述了如何将教学主张落实到课程中去，如何使宏观理念转化为可指导课堂实践的具体教学目标。这也是使核心素养这一宏观教育方针落实到微观课堂实践的关键前提，它回答了教学主张从何处来，将去往何地的基本问题。同时结合资源开发问题，阐述了音合教育具有学科特色的关键路径与策略。此章内容回应了教学主张音合教育在课程实践中"将去往何处"的问题。

在第三章"音合教育理念下中学音乐教学范式"中，笔者紧紧围绕中学音乐课程中实施音合教育主张的教学理念、教学结构,详细论述了可运用的教学策略方法。这些教学理念和教学结构充分体现了音乐学科的特征,以及音合教育教学主张的属性特点。而具体教学策略的提出,遵循了中学音乐课程应有的学科特质和基本的实践规律,阐述了音乐课堂中如何遵循特质和规律,组织、实施音乐学习的实践活动。其意义在于彰显课程与教学主张的关系,即教学主张必须通过遵循学科内在本质和特有规律的学习、实践活动才能真正实施落地。此章内容回应了教学主张音合教育在课程实践中"如何到达"的问题。

在第四章"音合教育理念下中学音乐教学评价体系"中,笔者着重论述了音合教育教学主张的评价理念、评价工具与方法以及评价应用体系,包含课堂评价、作业评价、结果评价、综合评定等。这些理念、策略、方法及相关技术,强调了学业评价应体现质量标准,凸显评价的教育价值,也强调了评价对学习的诊断、改进和激励作用,同时还强调了评价对于学生学业成长和自我发展的重要性,提倡多维度、多元化地实施学业评价。此章内容回应了教学主张音合教育在课程实践中"何以证明到达"的问题。

在第五章"音合教育理念下中学音乐作业设计"及第六章"音合教育理念下中学音乐教学案例及评析"中,笔者列举了具体的案例说明音合教育教学主张在音乐教学中的具体实施情况及所取得的效果分析,尤其音乐作业设计,对于音乐学科而言,这是在《义务教育艺术课程标准(2022年版)》中的教学评价部分首次提出详细的作业评价要求。因此,这是值得研究的一个全新的问题。结合音合教育的属性特点,延续第四章评价论述,单独罗列一章,既是强调音乐作业是深化课改的必然趋势,也强调了教师应在正确的教育价值观导向下,让一切有利于学生发展,有利于学生学会学习、学会思考、学会创造的评价方式都能成为促进教与学方式变革的重要途径,并使这种评价方式在核心素养导向的课程实施中扮演重要的角色。

音合教育这一教学主张是在宏观政策、中观理念和微观的教学实践中孕育而出的,伴随着课程改革的深入推进,音乐学科也会不断对课程改革中的重点、难点问题展开研究与实践。同样,音合教育教学主张也会在这一过程中与课程、教学产生新的火花,它的内涵和特征、要素、思想也都会不断得到更新。因此,本书稿中所涉及的对课程与教学研究、实践的观点都有值得不断反思和提升的空间,涉及的研究成果也需要在今后的实践中不断地加以完善,以求得理念、经验、认知上的与时俱进。

参考文献

[1]H.F.艾伯利斯,C.R.霍弗,R.H.克劳特曼.音乐教育的理论基础[M].刘沛,译.乌鲁木齐:新疆大学出版社,1996.

[2]艾伦·维纳,塔利亚·R.戈德斯坦,斯蒂芬·文森特-兰克林.回归艺术本身:艺术教育的影响力[M].郑艳,译.上海:华东师范大学出版社,2016.

[3]白月桥.素质教育课程构建研究[M].北京:教育科学出版社,2001.

[4]陈静静.学习共同体:走向深度学习[M].上海:华东师范大学出版社,2020.

[5]程倩,齐硕.音乐教育理论及中国传统文化的融入研究[M].长春:吉林出版集团股份有限公司,2023.

[6]赫伯·里德.通过艺术的教育[M].吕廷和,译.长沙:湖南美术出版社,1993.

[7]吕立杰,等.课程论研究[M].福州:福建教育出版社,2021.

[8]马燕婷,胡靓瑛.核心素养导向的作业设计[M].上海:华东师范大学出版社,2021.

[9]潘丽琴,何伟.音乐学科大单元教学:问答与案例[M].南京:江苏凤凰少年儿童出版社,2023.

[10]王晓书.声乐表演与声乐表演艺术研究[M].北京:北京工业大学出版社,2018.

[11]王月芬.重构作业:课堂视域下的单元作业[M].北京:教育科学出版社,2021.

[12]吴文漪.音乐教学新视角[M].北京:人民教育出版社,2007.

[13]席恒.核心素养导向的音乐教学实践探索[M].上海:上海音乐学院出版社,2020.

[14]尹红.新课程音乐教学设计[M].重庆:西南师范大学出版社,2013.

[15]余文森.核心素养导向的课堂教学[M].上海:上海教育出版社,2017.

[16]袁东波.核心素养导向的作业与命题设计[M].天津:天津教育出版社,2020.

[17]张祥浩.高清海马克思主义哲学思想研究[M].长春:吉林大学出版社,2020.

[18]崔允漷,张紫红,郭洪瑞.溯源与解读:学科实践即学习方式变革的新方向[J].

教育研究,2021(12):55-63.

[19]范涌峰,吴钰茜.教师新课标适应性困境:表征与突破[J].教师发展研究,2023,7(1):91-98.

[20]范涌峰.基础教育学的学科逻辑[J].教育研究,2024,45(2):43-54.

[21]范涌峰.我国基础教育变革的趋势及方法论转向[J].教育科学研究,2021(6):18-24.

[22]范涌峰.论基于核心素养的学校特色发展[J].教育科学研究,2018(1:53-58).

[23]郭声健.《关于全面加强和改进新时代学校美育工作的意见》:一部新时代学校美育改革发展的纲领性文件[J].美育学刊,2021,12(1):1-7.

[24]韩雪.课程整合的理论基础与模式述评[J].比较教育研究,2002(4):33-37.

[25]郝琦蕾.国内综合课程研究述评[J].西北师大学报(社会科学版),2008(2):54-60.

[26]郝志军.新时代五育融合的路径与方式[J].西北师大学报(社会科学版),2022,59(3):61-69.

[27]李红恩.和合思想下的学校课程建设[J].教育研究,2018,39(11):50-55.

[28]林叶舒,文雪.教育知识的生活化与情境化探讨[J].中国教育学刊,2015(S2):161-162.

[29]刘登珲.课程统整的概念谱系与行动框架[J].全球教育展望,2020,49(1):38-53.

[30]刘启迪.课程目标:构成、研制与实现[J].课程·教材·教法,2004(8):24-29.

[31]刘晓荷,张铭凯.基于大概念的课程融合:内涵、误区与进路[J].教育教学研究,2022(2):72-77.

[32]刘仲林.交叉科学时代的交叉研究[J].科学学研究,1993(2):11-18+4.

[33]罗生全,郭窈君,张雪.中小学综合课程的融通式构建与实践进路[J].现代远程教育研究,2024,36(1):46-53.

[34]罗生全,黄朋,潘文荣.跨学科主题教学的系统设计与实践进路[J].湖南师范大学教育科学学报,2023,22(5):9-15.

[35]罗生全,陈卓.大数据时代教育评价的价值重构与逻辑理路[J].贵州师范大学学报(社会科学版),2023(4):116-128.

[36]罗生全,陈卓,张熙.基于增值评价的学生作业设计价值向度及优化策略[J].中

国教育科学(中英文),2022,5(4):83-93.

[37]吕玉刚.着力深化教育教学改革全面提高基础教育质量[J].中小学管理,2020(1):25-29.

[38]马晓平.美育与求知:音乐教育价值的双效追求[J].黄钟(中国.武汉音乐学院学报),2004(4):77-79.

[39]彭颖.浅析音乐中的同构联觉[J].戏剧之家,2023(28):64-66.

[40]任学宝.跨学科主题教学的内涵、困境与突破[J].课程·教材·教法,2022,42(4):59-64+72.

[41]王坦.合作学习述评[J].山东教育科研,1997(2):33-36.

[42]熊梅.综合课程的内涵特点及其生成模式[J].首都师范大学学报(社会科学版),2000(6):116-121.

[43]杨小微.综合课程及其动态生成[J].学科教育,2002(12):8-14.

[44]尹爱青,刘畅,柳欣源.增值赋能:中国特色学生美育评价的逻辑理路与实现路径[J].东北师大学报(哲学社会科学版),2022(6):165-173.

[45]余文森.以核心素养为导向:建立与义务教育新课标相适应的新型教学[J].中国教育学刊,2022(5):17-22.

[46]余文森,龙安邦.实践:指向核心素养的课堂教学行动属性[J].教育研究与实验,2023(2):58-65.

[47]于泽元,王丹艺.核心素养对课程意味着什么[J].现代远程教育研究,2017(5):21-28.

[48]张聪慧.三维目标该如何统一[J].语文建设,2005(8):34-35.

[49]张华.关于综合课程的若干理论问题[J].教育理论与实践,2001(6):35-40.

[50]张齐,刘胜男.音乐教育与五育融合的逻辑理路[J].河北师范大学学报(教育科学版),2022,24(5):123-126.

[51]张钰.高校艺术类基础课程中融合道德教育的路径研究[J].文化创新比较研究,2020,4(7):153-154.

[52]郑红娜.什么样的课程内容结构最具教育价值:兼论新课标"课程内容结构化"的育人逻辑[J].四川师范大学学报(社会科学版),2023,50(6):124-132.

[53]朱人求,王玲莉.梁漱溟文化生命理论及其时代关切[J].广西社会科学,2004(1):181-184.

[54]蔡晓航.具身认知特征在音乐感知和体验中的体现[D].上海:上海音乐学院,2020.

[55]曹琰.学科融合理念下的初中数学拓展课程教学设计与研究[D].上海:上海师范大学,2022.

[56]陈璟.多元智能视阈下的初中音乐课程评价研究[D].天水:天水师范学院,2022.

[57]陈林.论中小学音乐教育中"以人为本"的教学理念与实践探究[D].哈尔滨:哈尔滨师范大学,2022.

[58]陈雯舒.基于建构主义的音乐课堂教学结构研究[D].北京:中国音乐学院,2014.

[59]邓心怡.基于生物学核心素养的课堂教学评价研究[D].海口:海南师范大学,2022.

[60]段俊霞.我国中小学社会科课程统整研究[D].重庆:西南大学,2009.

[61]范舒涵.《道德与法治》教学中情境化课程资源运用研究[D].石家庄:河北师范大学,2020.

[62]郭国梅.高校《美术技法理论》课程实践性教学研究——以新疆高校为例[D].乌鲁木齐:新疆师范大学,2014.

[63]金鑫.基于核心素养的欧盟科学教育政策研究[D].重庆:重庆大学,2017.

[64]李慧燕.小学教师教学风格形成研究[D].大连:辽宁师范大学,2019.

[65]李小缨.城市社区音乐课程资源开发研究[D].长沙:湖南师范大学,2012.

[66]罗尧成.我国研究生教育课程体系研究[D].上海:华东师范大学,2005.

[67]骆梁梁.提升初中生物课程教学趣味性的策略谈谈[D].开封:河南大学,2018.

[68]宋琳娜.情境教学在初中道德与法治教学中的应用研究[D].长春:吉林外国语大学,2022.

[69]苏倩.数学合作学习课堂教学评价体系的研究与实践[D].长沙:湖南师范大学,2007.

[70]佟贺.小学音乐创造教学的现状及对策研究——以C市小学为例[D].长春:东北师范大学,2014.

[71]王慧.课程统整理念下初中美术主题教学设计研究——以"空间"主题为例[D].黄冈:黄冈师范学院,2020.

[72]王淑英.学校体育课程体系研究[D].石家庄:河北师范大学,2012.

[73]王月芬.课程视域下的作业设计研究[D].上海:华东师范大学,2015.

[74]夏永庚.论课程的生成性[D].上海:华东师范大学,2006.

[75]杨雯玉.基于多学科融合下中学音乐教学探究——以中学音乐教学与历史、地理两科融合为例[D].海口:海南师范大学,2021.

[76]尹正文.杨鸿年童声合唱教学研究[D].长春:东北师范大学,2019.

[77]曾琦.《通过艺术的教育》述评[D].兰州:西北师范大学,2006.

[78]张莫.地域文化补给:艺术院校课程资源统整研究[D].重庆:西南大学,2016.

[79]张召芮.基于具身认知理论的小学英语教学探究[D].济南:山东师范大学,2022.

[80]赵彬彬.论音乐的内在联系和外在联系[D].哈尔滨:哈尔滨师范大学,2016.

[81]郑然.蔡元培教育伦理思想研究[D].石家庄:河北师范大学,2012.

后记

本书的撰写过程对我而言,既是对过往教学实践的回顾与反思,也是一次教育理论的攀登。在此过程中,我通过不断地阅读、思考、研究、反思,结合个人教学经验,逐步构建了教学主张"音合教育"的理论体系,旨在将实践经验提升至系统化教育理论层面。该理论体系的形成,是理论与实践相互作用的结果,是理想与现实相融合的产物,更是我对音乐教育本质不懈追求的见证。

回望来时路,音乐如清泉般滋养着我成长的每一步。自踏入教育这片沃土以来,我便深刻理解到,音乐教育不仅仅是音符与旋律的堆砌,更是情感与智慧的传递,是心灵与心灵的对话。二十余载的执教岁月如同一部丰富多彩的乐章,每一个音符都承载着我对音乐、对教育、对学生的热爱与坚持。我见证了无数学生在音乐世界中发现自我、释放潜能,他们的成就感与喜悦成为我不断前行的动力源泉。本书的创作,正是我对教育理想的一次深刻反思与重构。

感谢厦门市教育局和厦门市教育科学研究院提供的宝贵学习机会与平台,使我有机会进一步提升教育教学水平及学术能力。感谢厦门市首期卓越教师培育班的伙伴们,众多优秀榜样的激励使我不断努力前行,同学间的无私帮助与支持也让我深感温暖。特别感谢西南大学的导师们,他们以其深厚的学术造诣、严谨的治学态度和广阔的学术视野,为我指明了研究方向,使我在学术研究的道路上少走弯路。尤其是西南大学的罗生全教授和范涌峰教授,在帮助我凝练教学主张及撰写本书的过程中,不仅对我的研究内容进行了深入的分析和点评,还提供了许多宝贵的修改建议,他们的悉心指导使我受益匪浅。正是得益于他们的大力帮助,这本专著才得以顺利完成。在此,向所有给予我帮助和支持的导师表示最诚挚的感谢!

在结束这篇后记之际,我想用一句话来概括我的心声:"音乐无界,教育有情。愿我们都能在音乐的世界里找到心灵的归宿,共同谱写音乐教育的新篇章。"

赖景琼

2024 年 7 月 15 日